Paul C. Martin

Sachwert schlägt Geldwert

Paul C. Martin

Sachwert schlägt Geldwert

Wirtschaftsverlag Langen-Müller/Herbig

Schutzumschlag: Christel Aumann, München
Satz und Druck: Jos. C. Huber KG, Dießen
Binden: R. Oldenbourg, München
Printed in Germany
ISBN: 3-7844-7130-7

Inhalt

Lieber Leser,

je **schneller** Sie dieses Buch lesen, desto besser. Denn es ist viel **später** als Sie ahnen.

Alle werden diesmal **alles** verlieren. Jedenfalls alles, was mit Geld oder Geldwert oder einer Forderung, gleich welcher Art, zusammenhängt. Warum das so ist und warum das auch nicht anders kommen kann, erkläre ich Ihnen in diesem Buch.

Es tobt weltweit die große, die letzte Schlacht. Hie GELDWERT – hie SACHWERT. Es wird einen Sieger geben. Und dann sollten Sie bei seinen Fahnen stehen.

Ich bin kein Prophet des Untergangs. Ich öffne nicht das siebte Siegel. Ich heiße nicht Johannes, nicht Nostradamus und schon gar nicht Petra Kelly.

Ich bin für freie Marktwirtschaft, »sozial« ist diese Marktwirtschaft von selbst, wenn sie nur frei ist. Ich bin für ein uneingeschränktes, kapitalistisches Wirtschaftssystem. Und deshalb bin ich dafür, den **Staat zu beseitigen.**

Einzig der Staat hat den Untergang der Weltwirtschaft verursacht. Nur der Staat hat jenes Teufelszeug aus Crash, Inflation und Eigentümerfeindlichkeit gemixt, an dem wir alle nach und nach ersticken: die freien Unternehmer, die freien Arbeiter, der Bauer, der Banker und der Bettelmann.

Und nur **ohne Staat** kann es wieder einen **neuen Anfang** geben.

Jetzt aber treiben die Dinge dahin. Es gibt keine

Chance mehr, den Lauf der Geschichte aufzuhalten. Jedenfalls gibt es keinen Politiker mehr, der Manns genug wäre, in das Rad zu greifen. Es läuft ja schließlich auch für ihn. Solange der Politiker bequem obenauf sitzt, ist es ihm egal, wohin der Karren rollt. Diesmal ist es aber der Abgrund.

Was können Sie tun?

Erstens: Dieses Buch schnell lesen. Es erklärt Ihnen ganz genau, was Wirtschaft ist, und warum alles kommt, wie es kommen muß.

Zweitens: Ihre Dispositionen treffen. Was, steht auch im Buch.

Drittens: Frohen Mutes sein – auch wenn die Welt in Stücken geht. Ändern können Sie ja doch nichts.

Und nach dem Knall fangen wir sofort wieder von vorne an. **Freie Menschen in einer freien Wirtschaft.** Ach, könnte es schon morgen sein …

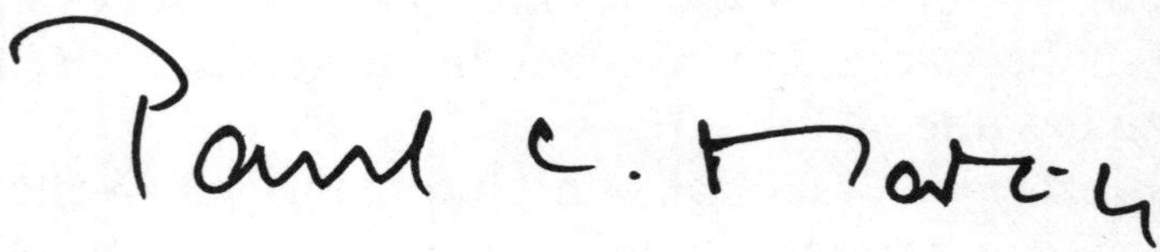

Der Mensch in Raum und Zeit
oder:
Wie Zins und Eigentum entstanden sind

»Ihr jauchzet, entzückt von dem teuflischen Schein,
Verprasset, was blieb von dem früheren Sein,
Und fühlt erst die Not vor dem Ende.«

Stefan George

Der zweite Baum im Paradies

In der Schule haben wir gelernt, warum Adam und Eva aus dem Garten Eden vertrieben wurden. Weil sie diesen kleinen Apfel gegessen haben, die Frucht vom *»Baum der Erkenntnis.«*
Diese Version ist falsch!
Denn lesen Sie selbst, was die Bibel im ersten Buch Moses, im dritten Kapitel schreibt:

> und seinem Weibe Röcke von Fellen und
> zog sie ihnen an.
> 22 Und Gott der HERR sprach: Siehe,
> der Mensch ist geworden wie unsereiner
> und weiß, was gut und böse ist. Nun
> aber, daß er nur nicht ausstrecke seine
> Hand und breche auch von dem Baum
> des Lebens und esse und lebe ewiglich!
> 23 Da wies ihn Gott der HERR aus
> dem Garten Eden, daß er die Erde be-
> baute, von der er genommen war.
> 24 Und er trieb den Menschen hinaus
> und ließ lagern vor dem Garten Eden die
> Cherubim mit dem flammenden, blitzen-
> den Schwert, zu bewachen den Weg zu
> dem Baum des Lebens.

Abb. 1: Der Grund für die Vertreibung aus dem Paradies? Gott wollte die Unsterblichkeit des Menschen verhindern!

Außer dem »Baum der Erkenntnis« gab es im Paradies noch einen viel wichtigeren, den *»Baum des Le-*

bens.« Bis zum heutigen Tag hindert uns Gott mit Waffengewalt, davon zu naschen.
Als Gott die ersten Menschen schuf, gab er ihnen nur das Leben mit, aber nicht den Tod. Gottes Direktive an Adam lautete:

> »Du sollst essen von allerlei Bäumen im Garten, aber von dem Baum der Erkenntnis des Guten und Bösen sollst Du nicht essen; denn welches Tages Du davon issest, wirst Du *des Todes sterben«.*

Im Nachhinein klingt die Geschichte mit dem Paradies plausibel: Befehl – Befehlsübertretung – Todesstrafe. Aber für den armen Adam? Erstens konnte er nicht wissen, was das war, der »Tod«. Im Paradies lebte alles friedlich, und Menschen waren noch nie gestorben. Auch haben Adam und sein Weib sicher vom »Baum des Lebens« gegessen, aber das war für sie uninteressant, weil sie sowiso *unsterblich* waren, bevor sie nicht vom »Baum der Erkenntnis« genommen hatten. Insofern hatte der arme Adam keine Chance: er mußte die verbotene Frucht versuchen.
Weil Adam nicht fix genug war, um noch auf den »Baum des Lebens« zu kraxeln, ging die Geschichte unerfreulich aus. Hinfort waren die Menschen nicht nur sterblich, sondern bis zu ihrem Tode auch noch *zur Zwangsarbeit verurteilt* – mit allerlei unschönen Begleiterscheinungen: Wehen, Dornen, Disteln und Schweiß.

Die Konsequenz der Sterblichkeit heißt allerdings nicht »Arbeit«

Daß Adam nicht nur mit dem Tode, sondern überdies auch noch mit lebenslänglicher Zwangsarbeit bestraft wurde, obwohl dies in der Strafandrohung ursprünglich nicht enthalten war, hat seinen Grund in der Tatsache, daß zu der Zeit, da die Bibel geschrieben wurde, bereits *Ackerbau* in Mode war. Eine erste Entwicklungsstufe des Menschen, die des Sammlers und Jägers ist schlicht übersprungen.
Eigentlich hätte die Geschichte mit dem Sündenfall so ablaufen müssen: Adam beißt hinein und stirbt auf der Stelle, wie Schneewittchen, mit dem Apfelbissen im Hals, oder er muß aus dem Paradies verschwinden. Da er dann nicht mehr an den »Baum des Lebens« kommt, muß er sterben. Er marschiert raus, grüßt die schwerbewaffneten Cherubim mit einem freundlichen »Servus, Herr General«, und lebt dennoch wie vorher: von den Früchten der Bäume, die es außerhalb des Paradieses auch noch gibt. Erreicht als Vegetarier ein biblisches Alter und stirbt. Wozu aber Ackerbau?
Daß die Bibel den Eintritt des Menschen in die Geschichte so dramatisch macht, hat seinen Grund in einer *doppelten* Erfahrung: *der Mensch ist nicht nur zeitlich endlich, sondern auch im Raume.* Wir stellen uns den Abgang aus dem Paradiese doch so vor: Adam muß aus einem umgrenzten Raum, dem »Garten Eden« verschwinden, hat aber dann unendlich weiten Raum zur Auswahl. Zwei Menschen und die große Erde! Selbst ein (fast) unsterbliches Paar

hätte es nie geschafft, alle Früchte von allen Bäumen außerhalb von Eden abzupflücken.
Aber, leider! Adam und Eva durften gar nicht von diesen vielen schönen Bäumen leben. Als sie aus dem Garten Eden mußten, *waren die Bäume schon längst in fester Hand und die guten Wiesen und Äcker ebenfalls.* Was ihnen blieb, war just jenes kleine, steinige Feld, das Gott so beschrieben hatte:

> »Verflucht sei der *Acker* um deinetwillen, mit Kummer sollst Du dich darauf nähren dein Leben lang.«

Unter Überspringung der Entwicklungsstufe des frei schaffenden Sammlers und Jägers, der auf *herrenlosem,* weil *nicht knappem* Grund und Boden nach Herzenslust herumstreifen kann, sehen wir den ersten Menschen der Bibel sofort in der Maloche, wie sie dort zu finden ist, wo bereits die *Endlichkeit* des zur Verfügung stehenden Raumes diesen in einzelne Eigentümer-Parzellen unterteilt hat – welch unerfreuliches Geschick.
Die Arbeit »im Schweiße deines Angesichts« kommt in Wirklichkeit erst später, mit dem *Eigentum,* das keine Alternativen zum Broterwerb mehr läßt. Die Arbeit aus der Endlichkeit des Menschen abzuleiten, aus Gottes Todesstrafe, ist jedoch ein vorschneller Schluß. Aus der Endlichkeit des Menschen ergibt sich nämlich keineswegs die Arbeit, sondern zunächst einmal der **Zins.**

Die erste Endlichkeit, die zeitliche, bedeutet: »Zins«

Unter »Zins« verstehen wir heute eine Erscheinung, die mit »Geld« zusammenhängt. Geld wird gegen Zins verliehen. Aber das Geld erklärt nicht den Zins. Der Zins ist auch kein »Preis« für Geld. Das beweist schon die einfache Beobachtung, daß der Zins nicht etwa *sinkt*, wenn recht viel Geld gedruckt wird, sondern *steigt*.

Der Zins ist zuerst etwas anderes: *die unmittelbare Folge aus der Endlichkeit des Menschen in der Zeit*. Um das zu beweisen, kehren wir zurück ins Paradies. Vorbei an den Cherubim mit ihren inzwischen rostigen Schwertern, die wir mit unserer »Uzi« niedermähen. Dann zum »Baum des Lebens«, essen und – *unsterblich sein*. Was hätten wir dann noch für Wünsche?

Würde es uns kratzen, uns Unsterbliche, wenn wir von den übrigen Früchten Edens *sofort* etwas äßen oder erst in *hunderttausend Jahren?* Nein. Für den Unsterblichen sind alle Genüsse gleich viel wert – ob heute, morgen oder in unendlich ferner Zeit. Wir wären »wunschlos glücklich« – eben so, wie man sich das Leben im Paradies vorstellt.

Tatsächlich aber sind wir endlich in der Zeit. Und das bedeutet: *Wir können nicht ewig auf die Erfüllung unserer Wünsche warten.* Wir müssen ran, wir müssen uns vor allem auch entscheiden: den Apfel heute essen oder einen anderen Apfel erst im nächsten Jahr oder überhaupt nie. Weil die Menschen aber *heute* Hunger haben, heute schon genießen wollen, stehen die – an sich gleichen – Güter in einer klaren Präferenz.

Je (zeitlich) näher uns ein Gut ist, desto lieber.

Der Apfel heute ist mir also lieber als der Apfel aus dem nächsten Jahr. Oder falls Sie keine Äpfel mögen: Der Porsche heute ist mir lieber als der im nächsten Jahr. Oder falls Sie keine Porsches mögen: Heute Abend im Kerzenschein à deux ist mir lieber als im Jahre 1999.

Nur der Sterbliche hat Wünsche. Er hat die Dinge lieber jetzt als später. Nicht etwa nur Güter, sondern auch Zustände: wer schmerzfrei leben möchte (und wer will das nicht?) geht möglichst schnell zum Arzt. Der Hinweis darauf, daß auch der größte Schmerz zuletzt mal nachläßt, spätestens im Sarg, bedeutet gar nichts. *Heute* soll es sein, und wenn nicht heute, so doch möglichst *bald*.

Aus dieser Präferenz der Gegenwart gegenüber der Zukunft kommt der Zins *Er ist ein umfassendes Phänomen für alles, was der Mensch so treibt.* Dafür, daß ich etwas heute bekomme, obwohl ich genau das gleiche auch zu einem späteren Zeitpunkt kriegen kann, bezahle ich einen Aufpreis. Zins ist nur ein anderer Ausdruck dafür, daß mir die Gegenwart lieber ist als die Zukunft, und daß ich dafür, daß sie mir lieber ist, *extra bezahle*.

Ohne Zins wären wir alle, wie Adam vor dem Sündenfall: »Wunschlos glücklich« – aber nicht, weil wir alles hätten, *sondern weil es uns egal wäre, wann wir es bekommen*. (Genau genommen war Adam freilich schon vor dem Sündenfall nicht mehr unsterblich. Denn als zeitlich Unbegrenztem wäre es ihm – zumal unter Todesdrohung! – nie eingefallen, aus Evas Hand die Frucht zu nehmen. Er hätte doch unendlich lange warten können ...)

Schon kommt die andere Endlichkeit daher, im Raum: das »Eigentum«

Adam wurde, wie wir gesehen haben, nicht in die freie, weite Welt entlassen, sondern er mußte sofort als Kleinbauer auf steinigem Boden ein mieses Leben führen. Dieser jammervolle Zustand setzt bereits *Eigentum* voraus, was es aber in der Menschheitsgeschichte erst relativ spät gegeben hat.* Ursprünglich aber war die Zahl der Menschen im Verhältnis zu der zur Verfügung stehenden Fläche *viel zu klein*, als daß man solchen Quatsch wie »Eigentum« benötigt hätte. Eigentum ist zunächst eine reine Abgrenzungsfrage. Sobald ein Mensch auf einen zweiten trifft, grenzt er sich von ihm ab, nicht aus Bosheit oder Egoismus, sondern weil es sich ganz einfach so ergibt: Das ist meine Keule, meine Frau, mein Herd, mein Feuer, mein Schiff. In dieser Abgrenzung unterscheiden wir uns nicht von den Tieren. Auch ein Hund wird mürrisch, wenn ein anderer Hund seinen Napf nimmt oder in seiner Hütte nächtigt.

* Auch Adams Kinder, Abel und Kain, erleiden ein einfallsloses Schicksal. Der eine muß Schäfer werden, der andere Ackersmann. Warum nicht Jäger, warum nicht Goldwäscher? Beide wurden »ins Eigentum« geboren.

Interessanter wird die Frage des Eigentums, wenn es sich um nicht reproduzierbare und/oder immobile Güter handelt. Wenn ein Nomade dem anderen ein Kamel klaut, kann er das verschmerzen. Anders ist es schon, wenn er seine Wasserstelle besetzt. Da blitzt dann schnell der Dolch, und die Sache wird an Ort und Stelle abgemacht. Wenn wir jetzt das Wort »Eigentum« gebrauchen, dann in dem Bereich, wo es sich besonders deutlich zeigt – beim *Grund und Boden.* Was dort abzuleiten ist, gilt für *alle anderen* »Formen« des Eigentums, weil die ihrerseits ohne Eigentum an Grund und Boden undenkbar sind: in einem Land, in dem es kein Eigentum *an* Grund und Boden gibt, kann es logischerweise auch kein Eigentum *auf* Grund und Boden geben. Denn der Grundbesitzer muß nur sagen: Her damit! Oder: Verschwinde!

Wie entsteht nun Eigentum an Grund und Boden und damit letztlich Eigentum an sich?

In der historischen, völkerkundlichen und vor allem nationalökonomischen Literatur gibt es massenhaft Hinweise auf »Kulturen ohne Eigentum«. Ohne jetzt schon zu untersuchen, was es mit dieser Form des (vermeintlichen) »Urkommunismus« auf sich hat, kann man all diesen tüchtigen Forschern, die wieder einmal eine »Gesellschaft ohne Eigentum« entdeckt haben, nur zurufen: Na, und?

Nichts ist selbstverständlicher als die Feststellung, daß es in der Menschheitsgeschichte »eigentumslose« Gesellschaften gegeben hat und immer noch – wenn auch in stark abnehmender Zahl – gibt.

Wenn wir 5 Menschen über eine große Fläche verteilen, warum sollten die sich dann die Mühe machen, Eigentum abzustecken? Es ist doch Land im Überfluß vorhanden. Jeder nordamerikanische Indianer, der sich ein privates Gelände als »Jagdrevier« abgesteckt hätte oder der vielleicht auch noch versucht hätte, diese Jagd an andere Indianer zu verpachten, der wäre bald in seinem Kontinent allein gewesen. Die anderen Indianer hätten sich über ihn doch totgelacht.

Selbst wenn wir 5 Millionen Menschen nehmen, und die schön ordentlich per Hubschrauber über die ganze Welt verteilen – sie hätten alle soviel Land, daß sich die Frage nach dem »Eigentum« erst gar nicht stellt. Nur an besonders schönen Plätzen gäbe es vielleicht schon ein Gedränge, in der Bucht von Acapulco, auf den Seychellen oder oben hoch im Engadin. Dort müßte man zur »Aufteilung« des Vorhandenen schreiten. Es wüchse langsam Eigentum, zumal, wenn sich die Menschen dort vermehren.

Bei 5 Milliarden Menschen auf der Erde aber ist das Eigentum kein Thema mehr: es *existiert* – Ausfluß der Tatsache, daß die Menschen räumlich endlich sind.

Die Vorstellung von einer »kulturellen« Entwicklung des Menschen, vom Jäger und Sammler über den Ackersmann und den Städter hin zum Universitäts-Professor, ist zwar sehr hübsch, hat aber nichts mit der Wirklichkeit zu tun. Die Menschen wurden nicht etwa »seßhaft«, weil sie intelligenter oder geistig hochstehender wurden, sondern weil das Land, in dem sie jeweils herumstrolchen konnten, allmählich *voll* war. Die Bevölkerungsvermehrung hat den

Menschen zum »Homo sapiens« gemacht – nichts anderes.

Wie es in Sibirien war

Wie Eigentum entsteht (und immer in der Geschichte, wenn auch mit Varianten entstanden ist), hat Jan St. Lewinski in seinem Buch »The Origin of Property« (London, 1913) mit völliger Klarheit dargelegt: (Ich zitiere aus der Übersetzung des Sozialisten Karl Kautsky):

> »Die große bewegende Kraft, die alle Veränderungen in der Bildung des Grundeigentums hervorbrachte, war die *Zunahme der Bevölkerung*. Sie machte dem ursprünglichen *Überfluß* an Land ein Ende, und indem sie das Areal verkleinerte, das jedem einzelnen zur Verfügung stand, zwang sie ihn, vom Nomadentum zum Ackerbau und zur Seßhaftigkeit überzugehen. *Das gab den Anlaß zur Bildung des Privateigentums am Boden.*«

Lewinski hat seine Beobachtungen anhand der Erfahrungen bei der Besiedlung Sibiriens gewonnen, was nicht ohne Charme ist, da dort inzwischen der *private* Grundbesitz, wie auch sonst in der ruhmreichen Sowjetunion aufgehoben ist – *ohne freilich das Eigentum als solches zu beseitigen.* Denn nach wie vor gibt es in Sibirien Grundeigentum – nur es gehört dem *Staat.* Die »Sozialisierung« beseitigt nämlich nicht etwa das »Eigentum«, wie dies von den Kommunisten und Sozialisten immer behauptet wird, sondern nur den (privaten) Eigentümer.

Den Zins kann man sich aus der Welt nur wegden-

ken, indem man die **zeitliche Begrenzung** des Menschen **aufhebt.** Er müßte **unsterblich** sein. **Das Eigentum** kann man sich aus der Welt nur wegdenken, indem man die **räumliche Begrenzung** des Menschen **beseitigt.** Er müßte **unendlich viel Platz** haben.
Schon der große Philosoph Immanuel Kant hat herausgefunden, daß ein Denken ohne die Kategorien »Raum« und »Zeit« unmöglich ist. Dem kleinen buckligen Genie aus Königsberg kann man nur recht geben: auch die Ökonomie, das Nachdenken über Wirtschaft, ist nur möglich in den beiden Kategorien »Zeit« und »Raum«.
In dem Augenblick, da der Mensch seine Sterblichkeit entdeckte, merkte er, daß ihm **heutige** Güter mehr zusagen als solche von morgen und übermorgen. Der Mensch zieht das *»Jetzt«* dem *»Später«* vor. (Abbildung 2)

So entsteht der ZINS

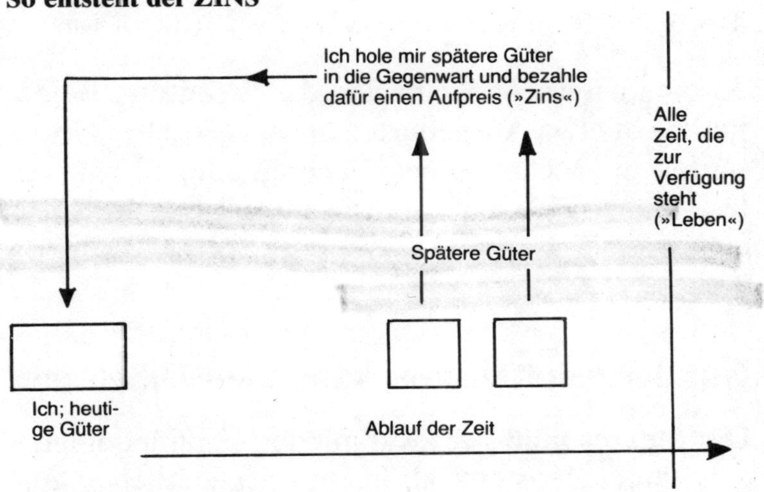

Abb. 2: Der Mensch zieht das »Jetzt« dem »Später« vor.

In dem Augenblick, da der Mensch seine Räumlichkeit entdeckte, merkte er, daß ihm **seine** Güter mehr zusagen als die anderer Leute. Der Mensch zieht das *»Mein«* dem *»Anderen«* vor. (Abbildung 3)

So entsteht das EIGENTUM

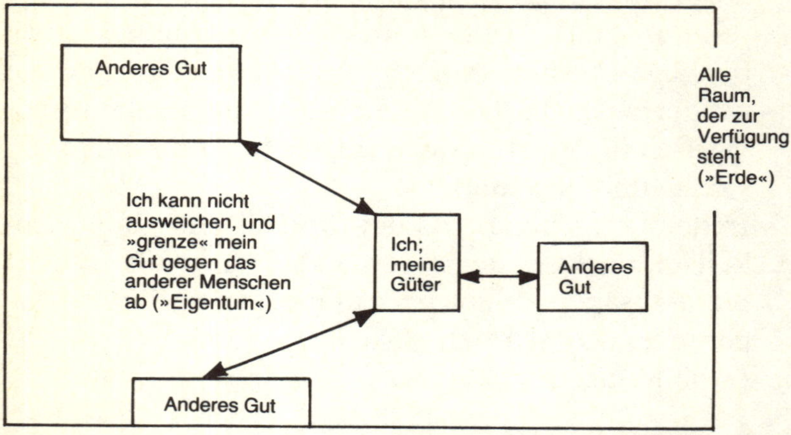

Abb. 3: Der Mensch zieht das »Mein« dem »Anderen« vor.

Also haben wir den Zins und das Eigentum. Beides sind nicht etwa Ausgeburten ausbeuterischer Hirne, Mittel, um Menschen zu knechten oder zu entrechten. Zins und Eigentum ergeben sich ganz einfach nur *von selbst.* Weil der Mensch eben in *seiner* Zeit und auf *seiner* Erde lebt.

Nur der Kapitalismus kann menschlich sein

Der Mensch muß sich zwar mit den Grundbedingungen seiner Existenz abfinden, der zeitlichen und räumlichen Endlichkeit. Da auszusteigen ist unmög-

lich. Aber er kann sich mit den *Ergebnissen* seiner Endlichkeit beschäftigen – mit Zins und Eigentum. Dies geschieht seit jeher mit Hingabe. Wann immer Menschen Zinsen verlangen oder Zinsen bezahlen, wo immer Eigentum erworben wird oder verloren – da geht es hoch her. Die Wirtschaftsgeschichte und vor allem die Geschichte der großen Ideologien (auch der Religionen) hat immer dort ihre Schwerpunkte, wo es um *Zinsen* geht und/oder *Eigentum*.
Eigentlich sollten die Menschen Zins und Eigentum als ebenso *normal* empfinden, wie Geburt und Tod, wie Regen oder Sonnenschein. Denn es kann nichts anderes für sie geben. Aber sie versuchen es doch, den Bedingungen ihrer Endlichkeit zu entkommen. Das geht, wie so oft im Leben, am bequemsten, indem man nicht über Ursache und Wirkung nachdenkt, sondern am Sympton »kuriert«.
Diese Kuren, die wir gleich kennenlernen werden, sind äußerst schmerzhaft. Und da sie gegen die menschliche Natur und ihre Grundbedingungen verstoßen, sind sie nicht nur schmerzhaft, sondern grundsätzlich immer und überall auch un-menschlich d. h. *verbrecherisch*. Die Geschichte des Kampfes gegen Zins und Eigentum ist eine nicht endende Kette von Zwang, Blut, Schmerz und Greueln. Zwei der grauenvollsten Erscheinungen dieses Jahrhunderts beweisen das nur allzu deutlich: der *Sozialismus* (gegen das Eigentum) und der *Nationalsozialismus* (gegen den Zins).
Alle Menschen, die unter diesen »Systemen« hingeschlachtet wurden – Kulaken, Juden, Kambodschaner – waren Opfer des Versuches, eine »bessere«

Welt zu schaffen, wobei »besser« nichts anderes war, als eine Welt, aus der man Zins und Eigentum verbannt zu haben glaubte.
Wer überhaupt nach einem »System« suchen möchte, das möglichst menschlich ist, weil es Rücksicht nimmt auf die beiden Grundbedingungen der menschlichen Existenz, der wird immer wieder auf den ach so verhaßten »Kapitalismus« stoßen: ein System, das im Grunde keines ist, weil es nur einfach Zins und Eigentum so zuläßt, wie der Mensch es braucht – zum menschlicheren Leben.
Das optimale »System« für den Menschen ist aber nicht Gegenstand dieses Buches, sondern erst des nächsten. Diesmal geht es um schlichtes Geldanlegen (»Sachwert schlägt Geldwert«) – auch wenn man davon nur etwas verstehen lernt, wenn man neben den Eckwerten des Wirtschaftens auch die Eckdaten der Wirtschaftsgeschichte zu deuten weiß.

Gegen das Eigentum: die Sozis ...

Sozialismus bedeutet: Nichtanerkennung des privaten Eigentums. Sozialisten, die überhaupt kein Eigentum anerkennen, hat es zwar gelegentlich gegeben. Aber ihre Position ist indiskutabel, weil sie im Grunde einen Zustand *vor* Eintritt des Eigentums postulieren. Und das kann nach Lage der Dinge nur ein Denkmodell sein, in dem *ein* Mensch *unendlich viele* Güter zur Auswahl hat.
Diskutabel, da denkbar, ist nur Sozialismus in dem Sinne, daß es zwar Eigentum gibt (die begrenzte Gü-

terwelt), daß dieses Eigentum aber nicht jeweils einzelnen Eigentümern gehört, sondern »allen«. Was wiederum nichts anderes bedeuten kann, als daß Eigentum den Eigentümenr *weggenommen* oder potentiellen Eigentümern *vorenthalten* wird.
Zweifellos ist die Entwicklung des Eigentums mit »Macht« verbunden. Wer das bisher jedem beliebig zur Verfügung stehende Land aufteilt, tut den Menschen Gewalt an. Von daher kommt die Vorstellung einiger sozialistischer Philosophen, daß Eigentum etwas Unrechtes sei. So schreibt der Franzose Jean-Jacques Rousseau 1754 in seiner »Abhandlung über den Ursprung und die Grundlagen der Ungleichheit unter den Menschen«:

> »Der erste, der ein Grundstück *einzäunte* und sagte: Das ist mein! und einfältige Leute fand, die es ihm glaubten, war der wahre Begründer der bürgerlichen Gesellschaft. Wieviel *Verbrechen,* Krieg oder Mord, wieviel Elend und Schrecken hätte derjenige unserem Geschlecht erspart, der die Pfähle ausgerissen, die Gräben verschüttet und seinen Genossen zugerufen hätte: Hütet euch, diesem *Betrüger* zu glauben, ihr seid verloren, wenn ihr vergeßt, daß die Früchte *allen* gehören, die Erde aber *niemandem.«*

Das hört sich zunächst ganz prima an, wenn das Eigentum als Alleinschuldiger an den Schrecknissen der Weltgeschichte herausgearbeitet wird. Nur hat Rousseau leider einen Denkfehler gemacht: die Pfähle und die Gräben entstanden ja nicht aus Jux und Dollerei, sondern weil es wegen der inzwischen auf der »niemandem gehörenden« (wie schön!) Erde herumturnenden Menschen *unmöglich war, anders zusammenzuleben* als mit Pfählen oder Gräben. Hätte man sie nicht gesteckt und ausgehoben, wären Mord und Totschlag an der Tagesordnung gewesen: Jeder, der gerade die Axt am kräftigsten schwingt, ist »Eigentümer« (Verfügungsberechtigter), bis ihm ein anderer den Schädel einschlägt. Tag und Nacht würde jeder den anderen belauern, um endlich an das knappe Gut, das nur durch die Bevölkerungsvermehrung knappe Gut, eben das Eigentum, heranzukommen.

Doch weil es »früher«, in grauer Vorzeit, offenbar eine »eigentumslose« Gesellschaft gegeben haben muß, war es für die sozialistische Agitation keine Kunst, das Eigentum zu kriminalisieren. Nach Rousseau wurde ein anderer Franzose, Pierre-Joseph Proudhon noch deutlicher. 1840 fragte er in seinem Buch »Qu'est-ce que le propriété?«: »Was ist das Eigentum?« Und gab gleich die Antwort: »C'est le vol« – Eigentum ist *Diebstahl*.

Das ist eine brillante Halbwahrheit. Denn zum einen setzt Diebstahl Eigentum voraus, und wenn jemand, der bisher kein Eigentum besaß, plötzlich welches hat, muß er es jemand weggenommen haben. Daß zum anderen aber Eigentum erst mit der räumlichen Begrenzung der Menschen, bzw. mit der Erfahrung dieses Zustandes, entstehen kann, es insofern einen diebstahls-irrelevanten *Vor*-Eigentumszustand geben muß, läßt Proudhon unerwähnt.

Nun wäre der erste »Diebstahl« noch relativ harmlos. Dann hätten sich eben in Gottes Namen alle ihr Eigentum genommen – und fertig. Die »einfältigen Leute«, von denen Rousseau spricht, waren doch wohl nicht so einfältig, daß sie ihrerseits untätig abseits standen, während der erste Eigentümer begann, das Seine einzuzäunen. Sie machten natürlich genau dasselbe. Auch die »Diebe« bei Proudhon waren unschuldiger als jemand, der im Kaufhof einen Schlüpfer klaut: *jeder* hat eben *jedem* gleichviel weggenommen, also hatten alle einen gleich hohen Schaden und einen gleich kräftigen Gewinn. (Daß die Menschen vor Einzäunung und Diebstahl alle gleich waren, darf wohl vorausgesetzt werden; denn erst das Eigentum hat für die »Ungleichheit« gesorgt – nicht wahr?)

Tatsächlich waren die ersten Menschen, die mit der Schaffung von Eigentum begannen, sehr brav: sie teilten alles *vollständig gleich* untereinander auf. So erhielten zur Zeit des legendären spartanischen Städtegründers Lykurg alle 39 000 Spartaner ein genau gleich großes Stück Land, dasselbe war der Fall in Rom und in den anderen »Staatsgründungen« der Antike. Diese gleiche Land-(Eigentumsnahme) war dann in der Neuzeit gang und gäbe (Ansiedlung von »Kolonisatoren«), wobei es äußerstenfalls geringe Unterschiede aufgrund individueller Tüchtigkeiten gab. So durften in Rußland die freien Bauern so viel Land für sich nehmen, wie sie zwischen Sonnenauf- und -untergang abschreiten konnten. Wer ein guter Läufer war, hatte eben mehr Land, wer sich übernahm, hatte gar nichts und starb an Herzinfarkt.

Auch wenn Land »neu« verteilt wird, z. B. in den Landreformen, wie sie in den letzten beiden Jahrhunderten auch des öfteren vorgekommen sind, wird gerecht verteilt. Der alte Eigentümer wird enteignet (mit oder ohne Entschädigung), das Land ist dann »herrenlos«, wie in grauer Vorzeit auch und jeder anspruchsberechtigte Kleinbauer darf zugreifen – vom Mexiko des Emiliano Zapata bis zum Iran des Reza Pahlevi.

Da die Endlichkeit im Raum dem Menschen insgesamt erst relativ spät aufgestoßen ist, kommen sozialistische Gedanken auch erst *relativ spät* auf – viel später zum Beispiel als Gedanken über die Abschaffung des Zinses, die wir gleich noch kennenlernen. Überdies wurde nur dort Eigentum kritisiert, wo die Menschen schon recht dicht hockten, wie im alten Griechenland, wo der Philosoph Platon einen sehr feinen Beweis dafür liefert, daß das Wesen von Eigentum als einer menschlichen Grundbedingung zu begreifen nicht jedermanns Sache ist.

In seinen beiden Hauptwerken, den »Gesetzen« und der »Republik« geht alles wie Kraut und Rüben durcheinander. Einmal ist die Rede von einer »Gütergemeinschaft«, dann wieder davon, daß dies die Menschen doch nicht erreichen könnten (warum wohl nicht!) und im »zweitbesten Staat« müsse man dieses Ideal also fahren lassen. Dann sollen alle erst einmal gleich viel Land haben, doch eine absolute Gleichheit unter Landbesitzern ist dann auch wieder nicht zu erreichen, aber die Ungleichheit, die sich dann ergibt, muß begrenzt bleiben. Niemand darf mehr als viermal das ursprüngliche Land besitzen (warum nicht achtmal!) – der »Überschuß« muß sozialisiert werden, er geht an den Staat und die »Götter des Staates« – womit Platon wohl das Unrechte seines Vorschlages im wahrsten Sinn des Wortes

sanktionieren, also »heiligen« will – ohne damit allerdings das Eigentums-Problem zu lösen.
Die weiteren sozialistischen Versuche in Theorie und Praxis sind bis zum 18. Jahrhundert so kärglich, daß wir uns hier nicht eigens damit beschäftigen müssen.* Aber ab 1750 etwa wird es dann eng. Bis heute schwillt die sozialistische *Literatur* an, die sozialistischen Versuche in der *Praxis* häufen sich. Waren im Mittelalter und in der frühen Neuzeit nur Randstaaten des Weltgeschehens gelegentlich sozialistische Gemeinwesen, wie Waldenser- und Katharer-Grüppchen, Hussitische Brüder, der 1608 gegründete kommunistische Jesuiten-Staat in Paraguay, so hat sich der praktizierte Sozialismus in diesem Jahrhundert geradezu explosionsartig entwickelt.
Mehr als die Hälfte der Weltoberfläche wird inszwischen von Staaten gefüllt, die das Privateigentum, vor allem und natürlich begriffsnotwendig auch am *Grundvermögen* abgeschafft haben. Fast 60 Prozent der Weltbevölkerung ist schon in jenen gepriesenen Zustand entrückt, in dem angeblich auch unsere Vor-Vor-Vor-Väter lebten: in die Eigentumslosigkeit. Nur mit dem kleinen Unterschied: Unsere Urahnen *wollten* gar kein privates Eigentum, weil sie Land im Überfluß besaßen. Die heute unter dem Sozialismus lebenden Massen würden sehr gern privates Eigentum besitzen. *Der Staat verbietet es.*

* Der Sozialismus beschränkt sich auf Bruchstücke in verschiedenen Schriften, oft ist es nur ein andeutungsvoller Satz (Pythagoras: »Freunde sind sich gegenseitig Hilfe und Beistand schuldig.« Christus: »Du sollst Deinen Nächsten lieben wie Dich selbst.« Thomas Müntzer: »Alles sei gemeinsam.« Ausführlicher die sozialistischen Utopien von Morus, Eberlin, Campanella, Harrington u. a., siehe unten.

Es gibt drei faszinierende Kurven, die man nur übereinanderlegen muß, um die Entwicklung der jüngsten Zeit zu verstehen: die Weltbevölkerung, die Zahl der Staaten, die sozialistisch sind, die Zahl der Bücher und Schriften, die zum Thema »Sozialismus« erschienen sind.

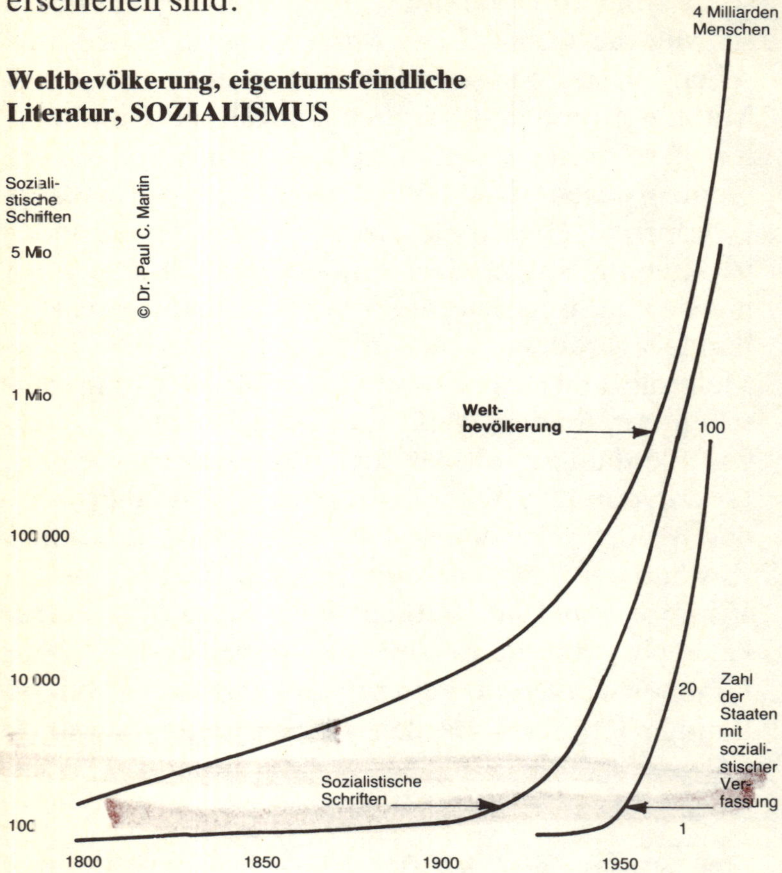

Quellen: UNO-Statistiken, Stammhammer's Bibliographie, Library of Congress. Geglättete Kurven

Abb. 4: [redacted]

Es kann keinem Zweifel unterliegen: »Der Sozialismus siegt«, um mit Erich Honecker zu sprechen. Weil die Menschen nicht begreifen, daß privates Eigentum die *natürlichste Sache von der Welt* ist, weil es sich unmittelbar aus der Endlichkeit des Menschen im Raume ableitet, wird immer hektischer und brutaler versucht, die Grundbedingung der menschlichen Existenz zu beseitigen.

Da dies nur mit *Zwang* geschehen kann, stehen der Menschheit noch höchst unerfreuliche Zeiten bevor, bis endlich alles – als Folge der Bevölkerungsvermehrung – sozialistisch geworden ist, womit sich das Problem dann freilich sehr schnell löst, da der Sozialismus aufgrund seines fehlenden Steuerungsmechanismus (keine Marktwirtschaft!) die Probleme Industrieproduktion und Menschenernährung nicht bewältigt, und daher die Menschen innerhalb von ein paar Generationen nach Einführung des vollständigen Weltsozialismus soweit ausgestorben sein werden, daß wieder Vor- oder Frühformen von Eigentümergesellschaften entstehen können. Den 30 Sozialisten in Swerdlowsk ist es dann völlig egal, ob die 30 übriggebliebenen Sozialisten in Wladiwostok nun wieder mit privatem Eigentum anfangen. Und was die 30 überlebenden Sozialisten in New York machen, ist erst recht allen schnuppe.*

* Das beste Buch, das sich mit dem Sozialismus auseinandersetzt und das leicht faßlich beweist, warum er »real« nie existieren kann, ist immer noch Ludwig von Mises »Die Gemeinwirtschaft. Untersuchungen über den Sozialismus« (Nachdruck bei Philosophia Verlag, München). Auch mein kommendes Buch über den »Staat« wird diese Dinge behandeln.

Das »Manifest« von Marx und Engels

Karl Marx war zeit seines Lebens eine gescheiterte Existenz. Seine Mutter meinte, er hätte sich wohl besser mal ums »Kapital« gekümmert, als immer nur davon zu schreiben. Und Marx pflichtet bei: »Ich glaube nicht, daß unter solchem Geldmangel je über das »Geld« geschrieben wurde.«
»Kapital« hat er nie gesehen, eine Fabrik nie betreten, einem Werktätigen bei der Arbeit nie die Hand gegeben. »Geld« sah er auch immer nur scheibchenweise. Sein Freund, der reiche Fabrikant Friedrich Engels, schickte ihm regelmäßig englische Pfundnoten, und zwar erst die eine Hälfte. Und wenn Marx den Empfang bestätigte, die andere.
Marx und Engels beschäftigten sich mit dem Eigentum im allgemeinen und dem Kapital im besonderen, wobei wir uns hier auf die Marxsche Vorstellung vom Eigentum beschränken können, wie sie in frisch formulierten Sätzen (ganz im Gegensatz zu dem stinklangweiligen dreibändigen »Kapital«) im »Kommunistischen Manifest« niedergeschrieben wurde.
Das »Kommunistische Manifest« ist zu allererst ein Kind der Umstände. In einer Zeit, da die Weltbevölkerung stark anwuchs, wird natürlich das Eigentum, ganz gleich in welcher Form (zuletzt aber immer nur als *abgeleitet* vom Grundeigentum denkbar) interessant. Wer hat eigentlich Eigentum, wer hat keines, warum ist das so, muß das so sein? Alles Fragen, die

kein Mensch stellt, wenn er – wie die Indianer Nordamerikas – jeder für sich 100 Quadratkilometer zum Ausreiten hat.

Marx und Engels waren die ersten Sozialisten in deutscher Sprache überhaupt. Was davor über die Bühne ging, waren belanglose, bruchstückhafte Willenserklärungen. Aus dem Verhör des Pfarrers und Bauernführers Thomas Müntzer ist der Satz überliefert, »alles sei gemeinsam«, aber was soll das schon heißen? Und der Nürnberger Drucker Hans Hergot ließ 1527 eine Flugschrift erscheinen mit dem Titel »Von der neuen Wandlung eines christlichen Lebens«, der er zwar die bombastische Drohung voranschickt: »Hüt' Dich, Teufel, die Höll' wird zerbrechen.«

Jedoch blieb der Teufel zunächst unbehelligt. Hergots sozialistischer Zentralsatz lautet:

> »Alle Ding werden in gemeinen Brauch kommen, so daß es keiner besser haben wird denn der andre«

Das hört sich zwar ganz gut an, konnte aber umständehalber nicht weiter interpretiert werden: Hergot wurde – wie Müntzer – hingerichtet.

Der Sozialismus läßt so richtig erst Dampf ab im kaputtesten Staat des 18. Jahrhundert, im Königreich Frankreich. Grund, sich Gedanken zu machen, ob das mit dem Eigentum auch so seine Ordnung habe, gab es genug: Das Elend der Bauern war unbeschreiblich. Sie mußten für ihre Herrschaften jede Menge Dienste und Abgaben leisten, aber das hätte sich letztlich noch ertragen lassen, saßen sie doch wenigstens auf *irgendeinem* privaten Eigentum, wenn es auch nicht das ihre war.*

Unterhalb der Bauern gab es noch die völlig Recht- und Besitzlosen: Tagelöhner, die sich noch nicht einmal über ihren Adeligen und seinen Luxus aufregen konnten, weil sie noch nicht einmal einen solchen Herren hatten, sondern niemand. Über sie schreibt Hans Girsberger in seinem Buch »Der utopische Sozialismus des 18. Jahrhunderts in Frankreich«:

> »Ihr Los überbot an Elend womöglich noch das der übrigen bäuerlichen Bevölkerung. Mit ihrem geringen Lohn verdienten die ländlichen Tagelöhner gerade soviel, um nicht Hungers zu sterben. Da auch der freie Zutritt zu den Allmenden (das sind Gemeindewiesen, wo jeder sein privates Kleinvieh weiden lassen konnte – PCM) und den übrigen, ehemals der Gemeinschaft gehörenden Ländereien von den Feudalherren immer mehr aufgehoben wurde, sind diese Ärmsten der letzten Hilfsmittel beraubt.«

Das ist für den Ökonomen eine interessante Konstellation! Das gesamte Eigentum (Land) ist in festen Händen, immer mehr arme Teufel rücken nach, die Volksvermehrung ist gerade so, wie sie gerade noch sein kann – und da ist es logisch, daß über kurz oder lang die *Eigentumsfrage* gestellt werden muß. Dies um so mehr, als Frankreich kein »Ventil« hatte, freie

---

* Die Versuche der Bauern, sich von diesem Eigentum zu lösen, um eigenes Eigentum zu erwerben, sind Thema der seit dem 14. Jahrhundert Europa durchziehenden »Bauernkriege«. Zu ihrem Ergebnis, u. a. der Schaffung des »freien Lohnarbeiters« in Großbritannien in den Aufständen des Wat Tyler, siehe u. a. die Hinweise in meinem Buch »Staatsbankrott« (6. Auflage, Seite 73 ff.) sowie die Ausführungen im nächsten Kapitel über »Feudalismus«.

Städte wie in Deutschland, oder kaum Auswanderungsmöglichkeiten, wohin die Habenichtse hätten ausweichen können.

Schon immer hetzten die Pfarrer und die Lehrer

In dieser verfahrenen Lage machten sich einige Wohlmeinende daran, zumeist Pfarrer (»Abbé«) oder obskure Sekretäre, von denen man außer dem Namen nichts mehr weiß, das Eigentums-Problem zu lösen.
Und sie lösten es, wie immer Sozialisten das Eigentumsproblem lösen. Nicht indem sie fragten ob vielleicht Eigentum *notwendig* sein muß, und daß man es vielleicht nur anders verteilen könnte (»Los, Du adeliger Sack, rück' mal ein paar Hektar heraus!«).
Sondern, indem sie das Eigentum, wie es immer wieder und immer wieder so schön falsch heißt, *»aufheben«*.
Nun kann man Eigentum nicht aufheben, sondern entweder neu verteilen oder soviele Menschen abschlachten, daß sich die Eigentumsfrage nicht mehr stellt *oder* eben »sozialisieren« – also *allen* wegnehmen, damit nur keiner mehr etwas hat. Wobei man die Menschen mit dem Schwachsinn tröstet: »Aber es gehört doch jetzt euch allen!«
Um ihre Ware (Abschaffung der räumlichen Endlichkeit des Menschen) zu verkaufen, rücken die Sozialisten sie konsequenterweise in die *weitest mögliche Ferne:* sie erfinden immer tollere Länder (»Uto-

pia« – der »nichtvorhandene Ort«, wörtlich übersetzt), wo das alles schon funktionieren soll – die Aufhebung des Eigentums. Ein typischer Vertreter dieser Sozialismus-Verkäufe ist der »erste Kommunist«, der erste Mensch, der die vollständige »Aufhebung« des Privateigentums gepredigt hat, ein Mann namens Morelly. Mehr weiß man von ihm nicht, nur noch seinen Geburtsort (Vitry-le-Francois), und daß er dort Lehrer gewesen sein soll.*

Morelly verlegt seine »eigentumslose« Gesellschaft irgendwo in den Indischen Ozean und der Titel seines Buches spricht denn auch für sich: »Naufrage des Isles flottantes« – Schiffbruch der (oder auf die?) Schwimmenden Inseln, erschienen 1752.

Alles ist dort wunderschön, Natur, Liebe, Glückseligkeit. Jeder arbeitet, nicht weil er *muß,* sondern weil er *»Lust dabei empfindet«*! Und jeder hat genau das, was er *braucht.* Als der Herrscher, den es auch gibt, ein äußerst edler König, mit der Idee der Einführung des Privateigentums konfrontiert wird, hört er von seinem Erzieher (in der Zusammenfassung von Girsberger):

> »Das Privateigentum ist die Quelle aller Laster und *Verbrechen,* und das Glück der Völker, die auf dieser Institution basieren, ist nur scheinbar. Alle Vorteile, die das Eigentum vielleicht mit sich bringt, werden überkompensiert durch seine antisoziale Wirkung. Überdies ist eine kulturelle Entwicklung auch auf kommunistischer Grundlage möglich. Jedoch ist ihr Wert kein solcher. Nur solche Künste sind zuzulassen, die sich in den *Dienst des sozialen Ganzen* stellen.«

* Die anderen, meist nicht minder mysteriösen Franco-Sozialisten sind: Mably, Vairasse, Meslier, Rétif de la Bretonne, Foigny u. a.

Man sieht sie alle vor sich: Lenin, Fidel Castro, Margot Honecker.

Sein zweites, theoretisches Buch »Code de la Nature«, erscheint unter dem vielsagenden Verlagsort »Partout chez le vrai sage« (Wo immer also der wahre Wissende ist, 1755). Die Behauptung Morellys, die Natur enträtselt zu haben, wird nicht wahrer durch das Setzen des Wortes »Code« ganz an den Anfang. So kann er lange behaupten, daß der Sozialismus »naturgesetzlich« sei, nur hat sich dieses »Gesetz« (Code) bis heute nur mit Gewalt, aber *nie von »Natur aus«* unter den Menschen durchgesetzt. Dagegen Girsberger, noch einmal Morelly interpretierend:

> »Das Soziale ist Ausfluß des Selbsterhaltungstriebes, die Gesellschaft die notwendige Bedingung seines Erfolges. Die restlose und zugleich einzig natürliche Verwirklichung des Sozialen aber ist nur in einer kommunistischen Ordnung der Gesellschaft möglich. Die allgemein herrschende individualistische Ordnung rührt aus mangelnder Erkenntnis der natürlichen Gesetze her ...«

Dies ist nichts als das bis heute von den Sozialisten immer wieder vorgebrachte Argument, daß die Menschen *den Sozialismus nur noch nicht kapiert hätten* und daß daher bis zur Errichtung des sich aus der »Eigentumslosigkeit« ergebenden allgemeinen glückseligen Endzustandes *noch einige Zeit verstreichen müsse.* Die chinesische Staatsführung hatte die Stirn, ihren Landsleuten anzukündigen, daß der Sozialismus vollständig erst »in etwa zehn Generationen verwirklicht« sei.

Nach der Nummer mit den »Inseln« kommt Marx mit richtigen Menschen

Daß der Sozialismus aber keineswegs in einem weltweiten Lachkrampf unterging, hat seinen Grund in der Trouvaille, die Marx und Engels machten, als sie ihre Forderung nach Abschaffung des Privateigentums auftischten. Im Gegensatz zu Morelly setzen sie nicht in die Einsicht und die Vorstellung, daß sich das *irgendwann* schon von selbst ergeben müßte, wenn sich alle Menschen schlau gemacht hätten.
Nein, Marx und Engels präsentieren einen *Schuldigen*. Sie zeigen nicht auf in der Ferne verschwimmende Inseln. Sondern auf Menschen. Auf die »Kapitalisten«.
Der *Kapitalist* ist für den *Sozi*, was der *Jude* für den *Nazi* wurde: fleischgewordenes Subjekt, der an der ganzen Misere Schuldige, nach dessen Beseitigung alles wirklich und endlich *»gut«* werden muß.
Das »Kommunistische Manifest«, mit dem die sozialistische Ideologie eigentlich beginnt, wie später mit der Idee von der »Zinsknechtschaft« die nationalsozialistische des Dritten Reiches, wird zwar als große Leistung gelobt, stimmt aber leider hinten und vorne nicht.
Das geht schon los mit der griffigen These von den »Klassenkämpfen«, die als »Geschichte aller (!) bisherigen Gesellschaft« vorgestellt wird.

> »Freier und Sklave, Patrizier und Plebejer, Baron und Leibeigener, Zunftbürger und Gesell, kurz Unterdrücker und Unterdrückte standen im *stetem Ggegensatz* zueinander,

> führten einen ununterbrochenen, bald versteckten, bald offenen *Kampf*, der jedesmal mit einer revolutionären Umgestaltung der ganzen Gesellschaft endete, oder mit dem gemeinsamen Untergang der kämpfenden Klassen.«

Nichts als Denkfehler! 1. Wenn beide Klassen untergehen, ist logischerweise der Kampf zu Ende, aber ist er nicht schon zu Ende, wenn *eine* Klasse untergeht? Gegen wen soll sie denn noch kämpfen? 2. Kämpfen – das tut doch immer nur die *eine* Klasse, wenn überhaupt. Was soll denn der Baron gegen seinen Leibeigenen haben, der arbeitet doch für ihn? 3. Die »Kämpfenden« hat es immer gegeben: Sklaven im alten Rom und Sklaven im 19. Jahrhundert in Brasilien, heute noch in einigen Winkeln Arabiens. Gesellen gibt es heute, und es gab sie im Athen vor Christus. Es kann keine Rede davon sein, daß sich ständig etwas in eine Richtung sozusagen »vorwärts« revolutioniert und Altes *nicht* wiederkehrt.

Auch die Gegensatz-Paare sind überhaupt nicht vergleichbar, mißt man sie an dem Begriff, um den es Marx und Engels geht: am Eigentum.

Freier, Patrizier, Baron und Zunftbürger haben zweifellos Eigentum: Ackerland oder städtisches Grundstück. Der Geselle kann aber auch Grundeigentum haben, nur nicht davon leben (keine Meisterstelle), auch der Plebejer ist als Parzellen-Besitzer denkbar. Der Leibeigene nicht, alles Land, auf dem er arbeitet, gehört seinem Grundherrn, der Sklave auch nicht. Der Sklave ist aber seinerseits *Eigentum* und nicht allein eigentumslos oder mit zu *geringem* Eigentum betan, wie die anderen drei. Ein Geselle (gegen Lohn arbeitender Handwerker) konnte sich in der Antike einen Sklaven halten, warum denn nicht. Und was dann? Haben wir dann einen Dreikampf? Auch die Barone, die aus den Kreuzzügen heimkehrten, brachten Sklaven mit oder hielten sich solche im Heiligen Land, während zu Hause die Leibeigenen malochten.

Was Marx und Engels »Klassenkämpfe« nennen, ist nichts anderes als die Tatsache, die sich sehr bald eingestellt hat, nachdem das Eigentum (aufgrund der faktischen Übervölkerung) entstanden war: *einige* konnten ihr Eigentum *behalten, andere* konnten es *vermehren,* wieder *andere verloren es* – und nach dem Eigentum auch noch sich selbst: sie wurden Sklaven.*

Außerdem war der jeweilige Gegner bekannt: Jeder Sklave kannte seinen Herrn, jeder Leibeigene den Baron, jeder Gesell den Meister. Wenn Marx und Engels also ganz groß ausholen und dem Leser den Schauder der Weltgeschichte über den Rücken jagen, um dann ihren großen Fund zu zeigen:

> »Die ganze Gesellschaft spaltet sich mehr und mehr in *zwei große feindliche Lager,* in zwei große einander direkt gegenüberstehende Klassen – Bourgeoisie und Proletariat« –

– dann ist das ja nun echt *nichts Neues.* Denn Eigentümer und Nicht- oder Nicht-Mehr-Eigentümer hatte es schon im alten Sparta gegeben, nachdem die ersten der einst völlig gleich mit Land bedienten Lakedämonier von diesem Land verschwinden mußten, weil sie zu faul waren oder nicht zu wirtschaften ver-

* Zur Entstehung der Sklaverei aus der Überschulding, siehe das folgende Kapitel.

standen. Als Spartaner hätten Marx und Engels ganz genauso jammern können:

> »Ganz Sparta spaltet sich mehr und mehr in zwei große feindliche Lager – Landbesitzer und Nichtlandbesitzer ...«

Wenn man einen Blick in die römische Geschichte wirft, dann sieht man die letzten Jahrhunderte der Republik voll von Versuchen, den »Klassengegensatz« zwischen Grundbesitzern und landlosen Proleten aufzuheben. Bestes Beispiel waren die »Reformen« der beiden Brüder Tiberius und Gajus Gracchus, die auch nichts anderes sahen als die »zwei großen feindlichen Lager« und die den Großgrundbesitzern Land nehmen und umverteilen wollten. Der Sozialist Karl Kautsky schreibt:

> »Man hat die beiden Gracchen Kommunisten genannt. Das waren sie jedoch in keiner Weise. Was sie anstrebten, war nicht die Aufhebung des Privateigentums, sondern die Schaffung neuer Eigentümer, die Wiederherstellung einer kräftigen Bauernschaft, der festesten Grundlage des Privateigentums.«

Die beiden Gracchen waren ganz genau dasselbe, wie Karl Marx und Friedrich Engels: »Klassenkämpfer«. Beide sahen just die gleiche Szene: die einen hatten viel, die anderen wenig oder gar kein Eigentum. Also: Revolution! Die Gracchen und Marx & Engels wollten enteignen. Die Römer zugunsten neuer *Privat-Eigentümer,* die Deutschen zugunsten des *Staates.* Denn die »Aufhebung des Privateigentums« kann immer nur eine Verstaatlichung sein = öffentliches Eigentum.

Also kaum Neues unter der Sonne?

Doch. Denn der eigentliche Ansatz der Sozialisten Marx und Engels (wortgleich mit »Kommunisten«, wie Kautsky das eben brachte) ist nicht nur das Präsentieren eines neuen nach-revolutionären *Folge-Eigentümers* (Staat statt Private), zumal Marx & Engels diesen Folge-Eigentümer nicht sehr konkret beschreiben, das Neue ist vielmehr eine *Personifizierung* des Eigentums-Problems überhaupt. Wie die Zins-Gegner die *Juden,* so führen die Eigentums-Gegner die *Kapitalisten vor, im »Kommunistischen Manifest« heißen sie noch »Bourgeoisie«:*

> »Ihr entsetzt Euch darüber, daß wir das Privateigentum aufheben wollen. Aber in Eurer bestehenden Gesellschaft ist das Privateigentum für 9 Zehntel ihrer Mitglieder aufgehoben; es existiert gerade dadurch, daß es für 9 Zehntel nicht existiert. Ihr werft uns also vor, daß wir ein Eigentum aufheben wollen, welches die Eigentumslosigkeit der ungeheuren Mehrzahl der Gesellschaft als notwendige Bedingung voraussetzt.
> Ihr werft uns mit einem Wort vor, daß wir Euer Eigentum aufheben wollen. Allerdings, das wollen wir.«

Ein absolutes Meisterstück der Propaganda!
Zunächst einmal wird mit einer »Ungerechtigkeit« argumentiert: zehn Prozent haben alles, 90 Prozent haben nichts. Dann führen Marx und Engels auf engstem Raum gleich drei (!) *völlig verschiedene* Eigentumsbegriffe auf, und mixen sie so, daß sich keiner mehr auskennt und daß jeder bei der Forderung nach Beseitigung dieses Zustands nur ein freudiges Ja sagen kann:

1. »Das Privateigentum«. Dazu gibt es zwei Gegenteile: entweder das sogenannte »Gemeineigentum« der *Vor-Eigentümer-Gesellschaft* (Indianer in der weiten Prärie). Oder das »Gemeineigentum«, das sich der *Staat* zulegt, nachdem er die privaten Eigentümer enteignet hat.
2. »Ein Eigentum, welches die Eigentumslosigkeit der Mehrheit voraussetzt.« Gegenteil: Die Eigentumslosigkeit der Massen wird abgeschafft. Sie kriegen entweder *zusätzliches,* neu geschaffenes Eigentum oder *von den bisherigen Eigentümern etwas ab.* Was würde wohl geschehen, wenn die bedrohten Bourgeois das alles einsehen, und die Enteignung unterlaufen, indem sie von ihrem Eigentum freiwillig abgeben?
3. »Euer Eigentum«. Gegenteil: Mein (Unser) Eigentum. Es findet also ein einfacher Eigentümer-Wechsel statt: Die zehn Prozent werden enteignet, das Ganze wird unter den 90 Prozent aufgeteilt. Dann hätten wir *wieder* Leute *ohne* Eigentum, die Ex-Kapitalisten.

Jedem wird also etwas geboten – Hauptsache, er ist bisher noch kein oder nicht mehr Eigentümer.
Was Marx und Engels beim Leser erzeugen, ist ein Underdog-Gefühl: Andere haben etwas, und weil sie das haben, darf ich ran. Wer das »Kapital« in Händen hat, besitzt »Macht über fremde Arbeit«, deren Ergebnis er sich »aneignen« kann. Es geht jetzt darum, den »elenden Charakter« dieser Aneignung aufzuheben, es geht um die »Eroberung der politischen Macht durch das Proletariat«. Die Schluß-

worte im »Kommunistischen Manifest« gleichen in ihrem Appell an den Freiheitsdrang des Menschen haargenau dem Kernsatz des Partei-Programms der NSDAP, nur daß dort **fett** und hier g e s p e r r t gedruckt wird, daß einmal eine **Knechtschaft** zu Ende geht, das andere Mal **Ketten** abgestreift werden sollen:

> Mit einem Wort, die Kommunisten unterstützen überall jede revolutionäre Bewegung gegen die bestehenden gesellschaftlichen und politischen Zustände.
>
> In allen diesen Bewegungen heben sie die Eigenthumsfrage, welche mehr oder minder entwickelte Form sie auch angenommen haben möge, als die Grundfrage der Bewegung hervor.
>
> Die Kommunisten arbeiten endlich überall an der Verbindung und Verständigung der demokratischen Parteien aller Länder.
>
> Die Kommunisten verschmähen es, ihre Ansichten und Absichten zu verheimlichen. Sie erklären es offen, daß ihre Zwecke nur erreicht werden können durch den gewaltsamen Umsturz aller bisherigen Gesellschaftsordnung. Mögen die herrschenden Klassen vor einer Kommunistischen Revolution zittern. Die Proletarier haben nichts in ihr zu verlieren als ihre Ketten. Sie haben eine Welt zu gewinnen.
>
> Proletarier aller Lander vereinigt Euch!

Abb. 5: Die letzten Sätze des »Kommunistischen Manifestes« (Original-Abbildung aus der Erstausgabe 1848)

Und daß eben einmal vom **Eigentum** die Rede ist, das andere Mal vom **Zins.**

Wichtige Zwischenbemerkung: Ich höre schon die linken Freunde aufschreien: Das »Eigentum«, das Marx und Engels meinen, das »Kapital«, sei etwas »Produziertes«, etwas ganz anderes also, als das »Eigentum«, das sich die ersten Siedler aneignen durften, weil es eben so da rum lag. Die weiter unten folgende Diskussion über Geld, Schulden und den Sachwert wird zeigen, daß dieser Aufschrei ungehört

verhallt: »Kapital als solches« analog zu »Grund und Boden« gibt es nämlich überhaupt nicht.
Den Unterschied kann man sehr schön anhand von Eigentümerbilanzen erkennen: Es bilanzieren: Der erste Eigentümer, ein späterer Eigentümer, der Kapitalist.
Da sich der *erste Eigentümer* das Land einfach aneignen kann, muß er nur die Kosten dieser Aneignung bilanzieren. Er schreibt also:

AKTIVA (Vermögen)		PASSIVA (Kapital)	
Grund und Boden	–,–	Eigenkapital	100,–
Kosten für Eingrenzung	100,–		

Ein *nächster Eigentümer* kauft das Land nach einigen Jahren zum zehnfachen Wert ab und bilanziert:

AKTIVA (Vermögen)		PASSIVA (Kapital)	
Grund und Boden	1.000,–	Eigenkapital	1.000,–

Dann verkauft der nächste Eigentümer nach ein paar flauen Jahren mit Verlust, steigt aus der Landwirtschaft aus, nimmt seine verbliebenen 500,– leiht sich dazu noch 1500,– bei guten Freunden und 1000,– bei der Bank, kauft sich eine Maschine und startet jetzt als »Kapitalist«. Das ist er, weil er gleichzeitig ein paar Leute einstellt, die er, nach Marxens Vorstellung, nun »ausbeuten« will.
Er bilanziert, wie folgt:

AKTIVA (Vermögen)		PASSIVA (Kapital)	
Maschine	3.000,–	Eigenkapital	500,–
		Schulden bei Freunden	1.500,–
		Schulden bei der Bank	1.000,–
			3.000,–

Karl Marx verwechselt das Vermögen mit dem Kapital, und obendrein glaubt er auch noch, diese Produktionsmittel (=Vermögen, denn wie anders als an einer Maschine könnte der Kapitalist den Arbeiter ausbeuten?) würden *nichts kosten* – so wie einst der Grund und Boden beim Ersteigentümer.

... und gegen den Zins: die Nazis

Während es für die *Anti-Eigentums-Leute* einen anerkannten Markennamen gibt (»Sozialisten«), fehlt eine solche Bezeichnung für die *Anti-Zins-Leute* bisher leider. Dies ist auf der einen Seite verwunderlich, da das Zinsproblem die Menschen in der Geschichte *viel früher, breiter und kräftiger anspringt,* als das Problem mit dem Eigentum – auch wenn beides eng zusammenhängt.
Das Eigentums-Problem ist allerdings auch sichtbarer, weil Land eben da herumliegt und jeder darübertrampeln kann. Eigentum ist immer *Eigentum gegen jedermann.* Beim Zins geht es dagegen zunächst um höchst *zweiseitige* interne, private, geheime Dinge. Der Zins ist sozusagen die *verinnerlichte* Seite des Menschen-Problems geworden, wie das Eigentum die *nach außen* tretende.

Das geht schon los mit der Präferenz von Jetzt gegenüber später. »Kannst Du nicht warten, Du ungezogenes Kind, bis alle ihren Lolli haben«, schimpft schon die Mutter. Dann die Heimlichkeit der Gelüste: Muß ich wirklich jetzt schon wieder ein neues Auto haben, in die Bar zu den Mädels gehen? Das macht man ganz intern und privat mit sich ab.

Wenn jemand ein Grundstück hat und damit Eigentum aufs deutlichste demonstriert, wird ihn kein Mensch für gierig oder raffig halten. Der arme Mensch sorgt doch nur für seine Zukunft vor. Und das Eigentum wird auch erst richtig zur »kritischen Masse«, wenn es zum *Marxschen Ausbeutungs-Punkt* kommt: Neun Zehntel gegen eines.

Beim Zins geht das viel schneller. Wenn jemand auf dem Sparbuch 10.000 Mark hat, wird dies nicht relevant – aber was ist, wenn jemand die gleichen 10.000 Mark (sein ganzes Geld!) einem Bekannten geliehen hat und es nun zurückfordert, obwohl er weiß, daß der Bekannte daran geschäftlich kaputtgeht?

Eigentum als Ortspräferenz (»Hier«, »Mein«) ist individuell möglich – und zu mehreren, *ohne daß ein zweiter daraus verpflichtet wird.* Im alten Sparta gab es eben 39000 Landbesitzer und keinen Spartaner »ohne Land«. Das Eigentum des einen schloß das Eigentum des anderen nicht aus.*

Zins als Zeitpräferenz (»Jetzt«) ist individuell möglich (ich hätte zwar den Apfel gern sofort, auch wenn niemand da ist, der mir den Apfel pflückt). Aber

* Das ist eines der Geheimnisse des »Sachwertes«, auf den wir unten noch ausführlich eingehen werden. Aber es schadet nichts, schon jetzt darüber nachzudenken.

Zins unter mehreren bedeutet immer, daß *ein anderer ganz konkret daraus verpflichtet wird.* Sobald der erste spartanische Landbesitzer dem anderen Saatgut oder einen Ochsen auslieh, gaben beide ihre Eigentümer-Eigenschaft nicht auf. Aber der eine war jetzt »Schuldner«, der andere »Gläubiger«.
Der Zins als Ausdruck der ersten menschlichen Grundbedingung unter zwei oder mehreren Beteiligten ist immer etwas, das man gern geheim hält. Wer hat schon gerne Schulden, und sagt es dann noch öffentlich? So ist es auch kein Wunder, daß sich die *Religionen* als menschliche Einrichtungen, die viel aufs Geheimnisvolle halten, schon früh des Zinses angenommen haben. Der individuell erfahrbaren Zeitpräferenz, indem sie »Verzicht« predigen. Der kollektiv erfahrbaren Zeitpräferenz, indem sie den Zins für »abgeschafft« erklären, siehe den Abschnitt über Mönche.
Ich habe mich dazu entschlossen, die Leute, die den Zins nicht anerkennen, **Nationalsozialisten** zu nennen. Das hat den Vorteil, sehr griffig diskutieren zu können, denn wer horcht nicht auf, wenn Aristoteles oder Luther als Nazis bezeichnet werden. Es ist aber auch höchst angebracht, mit dem Terminus »Nationalsozialisten« zu operieren, denn keine Anti-Zins-Bewegung der Weltgeschichte war eindrucksvoller und schrecklicher als die Periode nach 1920, als Hitlers Aufstieg begann.*

* Auch der Terminus »Sozialismus« ist ein Begriff, den es nicht immer schon gegeben hat. Er wurde 1838 von Pierre Leroux geprägt und wird heute allgemein verwendet. Ein 80 Jahre später geprägter Terminus (»Nationalsozialismus«) ist als Gattungsbegriff für die andere antimenschliche Bewegung nicht minder legitim.

Wie beim Sozialismus gibt es auch beim Nationalsozialismus Theoretiker, die ihren Gegenstand, dort: das Eigentum, hier: den Zins, überhaupt ablehnen. Ihre Position ist ebenfalls indiskutabel, weil sie einen Zustand des Menschen *vor* Beginn seiner Zeitpräferenz postulieren. Dies kann nur ein Denkmodell sein, in dem der Mensch *unendlich lange* lebt – womit wir wieder bei Adam vor dem Sündenfall wären.
Diskutabel, da denkbar, ist jedoch ein Nationalsozialismus in dem Sinne, daß es zwar immer wieder zum Zins kommt, zu einer Anhäufung von Verpflichtungen, wobei man mehr zurückzahlen muß als man bekommen hat, daß man diesen Zins aber dann gefälligst streichen solle.

Aristoteles verzapfte dummes Zeug

Es ist sehr wichtig, klar zu sehen, daß sich der Zins nicht so bildet, daß jemand irgendwie etwas »bekommt«, wie einem ein Stein in den Garten fällt, den er dann »vermehrt« zurückzahlen muß. So sieht es für den oberflächlichen Beobachter aus.
In Wirklichkeit ergibt sich der Zins, weil ein Mensch etwas *jetzt* (und nicht später) *haben will* oder *haben muß,* wofür er einen *Aufpreis* bezahlt (oder zahlen muß). Ein anderer dagegen Verzicht übt, obwohl er sich einen Wunsch »jetzt« erfüllen könnte, weil er den Preis dafür bezahlen kann. Dieser Aufpreis wird aber *nicht sofort* gezahlt, kann oft auch nicht sofort gezahlt werden (wenn jemand Saatgut braucht, dann kann er ja nicht mit geerntetem Getreide zurückzah-

len, da muß erst Zeit vergehen). Sondern der Aufpreis wird erst gezahlt, wenn die Schuld *fällig* ist. Das sieht dann nach außen so aus, als ob sich in der Zwischenzeit etwas Rätselhaftes tun würde – eine wunderbare Geldvermehrung oder so. Natürlich kann sich nie das »Geld« vermehren. Der Zins ist ausschließlich ein güterwirtschaftliches Phänomen, er tritt nur als »Geldzins« auf, was aber eine Maske ist; denn Geld »als solches« gibt es nicht, es gibt immer nur Schulden, wie wir im dritten Kapitel sehen werden.

Selbst ein so kluger Kopf, wie der griechische Philosoph Aristoteles ist auf diesen Augenschein hereingefallen. Er behauptet, völlig zu Recht: »Geld kann keine Jungen hecken.« Das war obendrein ein schönes Wortspiel, weil sich das Wort für »Geld« aus der Viehwirtschaft ableitete* und jeder auch sofort versteht, daß Kühe zwar Kälber kriegen, aber ein großer Silberling nicht etwa kleine Silberlinge. Also erklärte Aristoteles das Zinsnehmen (Tokismos) für eine höchst unnatürliche Perversion.

Einen Tokismos kann es aber im Ernst gar nicht geben. Es wäre ja ein *»Münz-Zins«*. Niemand würde aber dafür einen Zins bezahlen, daß ihm ein anderer ein paar geprägte Silberstücke »leiht«. Was soll man denn mit Silbermünzen. Anschauen? Nein, der Zins wird gezahlt, weil man sich mit den Silbermünzen *etwas kaufen kann und kaufen will,* Brot zum Beispiel.

---

* Das griechische »tokos« und das lateinische »pecunia« leiten sich beide von den jeweiligen Worten für »Vieh« ab, was auch ganz nahelag, waren doch die ersten »Münzen« nichts als »Gutzettel«, auf denen für den Analphabeten zu sehen war, was sie wert waren – eben eine Kuh, usw.

Der Zins ist kein Aufpreis für »Silbermünzen jetzt!« Sondern für Brot jetzt!«. Der große Ari faselt also dummes Zeug.

Ein Nationalsozialist mit mehr Durchblick war schon der jüdische Volks-Champion Moses. Er bringt – in Gottes Auftrag – folgendes zur Kenntnis (5. Buch Moses, 15. Kapitel):

> »Alle sieben Jahre sollst du ein *Erlaßjahr* halten. Also soll's aber zugehen mit dem Erlaßjahr: wenn einer seinem Nächsten etwas borgte, der soll's ihm erlassen und soll's nicht einmahnen von seinem Nächsten oder von seinem Bruder; denn es heißt ein Erlaßjahr dem Herrn. Von einem Fremden magst du es einmahnen; aber dem, der dein Bruder ist, sollst du es erlassen.«

Moses erlaubt also das Ausleihen, was logischerweise nur gegen Zins geschieht, er macht aber dann reinen Tisch und streicht die ganze Schuld. Da kein Mensch etwas ausgeliehen hätte, wenn er den sicheren Vermögensverlust vor Augen hat, muß sich die Gläubiger-Schuldner-Beziehung über den Zins regulieren. Wer nach sechs Jahren alles verliert, muß sich in der Zwischenzeit über den Zins schadlos halten. Da nur 6 Jahre Zinsen gezahlt werden, muß die Summe aus den Zinsen also mindestens das Kapital abdecken, was schon einen Zinssatz von 16,66 Prozent bedingt. Dazu kommt dann noch der Aufpreis, so daß die Juden unter Moses mit Zinssätzen in der Gegend von 20 bis 25 Prozent bedient wurden.

Die hohen Zinsen ergaben sich nicht nur aus früher nationalsozialistischer Anti-Zinsstellung, sondern auch aus den Risiken des Lebens selbst. Weil immer wieder Schuldner ausfielen, deren Eigentum und Leben (als Sklaven) man nur bedingt bewerten konnte*, kam zum normalen Aufpreis (der auch das Erleben des Rückzahlungszeitpunkts voraussetzt!) noch eine Risiko- und Ausfallsprämie. Die Zinsen waren empfindlich hoch, die Schulden stiegen dadurch immer schneller immer höher, und der Prozeß wurde noch beschleunigt, *als der geschuldete Zins nun seinerseits als Schuld erscheint und den Zinseszins-Effekt auslöst.*

War Jesus Nazi oder nicht?

So macht alsbald das böse Wort vom »Wucherer« die Runde. Und jeder, vom Kirchenvater bis zum halbgebildeten Kunstmaler tut sich groß darin, seinen Senf zum Zins-Problem zu geben. Beschränken wir uns auf einige der bedeutenderen Figuren:

Nehemia. Im 5. Kapitel des Buches Nehemia (Altes Testament) »erhob sich ein großes Geschrei des Volks und ihrer Weiber wider ihre Brüder, die Juden« (Interessant, daß schon damals ein Jude »die Juden« für den Wucher verantwortlich macht!). Es waren schlechte Zeiten …

> »… und etliche sprachen: laßt uns unsere Äcker, Weinberge und Häuser *versetzen* und Getreide nehmen in der Teuerung. Etliche aber sprachen: Wir haben *Geld entlehnt* zum Schoß (=Steuer) für den König auf unsere Äcker und Weinberge … und ist kein Vermögen in unseren Händen, und unsere Äcker und Weinberge *sind der anderen geworden.«*

---

* *Zum Schuldenproblem lesen Sie Ausführlicheres im nächsten Kapitel.*

Nehemia, der als eine Art Staatschef einen Teil Jerusalems »gegenüber den Gräbern Davids« baute, wird daraufhin »sehr zornig« und er staucht die Ratsherren und die Obersten zusammen (das waren »Juden«, die Kredit vergeben hatten und die aufgrund ihrer starken Eigentümer- und Gläubiger-Stellung den Ton angaben):

> »Wollt ihr einer auf den anderen Wucher treiben? Und ich brachte eine große Gemeinde wider sie zusammen … und sprach: Es ist nicht gut, was ihr tut … Ich und meine Brüder und meine Leute haben ihnen auch Geld geliehen und Getreide; laßt uns doch diese *Schuld erlassen.*«

Was prompt geschah, denn die Juden hielten in der Furcht Gottes zusammen. Sie führten auch wieder das »Erlaßjahr« des Moses ein: »Wir wollen auf die Abgaben in jedem *siebten* Jahr und *auf Schuldforderungen jeder Art verzichten.*« Leider hat Adolf Hitler weder Moses noch Nehemia gelesen, sonst wären ihm die Dinge, die er so sensationell aufbauscht, nämlich die Verschuldung des deutschen Volkes nach dem Ersten Weltkrieg, in einem ganz normalen Licht erschienen.

Solon. Der große Staatsmann des alten Athen verkündete im Jahre 594 vor Christus die »Seisachtheia«, ebenfalls einen Schuldenerlaß, bei dem vor allem die *versklavten* Schuldner freikamen und der Zinssatz gesenkt wurde. Der stand damals nach Angaben von Plutarch bei 16 Prozent. (Auf der Insel Korfu wurden nach Palgrave im 2. und 3. vorchristlichen Jahrhundert Zinsen für Waren-Ausleihungen sogar auf 24 Prozent gesetzt!)

Christus: Im Vaterunser beten wir einen Satz, den die meisten Gläubigen nicht verstehen:

> »... und vergib uns unsere Schuld, wie auch wir vergeben unseren Schuldigern (Schuldnern).«

Die Parallelen mit Nehemia mit seiner Anrufung des Herrn, damit die Gläubiger sich in ihren Vermögensverlust fügen, ist nicht zu übersehen. Bei Nehemia sagen die Gläubiger unisono: »Wir wollen es zurückgeben und nichts von ihnen fordern ...« (klar: Vergebung der Schuld), und anschließend sprach die Gemeinde »Amen! und lobte den Herrn«. Auch wer Christus folgt, soll den armen Teufel, der ihm etwas leisten oder bezahlen muß, aus seiner Schuld entlassen. Anschließend wird Gott gelobt: »Denn Dein ist die Kraft und die Herrlichkeit in Ewigkeit Amen.« Was Christus vom Zinsnehmen gehalten hat, ist leider völlig unklar. Eine nationalsozialistische Gesinnung bezeugt sein Auftritt im Tempel zu Jerusalem, den Mathäus so beschreibt:

> »Und Jesus ging zum Tempel Gottes hinein und trieb heraus alle Verkäufer und Käufer im Tempel und *stieß um der Wechsler Tische* ...«

Vom Umstoßen der Wechslertische, auf denen natürlich keine Dollars gegen Schekel »gewechselt« wurden, sondern wo Zahlstelle war für die aufgenommenen Schulden (»Wechsel«), wird gleichlautend in drei Evangelien berichtet. Nur einer der Evangelisten, nämlich Lukas, läßt die Wechsler aus, wenn er sich auch sonst die Tempelreinigung nicht entgehen läßt:

»Und er ging in den Tempel und fing an, auszutreiben, die darin verkauften und kauften ...«

Mehr berichtet Lukas nicht über den Auftritt Christi im Tempel. Drei Zeugen Christi mit Bankiers, die Zinsen kassieren, einer ohne. Warum?
Auch dieses Rätsel löst sich schnell. Im gleichen 19. Kapitel, wo die Tempelreinigung erscheint, bringt Lukas nämlich auch das Gleichnis von den »anvertrauten Pfunden« zur Kenntnis. Danach kommen von zehn Knechten, die je ein Pfund zur Verwahrung erhalten, die ersten beiden glänzend zu Rande. Der eine *verzehnfacht* (!), der andere verfünffacht das anvertraute Gut. Nur der Dritte legt das Pfund ohne Gewinn netto wieder vor. Und der reiche Mann brüllt den armen Knecht nieder:

»Warum hat du denn *mein Geld* nicht in die *Wechselbank* gegeben? Und wenn ich gekommen wäre, hätte ich's *mit Zinsen erfordert ...* (Und Christus fährt fort): Ich sage euch aber: Wer da hat, dem wird gegeben werden; von dem aber, der nicht hat, wird auch das genommen werden, was er hat.«

Es versteht sich von selbst, daß der arme Evangelist Lukas nicht im gleichen Kapitel das Hohelied vom Wechsler und vom Zins singen kann, in dem der Meister anschließend den Bankiers die Berufsbasis entzieht.

Im Kanonischen Recht (»Corpus Iuris Canonici«), an dem Generationen von klugen Kirchenmännern arbeiteten, erscheint als »der praktische Mittelpunkt der ganzen Wirtschaftspolitik« (so der Ökonom Wilhelm Roscher 1874) das »Wucherverbot«. Roscher weiter:

> »Überall war das eigentliche Kriterium des Wucherischen die *gewinnsüchtige Absicht.* So waren gesetzliche Verzugszinsen erlaubt. Ebenso galt es nicht als Wucher, sich für ein Geldkapital Waren auszubedingen, die mehr wert sind, woferne dieser Mehrwert nur von Hause aus unsicher war.«

Daß zur Umgehung dieses – gegen die menschliche Natur gerichteten – Zins- (oder »Wucher«-)Verbots die größten Tänze aufgeführt wurden, versteht sich von selbst.* Besonders elegant entledigten sich die hohen Herren ihrer Verpflichtungen, die sie zur Finanzierung von Kriegen und Hofhaltung gegenüber den Handelsherren und Bankiers eingegangen waren: Sie erklärten Staatsbankrott mit der treuherzigen Versicherung, daß es gar keine Staatsschulden geben könne, denn die Kirche verbiete doch das Zinsnehmen beim Kredit, und ein König kann doch nie gegen das Gesetz der Kirche verstoßen …

Martin Luther. Ein besonders strammer Nationalsozialist war der große deutsche Reformator. Keinem Gegenstand der Theologie hat Luther soviel Raum gewidmet, wie dem höchst diesseitigen Problem des Zinses, den er wortreich und qualmig verteufelt: So läßt er gleich zweimal einen »Sermon von dem Wucher« (!) erscheinen, dann einen Sermon von dem

---

* Die *Kanoniker* spielten jede mögliche Zins-Variante durch: normaler Zins, wucherischer Zins, Zinseszins, Kredit-Disagio, Wechsel-Diskont, abgezinste Schulden usw. Am besten hätten ihnen »zinsfreie« Schulden gefallen – was wir heute als *Zerobonds* kennen.

»unrechten Mammon« (!) und schließlich einen Rundschlag »Von Kaufshandlung und (!) Wucher« (alle bis 1524). Im reifen Alter ist Luther nicht etwa klüger geworden, sondern er schreibt noch 1540, als 57jähriger in seiner Anweisung »an die Pfarrherren, vom Wucher (!) zu predigen«:

> »Wer etwas leihet und drüber oder Besseres nimmt, der ist ein Wucherer *und verdammt als ein Dieb, Räuber und Mörder.*«

Etwas »drüber« nehmen ist aber leider nichts anderes als schlichter Zins, ohne den es nie im Leben gehen wird. Die *Kriminalisierung des Zinsnehmers* ist wortwörtlich dieselbe wie die *Kriminalisierung des Eigentümers,* die uns oben schon aus der Feder von Pierre-Joseph Proudhon geflossen war:

> »Was ist das Eigentum? – Das ist Diebstahl!«

Wie der Sozi, so der Nazi. Luther in seinem Rundschlag gegen Handel und Wandel aus dem Jahre 1524, als es darum geht, das jemand, der sich Waren im (Verkaufs-)Wert von 500 Gulden leiht, dann doch »muß für tausend Gulden (ver)zinsen«:

> »Ei, das sind freilich nicht Straßenräuber noch Stuhlräuber, sondern Hausräuber und Hofräuber. Was soll man dazu sagen? Es sind nicht Leute, sondern Wölfe und unvernünftige Tiere.«

Wilde Wölfe schlägt man bekanntlich tot. Das Schicksal der Gläubiger war damit vorgezeichnet. Das Opfer hatte der Reformator auch schon ausgemacht. Er ließ es auf dem Titelblatt seines »Sermons von dem Wucher« abbilden: Einen Juden mit krum-

Eyn Sermon von dem Wucher.
Doctoris Martini Luther
Augustiner zu Wittenbergk.

Abb. 6: Das Titelblatt der Luther-Hetzschrift gegen Zins und Zinsnehmer (Original-Abbildung der Erstausgabe von 1520)

mer Nase, einem Dolch am Oberschenkel und hebräischen Schriftzeichen am Oberarm. Und der widerliche Kerl sagt mit spitzem Finger deutend:

»Bezahl oder gib' Zins – denn ich begehr' Gewinns.«

Wie der kleine Adolf zum großen Hitler wurde

Adolf Hitler war vor dem Ersten Weltkrieg eine gescheiterte Existenz, nach dem Kriege hing er in einer Münchner Kaserne herum, hatte die damals verbreiteten nationalen Flausen im Kopf (verlorener Krieg!), ging gelegentlich zu Vorträgen und Versammlungen und dachte nach.
Auch über das »Kapital«, denn darüber nachzudenken war damals »in« – schließlich hatte eine Anti-Eigentums-Bewegung, die SPD, gerade Revolution gemacht und die Macht im Staate übernommen. Aber Hitler war kein Sozi, weil er dem »Kapital« im Gegenteil eine »nationale Bedeutung« zumaß. Er schwärmte davon, daß das Kapital »von Größe, Freiheit und Macht des Staates, also der Nation, abhänge«. Und daß als *Gegenleistung* das Kapital gezwungen sei, »für diese Freiheit, Macht, Stärke usw. der Nation einzutreten«. Also ganz primitiv wilhelminisch gedacht: Die großen Kapitalisten (Eigentümer) sorgen mit ihren Fabriken und Waffenschmieden dafür, daß der Staat ebenfalls groß und mächtig wird. Krupp und Wilhelm II.
Aus einem solchen Hitler wäre nichts weiter gewor-

den als der übliche nationale Spießer, wenn er nicht eines Abends einen Mann gehört hätte, der sein Leben verwandelte. Dieser Mann hieß Gottfried Feder und er hielt in verrauchten Hinterzimmern immer den gleichen Standard-Vortrag mit dem Titel: »Die Brechung der Zinsknechtschaft.«

Worum es dabei geht, beschreibt Feder in seiner Schrift »Der Deutsche Staat« (1924):

> »Unter Zinsknechtschaft ist zu verstehen die *zinspflichtige Verschuldung* von Staat und Volk gegenüber den *überstaatlichen Geldmächten.* Hier handelt es sich also um eine neue Form der Knechtschaft, um die Knechtschaft unter der Herrschaft des Geldes. Diese Knechtschaft ist fürchterlicher und brutaler als jemals eine Herrschaftsform gewesen war unter der Herrschaft absoluter Fürsten, weil sie unpersönlich ausgeübt wird, ohne irgendwelches menschliche Gefühl, nur von unersättlichem Ausbreitungs- und Vergrößerungsbetrieb (sic!) besessen, von einem *Machthunger ohnegleichen.«*

Ein absolutes Meisterstück der Propaganda!

Schon die Idee, den Umstand, daß man Schulden hat, als »Knechtschaft« zu bezeichnen, ist brillant. Dann sind es nicht *private* Schulden, sondern solche von *»Staat und Volk«*. Dann wird nicht gesagt, daß es sich bei solchen Schulden doch (damals) nur um Reparationsverpflichtungen oder andere Kriegsfolgelasten handeln kann. Schließlich wird eine *anonyme Größe* aufgebaut (»überstaatliche Geldmächte«), die obendrein nicht Ruhe gibt (»Machthunger ohnegleichen«).

Hitler erkennt gleich die Bombe, die dort im Hinterzimmer scharf gemacht wurde. Er schreibt in »Mein Kampf«:

> »Nachdem ich den ersten Vortrag Feders angehört hatte, zuckte mir auch sofort der Gedanke durch den Kopf, *nun den Weg zu einer der wesentlichsten Voraussetzungen zur Gründung einer neuen Partei gefunden zu haben.*«

Alles weitere war das Spiel, das schon der jüdische König Nehemia im 5. Jahrhundert vor Christus aufgeführt hatte. Auf dem Marktplatz von Jerusalem kam genau dasselbe Zins-Problem zur Sprache, wie 24 Jahrhunderte später im Münchner Sterneckerbräu, wo die NSDAP entstand.
So lesen wir im *Alten Testament,* daß aus dem Volk »Zins-Knechte« geworden sind:

> »Und siehe wir müssen unsere Söhne und Töchter *unterwerfen* dem Dienst ...«

Bei den *NS-Leuten* heißt das:

> »Das Volk in allen seinen Berufsständen bekommt die *Zinspeitsche* zu schmecken ...«

Und wieder bei *Nehemia:*

> »... und ist *kein Vermögen* in unseren Händen und unsere Äcker und Weinberge sind der *anderen geworden.*«

Und noch einmal aus dem *»Deutschen Staat«* von Gottfried Feder:

> »Heute gibt es fast *kein Unternehmen* mehr, das nicht in irgendeiner Form von der Bank abhängig wäre ... die volkswirtschaftliche *Erpressung beginnt.*«

Und selbstverständlich muß man immer und überall gegen die Gläubiger mobil machen, die die Söhne und Töchter unterjochen, die die Peitsche schwingen, die das Land genommen und die Unternehmen von sich abhängig gemacht haben.

Der Semit Nehemia:

> »Und ich brachte eine große Gemeinde *wider sie* (die Juden) zusammen ...«

Der Anti-Semit Hitler:

> »Die Zinsknechtschaft muß gebrochen werden ... Wir sind eine reaktionäre Partei und beweisen dies, indem wir die Juden *bekämpfen* und ihnen den *Griff an die Gurgel* legen.«

Das Zinsproblem ist zeitlos; es beginnt in dem Augenblick, da die Menschen sich ihrer zeitlichen Endlichkeit bewußt werden und das Jetzt dem Morgen vorziehen. Ab dann bleibt das Zins-Problem immer gleich – durch alle Zeiten und durch alle Völker. Der einzige Unterschied zwischen dem Zins-Gegner Nehemia und dem Zins-Gegner Hitler ist: der Jude konnte das Problem innerhalb seines eigenen Volkes lösen – es kam zum Schuld-Erlaß, *national*.
Hitler hatte die Möglichkeit, den »Schuldigen« (in Wirklichkeit natürlich: den Gläubiger!) *international* suchen zu lassen, irgendeinen Finsterling, der über die Landesgrenzen hinaus sein übles Spiel mit der Knechtung eines braven Volkes treibt: den Juden.

Keine Zinsen? Dann natürlich Blut und Boden!

Zu einer schlagkräftigen Ideologie gehört, daß sie sich voll auf ein Ziel konzentriert, bei den Sozis ist es das Eigentum, bei den Nazis der Zins. Damit es kei-

ne Unklarheiten gibt und der Kampf gegen den Zins nicht an Schlagkraft verliert, weil man auch noch gegen das Eigentum kämpft, hat Adolf Hitler 1928 eine »Erklärung« dem NSDAP-Programm hinzugefügt, das den kitzligen Programm-Passus »Abschaffung des Bodenzinses und der Verhinderung jeder Bodenspekulation« gegenüber »verlogenen Auslegungen« interpretiert: »Da die NSDAP auf dem Boden des Privateigentums steht« (!) ...« richtet sich (dies) demgemäß in erster Linie gegen die jüdischen Grundstücksspekulationsgesellschaften.«
Wer den »Bodenzins« abschafft, muß dafür sorgen, daß es keine Mieter oder Pächter mehr gibt, was nur funktioniert, wenn jeder »Volksgenosse« Eigentümer seiner eigenen Scholle ist; von daher war es in sich logisch, daß der NS-Staat einen solchen Bauern-Kult betrieben hat. »Blut und Boden« bedeutet ökonomisch nichts anderes als: *Jeder versorgt sich auf seiner »gesunden Scholle« selbst.*
Und wer die »Bodenspekulation« verhindern will, muß dafür sorgen, daß keine zusätzliche Nachfrage nach Grund und Boden auftritt. Die kommt in einer Gesellschaft von »Blut und Boden«-Eigentümern nur, wenn sich die Bevölkerung vermehrt, denn wenn alle Bauern auf ihrem eigenen Hof gut leben, kann es ja keine Nachfrage nach Bauernhöfen geben. Aus der Verhinderung der »Bodenspekulation« folgt bei wachsender Bevölkerung ebenfalls ganz logisch, daß das Deutsche Reich *expansiv* werden – und letztlich untergehen mußte: »Wir fordern Land und Boden (Kolonien) zur Ernährung unseres Volkes und Ansiedlung unseres Bevölkerungsüber-

schusses«, lautete das Programm der NSDAP in Punkt 3.

Aber wieviel »Land und Boden« sollte es denn sein? Hitler war immer scharf auf die *Ukraine*. Warum, zeigt eine überschlägige Rechnung: Unter Hitler lebten rund 70 Millionen Deutsche. Macht 20 Millionen Familien. Jede Familie braucht – Blut und Boden! – für ihre germanische Selbstversorgungswirtschaft (Märkte und Handel gibt es nicht mehr, weil der Zins und die jüdischen Geschäftemacher weg sind) im Durchschnitt 20 Hektar. Brauchte Hitler also 4 Millionen Quadratkilometer, um sein Germanisch-Großdeutsches Reich zu vollenden. Im Westen war zu wenig Land (Frankreich: 550 000qkm), blieb die Sowjetunion mit über 20 Millionen Quadratkilometern. So die Gegend von Köln bis Kiew, von der Donau bis zum Don – *das wäre genau der Raum gewesen, den die Nazis aufgrund der Logik ihrer Ideologie »benötigt« hätten.* Hitler »Welt«-Herrschaftspläne zu unterschieben, tut ihm zuviel Ehre an und begreift nicht die ökonomischen Grundlagen der NS-Bewegung.

Hitlers Ideologie war in sich *absolut schlüssig,* sobald man den »Einstieg« nachvollzieht: *Zins-Beseitigung.* Niemand sollte sich heute noch wundern, warum die NS- Bewegung so schnell so erfolgreich werden konnte. Denn den Nazi-Triumph damit zu erklären, daß das »alles Verbrecher« waren, wie es heute in der Literatur über die Nazi-Zeit vorherrscht – das ist primitiv. Verbrechern läuft ein Volk nicht nach. Und auch die »Entschuldigung« vieler alter Parteigenossen, man sei »getäuscht« worden oder »man habe

nicht gewußt, wohin das alles führen würde«, kann einfach nicht akzeptiert werden.
Denn die Nazis haben niemanden getäuscht. Was sie wollten, stand alles ganz genau drin im NS-Programm: die »Brechung der Zinsknechtschaft«, also die Beseitigung des Ur-Handikaps des Menschen, nämlich die Abschaffung seiner Zeitpräferenz. Wer dazu »ja« gesagt hat, und sich einbildete, jetzt würde alles »besser« (Arbeitsbeschaffung und so), *der hat auch »Ja« gesagt zu Hitlers Kriegen und der Vergasung der Juden – und zwar von vorneherein. Ein »unschuldiges« oder »unbewußt verführtes« NSDAP-Mitglied kann es nicht gegeben haben!*
Aber damit sich die alten Nazis nicht so alleine fühlen, werden wir jetzt noch mal einen Prominenten aus der Kiste holen, und die Protestanten und die Evangelischen fragen: Wenn sie schon Hitler hassen, warum verehren sie denn Luther?

Zins-Feind Luther = Zins-Feind Hitler

Was Hitler die »internationale jüdische Weltfinanz« nennt und als letzten, den eigentlichen Feind des Menschen ausmacht, nach dessen Vernichtung alles endlich gut wird, war keineswegs seine Erfindung. Die Juden waren ihm, wie er in »Mein Kampf« berichtet, nämlich nie besonders aufgefallen. Sie waren im Äußeren »europäisiert« und »menschlich geworden«: »Ja, ich hielt sie sogar für Deutsche.«
In Wien wurde er zwar Antisemit, aber das im bürgerlichen Sinne. Er pflegte die üblichen Vorurteile:

Die Juden stinken, sie produzieren kulturellen Schund (Theater, Kunst, Presse, Kino!) und betreiben nebenher »Prostitution« und »Mädchenhandel«. Seine Behauptung in »Mein Kampf«, die Juden schon *vor* seinem Fund der Zinsknechtschaft *»gehaßt«* zu haben, klingt angesichts seiner Vorwürfe, in die er auch noch den Marxismus mengt, den er überhaupt nicht verstanden hat, recht komisch. Und eher jämmerlich wirkt seine Behauptung als Resümee seines Vorkriegslebens: »Ich war vom schwächlichen Weltbürger zum fanatischen Antisemiten geworden.« Wer war *er* denn, der Hitler, Adolf, 1913?

Der alles entscheidende Moment kam erst im Juni 1919, als der geniale Demagoge die »Zinsknechtschaft« entdeckte. Er war auf den anderen Nerv der menschlichen Existenz gestoßen, sein *zeitliches Begrenztsein:* auf den Zins. Im Februar 1920 wurde das Programm der NSDAP im Münchner Hofbräuhaus herausgestellt. Sein zentraler Punkt, durch Fettdruck hervorgehoben, war dieser:

9. Alle Staatsbürger müssen gleiche Rechte und Pflichten besitzen.

10. Erste Pflicht jedes Staatsbürgers muß sein, geistig oder körperlich zu schaffen. Die Tätigkeit des Einzelnen darf nicht gegen die Interessen der Allgemeinheit verstoßen, sondern muß im Rahmen des Gesamten und zum Nutzen Aller erfolgen.

Daher fordern wir:

11. **Abschaffung des arbeits- und mühelosen Einkommens.**

Brechung der Zinsknechtschaft.

12. Im Hinblick auf die ungeheuren Opfer an Gut und Blut, die jeder Krieg vom Volke fordert, muß die persönliche Bereicherung durch

Abb. 7: Der zentrale, elfte Punkt des Parteiprogramms der NSDAP (Original-Abbildung aus der 96.–100. Auflage, 1933)

Alle anderen Programmpunkte hängen entweder mit der Zins-Theorie der NSDAP zusammen (»Kein Jude kann daher Volksgenosse sein«) oder sind das übliche Sammelsurium, das man auch in anderen Parteiprogrammen und Staatsverfassungen überall auf der Welt immer wieder findet: »Selbstbestimmungsrecht«, »Verstaatlichung«, »Gewinnbeteiligung«, »Alters-Versorgung«. Zum Schluß kommt dann noch das übliche Wischiwaschi in Sachen »Allgemeines Wohl«, das wir in dieser Form auch ins Grundgesetz der Bundesrepublik übernehmen könnten: »Gemeinnutz geht vor Eigennutz«.

Hitler war in seiner Einstellung gegenüber den Juden keineswegs originell, konnte er auch gar nicht sein, weil es den Zins schon Jahrtausende vor ihm gab und die Menschen immer wieder dagegen aufbegehrten – ohne einsehen zu können, daß es endliches Leben ohne Zins nicht geben kann.

Auch die *Judenvernichtung* durch die Nazis im Dritten Reich konnte – bei all ihrer Unfaßlichkeit – *nichts* Neues sein. Wenn es schon den Zins gibt, dann wird der Schuldner irgendwann vor der Frage stehen: Verrecke nun ich, weil ich nicht bezahlen kann – *oder schlage ich lieber den Gläubiger tot?* Der Holocaust im Dritten Reich war nichts anderes als die schreckliche Wiederholung identischer Vorgänge, wie sie unter dem Stichwort *Judenverfolgung* in jedem Lexikon seitenweit abgehandelt werden. Auch im Judenstaat des Nehemia wäre es garantiert zum Gläubiger-Mord, zum Holocaust gekommen, wenn die »Juden«, wie Nehemia sie ausdrücklich nennt, nicht nachgegeben hätten. Was hätten Nehemias »Juden« gemacht, die schon auf der Straße standen? Sie hätten *die Juden* abgeschlachtet!

Hitlers Wahnidee, *mit der Ausrottung des Gläubigers den Zins beseitigen zu können,* wäre vermutlich schnell als lächerlich erkannt worden, wenn er nicht seine »Rassen-Ideologie« nachgeschoben hätte. Denn daß die Juden nach ihrer Enteignung durch das Dritte Reich oder als armselige Gefangene im Osten noch »Zinsherrschaft« hätten ausüben können, hätte auch der dümmste SA-Mann auf die Dauer nicht mehr geglaubt.

Um überhaupt so etwas wie eine »Berechtigung« zur »Ausrottung« zu haben, muß man sein Opfer *nach* seiner Enteignung, nach der Entkleidung seiner Gläubiger-Funktion für »minderwertig« erklären. Das war die Aufgabe der »Rassenforschung«, wobei sich niemand an dem offensichtlichen Widerspruch störte, daß der gleiche Jude, der auf der einen Seite so *tüchtig* ist, daß er nach der »Weltherrschaft« anstreben kann – Hitler nennt die Juden in »Mein Kampf« furchtsam »Himmelsstürmer«! –, daß dieser Jude auf der anderen Seite auf einmal *»lebensunwert«* ist. Auch dort hat sich das ökonomische Gesetz in der Geschichte erfüllt: ein Gläubiger ist nur solange mächtig und kann den Zins kassieren, solange dies der Schuldner zuläßt. Ist der Gläubiger seine Forderung los, ist er genauso eine arme Sau wie jeder andere auf Erden auch.

Der Nazi Hitler war nun nicht der einzige, der daran dachte, per groß angelegter Gläubiger-Bekämpfung* die »Fesseln« der Menschen für alle Zeit abzulösen. Ein anderer großer deutscher Nazi (Zins-Gegner) ist zu ganz genau demselben Ergebnis gekommen. Es ist der Reformator Martin Luther.

Nachdem sich Luther schon engagiert gegen den Zins verbreitet hatte (siehe oben), war es nur eine Frage der Zeit, wann er den *Zusammenhang zwischen Zins und Juden* in der Form herstellen würde, daß man gegen die Juden vorgehen müsse, um damit letztlich auch den Zins zu beseitigen. Vor allem Luthers Schrift »Von Juden und ihren Lügen« ist entlarvend und liest sich wie ein NS-Manual zur Juden-Vernichtung. Luther im Jahre 1543:

> »Wenn ein Dieb zehn Gulden stiehlt, so muß er *hängen;* raubt er auf der Straße, so ist der Kopf verloren. Aber ein Jude, wenn er zehn Tonnen Gold stiehlt und raubt durch seinen Wucher, so ist er (uns) lieber als Gott selber!«

Dazu eine Stichwort-Mitschrift von Adolf Hitler vom 9. Februar 1920:

> »Bestrafung gegen Wucherer *(Galgen)*.«

Oder raten Sie selbst, von wem dieser Passus stammt:

> »Sie halten uns in unserem eigenen Lande gefangen. Sie lassen uns arbeiten und sitzen derweil hinter dem Ofen, faulenzen und saufen und leben von *unserem* (!) erarbeite-

---

* Daß Hitler persönlich den Juden-Mord angeordnet hat, wird vom Historiker Irving bestritten. Im NSDAP-Programm heißt es aber schon ausdrücklich: »Gemeine Volksverbrecher, Wucherer, Schieber usw. sind mit dem Tode zu bestrafen, ohne Rücksicht auf Konfession und Rasse.«

ten Gut. Sie halten unsere Güter gefangen, spotten noch dazu und spucken uns an, damit wir arbeiten ... So sind sie unsere Herren, wir ihre *Knechte* ...«

Hitler? Luther?* Aber das mit der Knechtschaft hatten wir auch schon im Alten Testament gelesen (»wir müssen unsere Söhne und Töchter unterwerfen ...). Oder?

Schließlich kommt Luther zum Punkt und *fordert genau das, was in der Kristallnacht und in den Konzentrationslagern des Dritten Reiches Wirklichkeit wurde:*

»Erstens soll man ihre Synagogen oder Schulen mit *Feuer* anstecken und, was nicht verbrennen will, mit Erde überhäufen und *zuschütten,* daß kein Mensch einen Stein oder eine Schlacke davon sehe ewiglich ...«

---

* Es war Luther, zufällig. Luthers antisemitische Schriften sind in den gängigen Lutherausgaben nicht enthalten. Der evangelischen Kirche ist es natürlch peinlich, daß Luther dasselbe schreibt wie Hitler, wiewohl man sie aufklären kann: so *muß* jeder schreiben, der den Zins aus dem menschlichen Leben verbannen will! Luthers Anti-Semitismus wird auch im Luther-Jahr 1983 nicht diskutiert. In der **großen Luther-Ausstellung im Germanischen Museum zu Nürnberg** wird die Wucher-Schrift mit dem Zins-Juden unterschlagen, die wir daher oben abgebildet haben. Die Juden-Lügen-Schrift wird zum Schluß der Ausstellung in einer einsamen Vitrine versteckt. Im Ausstellungs-Katalog heißt es dann auch noch entschuldigend, Luthers Antisemitismus sei »nicht rassisch begründet« gewesen, was aber nichts anderes ist, als eine gehobene Form, die Geschichte zu verfälschen. Denn einen *»rassisch«* bedingten Antisemitismus kann es immer nur geben, nachdem es einen *zinsbedingten* Juden-Haß gegeben hat. Korrekt hätte es in der Nürnberger Ausstellung heißen müssen: *»Noch* nicht rassisch bedingter Antisemitismus«! Und außerdem: Was hätten denn die Menschen der Lutherzeit überhaupt für eine Vorstellung von »Rasse« haben können! Die hatten noch nicht einmal eine Ahnung vom Blutkreislauf. Aber vom »Erbgut« hätten sie etwas wissen sollen! Luther war zwar Antisemit, aber ein »Rassist« hätte er wirklich nicht sein können.

Riechen Sie den Holocaust?

> »Zum anderen soll man auch ihre Häuser desgleichen zerbrechen und *zerstören …«*

Hören Sie, wie die Gestapo die Tür eintritt?

> »Sechstens soll man ihnen … alle *Barschaft* und Kleinodien an *Silber* und *Gold nehmen …«*

Sehen Sie die Berge aus Eheringen und Zahngold neben den Gaskammern?

> »Siebentes soll man den jungen, starken Juden und Jüdinnen Flegel, Axt …Spaten, Rocken, Spindel in die Hand geben *und sie ihr Brot verdienen lassen …«*

Was steht über dem Tor zum KZ Dachau? »Arbeit macht frei.«

> »Danach … sie aber auf jeden Fall *zum Land hinaustreiben!«*

So wurde es der Juden Schicksal bis zum heutigen Tag, da man sie aus Israel vertreiben will …

Nur einer kommt der Lösung nah: Der Mönch

Wer an ein Leben nach dem Tode glaubt, hat dazu klare Vorstellung: es wird dann »besser« werden. Jenseits-Vorstellungen, wonach es nach dem Tode *schlechter* wird, kann man nicht verkaufen. Die Wissenschaft kann nur Aussagen über das Leben und den Tod machen, nicht aber über ein »Leben da-

nach«. Da beginnt der »Glaube«. Und wenn ich schon etwas glauben will, dann soll es sich auch lohnen, dann soll es schöner werden als hier auf Erden. Die Religion bietet die Aussicht auf ein Leben *nach* dem Tode. Wer an die Religion glaubt, muß sich schon in dem Leben *vor* dem Tode so verhalten, daß er das schöne, das »ewige Leben« auch verdient.
Der Glaube an das Jenseits und ein entsprechendes Verhalten im Diesseits bedingen sich dabei automatisch: Wer also glaubt, daß es »später« schöner sein wird als »jetzt«, dreht die Zeitpräferenz, die sich aus der Endlichkeit des Menschen ergibt, natürlich um. Das kann nur heißen: *Er kennt keinen Zins, weil er für die Gegenwart keinen Aufpreis zu zahlen bereit ist.* Wozu auch einen Aufpreis zahlen, wenn es später schöner ist. Man muß nur warten.
Somit ist erklärt, warum die Religionen den Zins ablehnen. Er ist ein Schlag in ihr Gesicht.* Der wahrhaft Gläubige wird immer darauf verzichten, sich die Gegenwart zu verschönen, indem er spätere Güter ins Jetzt zieht. Somit ist auch klar, warum die Religionen die Armseligkeit des hiesigen Daseins loben. Die Bergpredigt Christi ist ein schönes Beispiel dafür. Bei Lukas lesen wir im 6. Kapitel:

> »Selig seid ihr Armen; denn das Reich Gottes ist euer. Selig seid ihr, die ihr hier (!) hungert; denn ihr sollt satt werden. Selig seid ihr, die ihr hier weinet; denn ihr werdet lachen … Frohlocket; denn siehe, *euer Lohn ist groß im Himmel.*«

---

* Vgl. »Staatsbankrott«, 6. Auflage, Seite 100.

Die Belohnung im Himmel (später) ist logischerweise um so größer, je dreckiger es im Diesseits gelaufen ist. Aber was soll derjenige tun, dem es eigentlich im Diesseits ganz ordentlich geht? Er muß der Armseligkeit ein wenig nachhelfen. Er *verzichtet freiwillig* auf alle Annehmlichkeiten, die sich ergeben, wenn man die Zeitpräferenz nur richtig zu handhaben weiß, und sich an diesseitige (= zeitlich verfügbare) Güter klammert. Er wird Mönch.

Viele große Ordens-Väter (Benedikt, in diesem Sinne auch Augustinus, natürlich Buddha) werfen mit einem Schlag ihre irdischen Güter weg. Sie steigen aus der Zeitpräferenz aus und gehen ins »Kloster«. In Abstufungen arbeiten sie noch (»ora et labora« – aber dann nur für den eigenen Bedarf) oder sie *betteln*.

Wobei betteln eigentlich eine Unverschämtheit ist, weshalb wir einen Bettler gern gering schätzen und ihm ein »Unverschämter Kerl! Soll er doch arbeiten!« zurufen. Unbewußt merken wir es, und auch der gottesfürchtigste Bettelmönch kann diesen Widerspruch nicht auflösen, daß der Bettler die Erstellung des Sozialprodukts *anderen* aufbürdet, und ihn damit in die Gefahr zwingt, ein – möglicherweise – eben *nicht gottgefälliges* Leben zu führen. So überliefert Lukas gleich nach obigen Sätzen den Ausspruch des Herrn:

> »Weh euch Reichen! Denn ihr habt euren Trost dahin!«

Aber wenn es keine »Reichen« gäbe – wo soll man denn dann betteln? Wenn sich alle christlich-mönchisch-religiös verhalten, stirbt die Menschheit natürlich alsbald aus! Und sie wäre – wiederum logischerweise! – auch längst ausgestorben, wenn im Mittelalter alle Menschen ins Kloster gegangen wären. Denn Mönche haben keine Kinder.

Das christliche Leben ist, wie jedes auf das Jenseits und dessen Bevorzugung gerichtete Leben, eigentlich *auf das Aussterben programmiert.* Und sicher wären die Menschen auch längst ausgestorben, wenn sich Mönche mit ihrer umgekehrten Zeitpräferenz schon zu Zeiten der Jäger und Sammler gezeigt hätten.

Nur das andere Grund-Element der menschlichen Existenz, das *Eigentum,* hat dies verhindert. Klöster sind Eigentümer-»Gemeinschaften«, das heißt, der einzelne Mönch lebt ohne Eigentum. Was ein Benediktiner hinterläßt an Armseligkeiten wird nach seinem Tode verbrannt. Aber das *Kloster* hat Eigentum, viel Grundbesitz zumeist. Das Kloster ist also ein Kind der Eigentümer-Gesellschaft und wo Grund und Boden bereits knapp sind, kann niemand in den Tag hineinleben, wie der Jäger und Sammler. Wenn der letzte Mönch eines gedachten Sammler-Stammes – der dann kein Mönch ist, sondern eben ein »Einsiedler« – keine Kraft mehr hätte, eine Frucht vom Baum zu brechen, stirbt er halt. Aber bis dahin kann er leben.

Mönche ziehen nicht als Jäger und Sammler umher, sie müssen arbeiten (oder betteln), sind also vom Eigentum und seinem Einsatz abhängig. Und die *alten* Mönche brauchen immer wieder *junge* Mönche. Ohne die Jungen droht den Alt- und Uralt-Mönchen ein schrecklicher, langgezogener Hungertod.

Deshalb muß das Leben immer weitergehen. Und auch die größte Enthaltsamkeit kann niemanden darüber hinwegtäuschen, daß auch der Gottesfürchtigste, wenn er einmal in einer Eigentümer-Gesellschaft lebt, *Zeitpräferenzen entwickelt.* Und daß sich die alten Mönche immer wieder freuen, wenn ein junges Gesicht an die Pforte klopft und um Aufnahme in die Gemeinschaft bittet. Hätten die Mönche wirklich den Zins, die Zeitpräferenz und das Diesseits besiegt, würden sie doch sagen: »Lieber Herr, kommen Sie in hunderttausend Jahren wieder ...«

Als Zins und Eigentum sich trafen oder: Warum das Wirtschaftswachstum startet

»Die goldne Zeit,womit der Dichter uns
Zu schmeicheln pflegt,
die schöne Zeit, sie war
So scheint es mir, so wenig,
als sie ist.
Und war sie je, so war sie nur
gewiß!
Wie sie uns immer wieder werden
kann.«

Johann Wolfgang von Goethe

Das Goldene Zeitalter bei Salomon und Hesiod

Mit Zins und Eigentum haben wir alles, was wir brauchen, um die menschliche Geschichte zu erklären. Und mit der menschlichen Geschichte alle wirtschaftlichen und politischen »Vorfälle«, die uns manchmal so rätselhaft erschienen sind: Aufstieg und Niedergang von Völkern und Kulturen, Wachstum oder Rezession, Inflation, Stabilität, Revolution und Crash.

Doch zunächst einmal muß der Zins auf das Eigentum treffen. Beide können jahrtausendelang völlig friedlich nebeneinander her existieren, ohne daß sie sich begegnen. Doch wenn sie aufeinandertreffen, beginnt eine *Kettenreaktion,* wie bei der Uranspaltung. Nur daß wir es hier nicht mit der Physik zu tun haben, sondern mit Menschen, ihren Wünschen und Ängsten, ihrer Hoffnung und Verzweiflung.

Sobald der Zins das Eigentum »trifft«, beginnt eigentlich erst menschliche Geschichte, beginnen Gesetze, Staaten, Schrift, die Wirtschaft.

Vor der Zündung der Geschichte durch den Aufprall des Zinses auf das Eigentum ist alles *still und friedlich.* Jahrein, jahraus das gleiche Bild, die gleiche Saat, die gleiche Ernte. Die gleichen Menschen kommen und vergehen, ein ewiger Kreislauf, wenn er nicht durch Natur-Katastrophen durcheinander gewirbelt wird.* Auch hier nehmen wir wieder die

---

* Den Einfluß kosmischer Katastrophen und erdgeschichtlicher Revolutionen auf die Geschichte hat Immanuel Velikovsky in souveräner Manier untersucht. Die auf seinen Ergebnissen aufbauenden Untersuchungen von Gunnar Heinsohn, Christoph Marx u.a. sind absolute Pflichtlektüre, wenn jemand »Wirtschaft« begreifen will.

Bibel zur Hand, um dem Prediger Salomon zu lauschen, der da anhebt, zu klagen: »Es ist alles ganz eitel (umsonst)« und fortfährt:

> »Was hat der Mensch für Gewinn von all seiner Mühe, die er hat unter der Sonne? Ein Geschlecht vergeht, das andere kommt; die Erde aber bleibt ewiglich.
> Die Sonne geht auf und geht unter und läuft an ihren Ort, daß sie wieder daselbst aufgehe. Der Wind geht gen Mittag und kommt herum zur Mitternacht und wieder herum an den Ort, da er anfing.
> Alle Wasser laufen ins Meer, doch wird das Meer nicht voller; an den Ort, da sie her fließen, fließen sie wieder hin.
> Es sind alle Dinge so voll Mühe, daß es niemand ausreden kann. Das Auge sieht sich nimmer satt und das Ohr hört sich nimmer satt.
> Was ist's, das geschehen ist? Eben das hernach geschehen wird. Was ist's, das man getan hat? Eben das man hernach wieder tun wird; und geschieht nichts Neues unter der Sonne.«

Eine beeindruckende Szenerie! Und zweifellos der Alltag eines Ackermanns, wie Adam oder Kain: Man sitzt auf seiner eigenen Scholle, ringsum sitzen andere Ackersmänner. Man redet immer über das Gleiche und alles ist so langweilig, daß einem schon Selbstmordgedanken kommen können. Ob man lebt oder nicht, ist sozial gesehen auch ganz egal: das Eigentum am Acker wird auf Frau und Kind vererbt, man muß sich also keine Vorwürfe machen. Kein Wunder, daß der Lebensverneiner Schopenhauer den Prediger Salomon so hoch geachtet hat.
Es gibt allerdings auch *ganz andere Beschreibungen der frühen Zeit,* die voller Überraschungen sind. Da

ist nicht tagein, tagaus dasselbe, *sondern es »entwikkelt« sich etwas.* Aus dem Leben, das bei Salomon ein unendlicher, immer gleicher **Kreislauf** war, wird plötzlich eine **Linie,** die irgendwo beginnt und irgendwo hin führt. Es beginnt die Geschichte.

Es ist nämlich just der Augenblick, da der Zins das Eigentum erwischt.

Bei Salomon haben wir ein vollständiges gleiches und (ziemlich) gleich verteiltes Landeigentum, das immer wieder abgeerntet wird. Er spricht ja von »Gewinn« und »Mühe«. *Das Land ist aber völlig unbelastet.* Salomon war nie beim Nachbarn und sagte ihm: »Leih' mir was!« Er hat auch sein Land *(noch) nicht als »Sicherheit« für einen größeren Kredit verpfänden müssen.* Und das Problem der *Überschuldung* kannte er gar nicht. Denn wenn er die erste Zwangsversteigerung hinter sich gehabt hätte, würde er nicht mehr jammern: »Es geschieht nichts Neues unter der Sonne.« *Denn die erste Zwangsvollstrekkung ist etwas Neues, wie schon die erste Schuldaufnahme gegen Eigentum als Sicherheit etwas Neues war.* Und wie dieser Prozess abläuft, abgelaufen ist und immer wieder ablaufen wird, sobald Zins und Eigentum sich mischen, beschreibt der Grieche Hesiod.

Von Hesiod weiß man, daß er um 700 vor Christus gelebt hat. Das war just die Zeit, da die erste Eigentumsverteilung (Landnahme) längst vorüber war. Alle ackerten und eines Tages mußte *der erste beim Nachbarn Schulden machen.* Zins traf aufs Eigentum, und die Geschichte begann. Hesiod, der Bauernlümmel, voll großer Sprachkraft und mit einem

klaren Blick für das, was sich nun in einer Eigentümer- *und* Schuldner-Wirtschaft abspielt, beschreibt zum ersten Mal richtige Geschichte, d.h. Wirtschaftsgeschichte.
Er schreibt die Geschichte der »Zeitalter«.
Am Anfang lebten »goldene« Menschen, es war das »goldene Zeitalter«. Und da war nun wirklich alles vom feinsten:

> »Als *gleichartig* (!) erwuchsen die Götter und sterbliche Menschen.
> Erst ein goldenes Geschlecht der vielfach redenden Menschen
> Schufen die Götter hervor, der olympischen Höhen Bewohner …
> Und sie lebten wie Götter, mit *stets unsorgsamer Seele,*
> Von Arbeiten entfernt und *Bekümmernis.* Selber des Alters war beiden nicht …
> … und nach Gefallen schafften sie *ruhig* ihr Werk im *Überschwange der Güter.«*

Da finden wir eine Menge wieder von dem, was wir schon beim alten Adam im Paradies entdeckt hatten: Gleichheit, (Ähnlichkeit) von Göttern und Menschen, man stirbt nie oder altert kaum (bei Hesiod kommt der Tod irgendwann im Schlaf). Und alles ist im Überfluß vorhanden. Man muß eben nur die Hand ausstrecken: so richtig wie Sammler, Jäger, Fischer und Indianer. Oder wie im Garten Eden.

Dann aber kommt Pandora mit dem Büchschen

Die Rede ist allerdings auch von einer »*un*sorgsamen Seele.« Was aber, beim Herkules, mag der tüchtige Hesiod mit »Sorgen« gemeint haben?
Ganz einfach: *Was uns bis heute die größten Sorgen macht, was uns nicht schlafen läßt, was Krebsgeschwüre weckt und Herzinfarkte fördert, und viele an Mord denken läßt und Selbstmord: SCHULDEN.*
Hesiod sieht den Zusammenhang ganz genau. So läßt er eine junge Dame namens Pandora auftreten, die ihre berühmte Büchse mitbringt, randvoll mit »Unheil«. Aber was war das für ein Unheil?

Schuldenmachen.

Hesiod besingt die Öffnung der Pandora-Büchse:

> »Siehe, *zuvor* ja lebten die Stämme erdbauender Menschen
> Fern den Leiden entrückt, und fern mühseliger Arbeit,
> Auch *Krankheiten des Weh's,* die Tod herbringen den Männern;
> denn in dem *Unglück* pflegten die Menschen frühe zu altern.

Daß Pandora plötzlich Seuchen oder Syphilis gebracht habe, ist dummes Zeug. Sie brachte die *Gemüts*krankheit schlechthin. Nämlich den Zustand, den wir erreichen, *wenn wir überschuldet sind.* Das ist die »Krankheit des Weh's«!

Die »Sorgen« des reichsten Manns der Republik

Wir machen jetzt wieder einen Sprung durch die Jahrhunderte, um zu illustrieren, daß der Mensch sich nicht mehr geändert hat, seit er Zins und Eigentum entdeckte und die Mixtur von beiden existiert: Schulden.

Ende des 18. Jahrhunderts lebte in Hamburg ein Bankier namens John Parish. Er hat uns etwas höchst Kostbares hinterlassen, nämlich *ehrliche* Memoiren. Dabei verschweigt er vor allem nichts vom eigentlichen Kern-Problem den Menschen: Was ist, wenn ich in der Gefahr schwebe, unterzugehen, weil ich überschuldet bin?

Wir hatten oben beim Zins schon bemerkt, daß dies ein höchst »verinnerlichtes« Ding ist. Im Gegensatz zum Eigentümer (oder Nicht-Eigentümer), der gern zeigt, was er hat (oder bei dem man sieht, daß er nichts hat), ist beim Schuldner/Gläubiger alles höchst *geheim*. Niemand gibt freiwillig zu, daß er Schulden hat. Schon Herodot überliefert eine äußerst treffende Bemerkung über die Perser, die diesen Zusammenhang von Schulden und Geheimniskrämerei sofort erhellt:

> »Die Perser machen keine Schulden. Denn wer Schulden hat, sagen sie, der lügt.«

Die volle Wahrheit über seine Schulden, und wie er dabei beinahe draufgegangen wäre, beschreibt John Parish, der im Jahre 1783 von seinem Landhaus an der Elbchaussee in Richtung Börse reitet, um den gewohnten Geschäften nachzugehen. Um 2 Uhr kommt er auf dem Marktplatz an:

> »Dort sah ich, wie die Juden gerade von der Börse kamen. Auf ihren Gesichtern lag etwas, was mir Unheil verkündete. Ich hielt still und fragte, was es Neues gäbe. – ›Wissen Sie es nicht?‹ – ›Ich komme eben erst vom Lande.‹ – ›Guter Gott, Herr, Peter Hiß ist bankrott, und die ganze Börse ist in Aufruhr‹. – Sie nannten drei Juden, die auch fallen mußten. Ich hatte ihnen gerade für 130 000 Mark Wechsel verkauft, die noch nicht bezahlt waren. – Ich fühlte, wie mein Gewicht plötzlich doppelt auf den Sattel meines Pferdes zu drücken schien ...«

Parish zieht sofort alle Register. Er treibt Schulden ein, versucht Wechsel los zu werden, aber »die Juden, unsere wichtigsten Wechselkäufer, hatten weder Geld noch Kredit.« Allmählich geht John Parishs ganz persönliche Pandora-Dose auf:

> »Da mein Bankbestand ansehnlich war, ging ich ohne Sorgen nach Haus ... täglich hatte ich Zahlungen zu leisten ... Jetzt wurde die Sache ernst. Mein Banksaldo war bald zu Ende ... Ich begann *unruhig* zu werden ... mußte jetzt von Tag zu Tag Dispositionen treffen, richtiger: Von Nacht zu Nacht; Schlaf hatte mich verlassen ... am Tage lief ich umher und gab schließlich statt Bargeld Wechsel in Zahlung. *Ich fühlte mich langsam zu Tode gehetzt ...«*

Doch es wird noch viel enger. Mit den Wechseln ist auch bald nichts mehr. Das Geschick des überschuldeten Schuldners nimmt seinen Lauf:

> »Es war ein tödlicher Streich, und die *folgende Nacht* war eine höchst *angstvolle...* die Wirkung dieses letzten Schlags auf meine Nerven kann ich nicht beschreiben: das Armesünderglöcklein hätte mich nicht mehr durchschauern können ...«

Andertags sind 80 Mille fällig. Konnte er diese nicht beschaffen, war er ruiniert.

> »Ich verlor jeden Appetit. Dagegen plagte mich fortwährend Durst, weshalb ich unausgesetzt kaltes Wasser trank. Mein Gesichtsausdruck war der eines Übeltäters, *eines Ertrinkenden* ...«

Der Mann mit der Forderung präsentiert die Wechsel. Die Mitarbeiter im Hinterstübchen rufen »Gut!«. Die Papiere liegen auf seinem Pult. Ein Mitarbeiter sitzt »wie im Starrkrampf« da. Die Buchhalter schauen mehr auf den Chef als auf ihre Bücher. Ihre Blicke bezeugten ihre »Teilnahme«.

> »Ich sah auf die Masse der Wechsel vor mir und blätterte in ihnen wieder und wieder: was war zu tun?«

Dann rafft Parish all seinen Mut zusammen und geht zu seinem Groß-Gläubiger, einem Juden.

> »Ich traf ihn im Schlafrock, mitten zwischen Geldsäcken, die für den Postwagen verpackt wurden. Welch ein reicher, glücklicher Mann, dachte ich ...«

Mit dem reichen Juden kann er reden, es kommt zu Stundung, Ankauf anderer Wechsel. John Parish ist gerettet.

> »Das Geschäft war erledigt. Mein Herz wollte mir schier *vor Freude* springen; ich hätte den alten Mann küssen mögen, und solange Atem in mir ist, wird sein Andenken mir teuer sein.«

Dann zieht der große Unternehmer und Handelsherr John Parish – Marx hätte in ihm den Prototypen des »Ausbeuters«, Hitler in ihm den Mann mit der

»Zinspeitsche« gesehen – Bilanz. Der reichste Mann Hamburgs und einer der reichsten Männer der ganzen Welt zu Beginn des 19. Jahrhunderts ist plötzlich auch nur ein »Mensch«, vor allem einer, der von anderen Menschen abhängig ist:

> »Dies war die *schwerste Zeit meines Lebens.* Was ich in jenen 14 Tagen litt ... Noch jetzt schaudere ich, wenn ich daran denke. Damals schüttelte es mir das Mark aus dem Gebein. Wer *graue Haare,* diese äußeren Zeichen der Respektabilität, rasch zu haben wünscht, soll nur ... mein damaliges Leben führen. Er wird sein Ziel bald genug erreichen.«

Besser als der Betroffene, der »Superreiche« John Parish aus Hamburg, kann niemand beschreiben, was das in Wirklichkeit ist, die Büchse der Pandora, und was Hesiod uns sagen wollte. Und was Milliarden von Schuldnern uns eigentlich schon immer sagen wollten, seit es die »Geschichte« gibt, seit der Zins das Eigentum erwischte.

Lebensqualität sinkt mit der Schuldenmacherei

Mit dem Auftritt der ersten Schuldner begann sich die *Lebensqualität* ruckartig zu *verschlechtern* – für die Schuldner, deren Zahl rasch anschwillt, da die Gläubiger nun ihrerseits nicht etwa nichts tun. Sobald die ersten Zinsen kassiert sind – egal, ob Getreide, Viehzeug oder »Geld« – wirft der Gläubiger das Zeug nicht weg. Sondern er hat nun ein »Polster«, zum einen gegen eigene Schicksalsschläge oder als

Verlockung für andere »Arme«, sich davon zu nehmen. »Geld« kriegt eben jährlich Junge, ob dies dem Aristoteles nun paßte oder nicht.
Die Minderung der Lebensqualität beschreibt Hesiod sehr plastisch, indem er auf das »goldene« das »silberne«, dann das »eherne« Zeitalter folgen läßt, und so weiter. Viele antike Schriftsteller tun es ihm nach und auch »moderne«: Ovid, Aratos, Vergil; die deutschen Philosophen Fichte und Hegel.
Alles, was nach dem »goldenen Geschlecht« kommt trägt die Merkmale der Gläubiger-Schuldner-Gesellschaft mit sich herum. Hesiod: »Weder an Wuchs zu vergleichen«, seien schon die *»Silbernen«* den Goldenen, »noch an *Gesinnung«*. Das kann nur der *hartherzige Gläubiger* sein.

> »Dann nur wenige Frist durchlebten sie, Jammer erduldend, durch unsinniges Tun; *nicht mäßigen gegeneinander* (!) konnten sie frevelnden Trotz ... noch die Altäre der Seligen ehren mit Opfern ...«

In silberner Zeit gibt es noch keinen Krieg (der kommt bei Hesiod erst im dritten Zeitalter auf die Bühne), der »Jammer« kann also nur sein: wenn eines Tages der Gläubiger zur Vollstreckung die Hüttentür aufbricht (»unsinniges Tun«, »frevelnder Trotz«). Und die neue Gläubiger-Klasse ist auch noch so unverschämt, den Vermögensausgleich (»Opfer«) zu verweigern.
Das *Opfer* – ohne das hier vertiefen zu wollen – ist natürlich nichts anderes als eine *Zinszahlung,* das sich aus der »Urschuld« ergibt – aus der Entstehung des Eigentums: Das Land, das man sich »kostenlos«

aneignen durfte, stammt nach der damaligen Vorstellung von den Göttern (»schufen Himmel und Erde ...«). Da die Götter aber nicht – wie die frevlerischen Gläubiger – zum Zinstermin zum Inkasso erschienen, galt man diese Urschuld eben durch ein Opfer ab.*

Wenn der »Reiche« (Gläubiger, Großgrundbesitzer) zu viel des Guten getan hat, zu reich, zu groß geworden ist, dann hat er gefälligst davon abzugeben – erst recht! Platon bemüht, wie wir oben schon gesehen haben, in seiner Staatslehre (Republik 744 B - 745 A) ausdrücklich die Götter für seinen Sozialismus, als er verlangt, daß jeder, der mehr als das Vierfache des ursprünglich zugeteilten Landes angehäuft hat, dieses dem Staat »und den *Göttern des Staates* abzugeben« habe. Leider kann man *Grundbesitz* nicht opfern, also verbrennen, wie Getreide und Fett. aus der unschuldigen Opfer-Idee wird so der *Sozialismus*.

Und mit den Schulden kommt der Krieg

Noch einmal zurück zu Platons Landsmann Hesiod. Im dritten, kriegerischen Zeitalter (»aus Erz«) werden die Eigentums- und Schulden-Differenzen mit

* In unserer obigen Erst-Eigentümer-Bilanz müßte der Wert des Grundstücks, das ja Erträge bringt, mit einem Ertragswert aktiviert werden, während auf der Passivseite in gleicher Höhe eine »Schuld gegen Gott« (als dem Schöpfer der Erde) entsteht. Und dieser göttliche Kapitalgeber erhält genauso Zinsen wie jeder profane Financier: »Opfer« (Feldfrüchte von Kain oder »Erstlinge seiner Herde und von ihrem Fett« von Abel!).

der Waffe ausgetragen, diese Menschen aus Metall (»ungleich dem silbernen völlig«) sind offenbar schon Ausdruck des Roll-Back: Horden bankrotter und enteigneter ehemaliger Landbesitzer sagen jetzt, was ihrerseits Sache ist:

»Mit der Härte des Diamanten übten sie Starrsinn, ungeschlachtet; nur große Gewalt und unnahbare Hände wuchsen daher von der Schulter, bei ungeheuren Gliedern …«

Der Krieg als eine Form des *arbeitslosen,* wenn auch gewalttätigen *Landerwerbs* (auch des Gläubigermordes) kommt in Mode, dann – nachdem alles verwüstet ist – wieder aus der Mode, (Zeitalter IV) ebenso im letzten, dem fünften, in dem sich offenbar die Lage immer wieder vorübergehend stabilisiert, da der Krieg nicht nur aus Angriff besteht, sondern auch aus Verteidigung, weshalb gelegentlich durch »Abschreckung« Friedensphasen herrschen, in denen dann der normale Zins-Eigentums-Prozeß sich wieder einstellt, einschließlich aller Not und auch der schlaflosen »Nächte«, der »Sorgen« und der »grauen Haare«, die beim Schuldner Parish 25 Jahrhunderte später ebenfalls erscheinen:

»Denn dies Menschengeschlecht ist ein eisernes. Weder bei Tage werden sie ruhn von *Beschwerd' und Kümmernis,* weder bei Nacht.
Gänzlich verderbt. Es verleihn stets *nagende Sorgen* die Götter. Dennoch wird auch diesen gemischt sein Gutes zu Bösem. Zeus tilgt aber auch dieses Geschlecht viellautiger Menschen, da der geborene schon mit *grauenden Schläfen* erscheinet.
Scheelsucht folgt den Menschen, den unglückseligen allen, *schadenfroh,* mißlautig, und grollt mit neidischem Antlitz.«

Also ganz genau so, wie die Menschen heute sind – in einer Zins-Eigentums-Gesellschaft. Wer hat, wird beneidet. Und vor allem die *Schadenfreude* ist untrennbar mit diesem »System« verbunden: Nichts freut uns mehr, als wenn ein Großer kaputtgeht und über die Witze, in denen es um Geld geht, um verlorenes, lachen wir am lautesten.

> Ein Mann wirft sich nachts mit schweren Gedanken hin und her. Fragt seine Frau: Was ist?
> Ach, weißt Du, morgen kommt der Meier und präsentiert mir einen Wechsel, aber ich kann nicht bezahlen.
> Da steht die Frau auf und telefoniert unten im Wohnzimmer mit dem Meier.
> Was hast Du ihm gesagt, will der Mann wissen.
> Ich habe ihm gesagt, daß Du morgen den Wechsel nicht bezahlen kannst. Jetzt kannst Du ruhig schlafen. Denn jetzt schläft der Meier schlecht.

Es gibt niemanden der über diesen Witz nicht lachen kann. Und wenn wir lachen, dann ist das genau jene Schadenfreude, die Hesiod aus seiner Zeit uns überliefert hat.

Die Sehnsucht nach der schönen neuen Welt »Utopia«

Nachdem die Geschichte der Menschen mit ihrem Zins- und Eigentums-Zwang nun einmal begonnen hat, ist es natürlich höchstes Bestreben, aus diesem »Prozeß« wieder auszusteigen. Die ideellen und praktischen Versuche, einen Ausweg aus dem

menschlichen Geschick der Endlichkeit in Zeit und Raum zu finden, sind kaum noch zu zählen.
Alle großen »Weltverbesserer« haben versucht, entweder ein neues – sechstes – Zeitalter der Deutung des Bauern Hesiod anzuhängen. Oder einfach wieder zum »Goldenen« Zeitalter zurückzukehren. Weil dieses aber nicht mehr geht, greifen die Weltverbesserer in die Wort-Trickkiste, um ihre Verheißungen schmackhaft zu machen. Die *Versprechungen,* daß es irgendwann »endlich besser« oder »endgültig gut« werden könnte, tragen die verheißungsvollsten Bezeichnungen:
Im »Himmel« sind alle unsterblich, damit ist das Zinsproblem ein für alle Mal beseitigt. »Kommunismus« bedeutet: absolute Gütergemeinschaft – das Eigentumsproblem ist weg.
Alle Reformer und Revolutionäre haben solch ein mystisches Endzeit-Wort drauf. Man glaubt gar nicht, wie kreativ die menschliche Sprache sein kann, um Bezeichnungen für die *schöne, neue Welt« zu finden:*
Bei den Sozialisten haben wir schon einige dieser tollen Worte kennengelernt: »Utopia« (Thomas Morus), »Sonnenstaat« (Campanella), »Oceana« (Harrington). Der deutsche Volksbeglücker Eberlin nennt sein Ideal-Reich im 16. Jahrhundert »Wolfaria« – ein schönes Vorwegnehmen unseres heutigen »Wohlfahrtsstaats«. Bacon entdeckt das »Neue Atlantis«, ein Italiener namens Zuccolo 1625 »Evandria«, ein Mann namens Samuel Hartlib 1641 »Macaria«.
Weitere wunderschöne Namen: »Nova Solyma«, »Gerania«, »Noland«, »Ophir«, »Caléjava«, »Euto-

*pie«, »Cantahar«, »Sethos«, »Alcimedon«, »Dumocala«, »Usong«, »Arkadia«.**

Immer wieder sind es wunderbare *Inseln,* die durch zufällig dort gestrandete Reisende entdeckt werden. Große utopische Hoffnungen wurden auch in die *tatsächlich* neu entdeckten Inseln, wie Australien, gesteckt. Aber im 18. Jahrhundert leiert sich die Masche allmählich aus. Da die Seligmacher sich nicht ewig darauf berufen können, daß es die schönen Inseln (ohne Zeit und Raum) irgendwo schon gebe, daß man nur gerade nicht das nötige Kleingeld zur Hand habe, um ein Schiff dorthin auszurüsten,** steigen sie um. Und wie steigen sie um?

Logischerweise vom *Raum* in die *Zeit.*
Statt zu behaupten: Ihr müßt nur *dorthin fahren,* um das Glück zu finden, hieß es nunmehr: Ihr müßt nur *warten*, bis das Glück kommt.
Der erste, der in der Zeit arbeitet, um eine »bessere« Welt (= Welt ohne Zeit und Raum) zu konstruieren, ist der französische Journalist Louis Sébastien Mercier (1740–1814), einer der Wegbereiter der Französischen Revolution, die er wunderbarerweise auch

* Sehr aufschlußreich dazu: Raymond Trousson, »Voyage aux Pays de nulle part. Histoire littéraire de la pensée utopique«, wo das Verzeichnis dieser Aussteiger-Versuche zehn Seiten füllt!
** Der letzte großangelegte Versuch, ohne Risiko den Beweis erbringen zu können, daß es »woanders« besser sei, lief in den 50er und 60er Jahren dieses Jahrhunderts. Damals waren auf einmal Rotchina und vor allem *Kuba* die großen Hits. Dort sei nun aber *wirklich* alles besser als bei uns. Erst als Dr. Tigges und Kuoni auch diese goldenen Horte der Glückseligkeit erschlossen, machte die Realität den schönen Traum kaputt.

überlebt.* Mercier schreibt als 30jähriger das Buch »L'An 2 440, rêve s'il en fût jamais«, in dem er das »Bitte Warten!«-Theorem auftischt, das seitdem zum Markenzeichen aller großen Sozialisten und Nationalsozialisten wird. Wir denken an Hitlers »Gebt mir nur vier Jahre Zeit!«, was sich sehr bescheiden ausnimmt gegen die schon zitierten Aussichten der Einwohner Rotchinas, denen die Staatsführung verheißen konnte, daß der »Kommunismus in zehn Generationen etwa vollendet« sei.

Im Jahr 7860 sind dann endlich alle glücklich!

Mercier läßt seinen Helden einschlafen (warum lassen sich die armen Chinesen nicht einfrieren und wieder auftauen, wenn das goldene Zeitalter eingeläutet wird?) Und als er wieder aufwacht, nach 700 Jahren, schreibt Girsberger,

> »... sieht er staunend die neue Ordnung des neuen Paris, dessen Leben auf völlig andere Basis gestellt ist ... Was dem allgemeinen Glück im Wege stand, ist im modernen Paris verschwunden; alles ist nach Nützlichkeitserwägungen geordnet und rationalisiert ...«

* Nicht zu verwechseln mit Mercier de la Rivière! Unser Mercier war ein überaus fleißiger Vielschreiber, dessen »Tableau de Paris« (1783-88) als wichtige Quelle für den unglaublichen Zustand gilt, in dem sich das vorrevolutionäre Frankreich befunden hat. Wie alle »Linken« versteht Mercier nichts **vom Geld;** so behauptet er 1792, daß der fortlaufende Druck des revolutionären Papiergelds, der »Assignanten«, keineswegs zum Staatsbankrott führen würde, was die Geschichte freilich mit dem ihr eigenen Zynismus glänzend widerlegt.

Das »Bitte Warten!« macht Schule. 1783 erscheint aus der Feder eines kleineren Lichtes namens Witzel »Das Jahr zweytausend vierhundert und vierzig. Zum zweytenmale geträumt.« Untertitel: »Ein Traum, deren es wohl träumerische gegeben hat.« Danach ist die Zeit freigegeben. 1792 beschreibt Simonsz das Jahr 3000, zwei Jahre später Mehring das Jahr 2500. Sehr weit geht 1860 dann Le Hon: »L'An 7860 (kein Druckfehler!) de l'ère chrétienne«. Fünf Jahre später nimmt sein Landsmann Henri Mettais das Gas wieder etwas runter und beschreibt nur das Jahr 5865.
Langsam werden natürlich auch die vielen Datierungsversuche des Wiedereintritts der besseren Zeit langweilig. Außerdem machen auch Pessimisten das Spielchen mit. Der letzte ist George Orwell mit seinem berühmten »1984«, mit dem »Großen Bruder« und so, wo eigentlich nun auch wieder niemand leben möchte.

Die ersten Kommunisten waren Münsteraner

Einmal gab's die Probe auf's Exempel, in der westfälischen Stadt Münster, wo 1534 das Reich der »Wiedertäufer« errichtet wird, der erste *Großversuch,* die Bedingtheiten der menschlichen Existenz, Zins und Eigentum, auf einmal abzustreifen.
Nach Münster hatten sich die in ganz Europa verfolgten Täufer geflüchtet. Die *eine* Vorstellung dieser »Schwärmer«, wie Luther sie nannte, nämlich die

Erwachsenen-Taufe, war harmlos und bis heute diskutabel: Warum, in der Tat, sollte man immer nur Neugeborene taufen und nicht erst den »mündigen Bürger«? Zumal Jesus auch nicht in der Krippe in Bethlehem, sondern als Erwachsener im Jordan getauft worden war.

Ihre *zweite* Vorstellung aber war *extrem gefährlich* für die Zins-Eigentümer-Gesellschaft, in der sie damals lebten: Die Idee von der **unmittelbar bevorstehenden** »Wiederkehr Christi«.

Damit ist das Religions-Problem auf die Spitze getrieben! Das »Später«, der »Himmel«, die schöne bessere Welt kam nicht irgendwann, sondern sehr bald, möglicherweise schon morgen! Damit war es extrem riskant, zu warten, bis man sich von der natürlichen Zeitpräferenz (jetzt lieber als später) zur religiösen Zeitpräferenz »bekehren« = im Hirn umdrehen! läßt, nämlich zur Bevorzugung des *Später* vor dem *Jetzt.* Wenn Christus und der Himmel schon in Sichtweite sind, muß man sofort das Irdische abstreifen, sich also des Zinses und (da räumlich begrenzt) auch des Eigentums entledigen, zumal das als Schulden-*»Sicherung«* in einer zinslosen Gesellschaft wirklich keinen Sinn mehr gibt.

So kommt es zur Logik der Kommune Münster, des »Neuen Jerusalem«, wie die Täufer es nannten: Es fehlt die Zeit, sich freiwillig für das Reich Gottes zu entscheiden, keiner kann sich mehr darauf berufen, weiter »Sünder« zu bleiben, also »Anhänger« von Zins und Eigentum, weil er bis zur Todesstunde letztlich warten kann, bis er sich bekehrt, bereut und einsieht, daß er sich *gegen* die Religion mit ihrer ver-

drehten Zeit-Präferenz verhalten und gegen »göttliches« Gebot verstoßen hat.
So nimmt sich denn einer der Wiedertäufer, der ehemalige Groß-Kaufmann Bernt Knipperdolling, einen kleinen Krämer vor, und stellt ihn zur Rede:

> »Du wärest auch wohl gern heilig? Den Kram willst Du nicht verlassen. Da sitzest Du drauf und brütest, als ob Du da wolltest *Junge draus kriegen*. Der Kram ist Dein Gott. Den mußt Du verlassen, willst Du heilig sein.«

Deutlich die Parallele zu Aristoteles, der das mit dem »Junge-Kriegen« von den Münzen behauptet hat. Natürlich kann Kram keine Jungen kriegen, denn wenn dem so wäre, könnte der Krämer ja in der Zwischenzeit spazieren gehen. Aber leider steht er unter dem Druck einer Eigentümer-Zins-Gesellschaft: er *muß* verkaufen, entweder, um sich zu entschulden, oder/und um zu leben.
Die Wiedertäufer kriegten sogar einen König, Symbol dafür, daß das, was er – sonst nur ein Mensch – sagt nicht hohles Geschwätz ist. Und die Chronik berichtet:

> »Als nun der König verkündet hatte, daß die Erlösung an *Ostern* (1535) sein sollte, da haben sich die Leute *gefreut* auf dieses Ostern.«

Was denn sonst? Der Krämer aber hat den Osterbluff durchschaut. Deshalb blieb er in seinem Laden sitzen, ohne die Zeitpräferenz zu wechseln. Nur wenn er Un-Mensch, wenn er Schwärmer geworden wäre und an das Ende aller Zeit an Ostern 1535 geglaubt hätte –, dann hätte er in der Tat den Krempel hingeschmissen, und wäre auch ein »Heiliger« geworden.

Die Wiedertäufer, einmal an der Macht, errichten eine Schreckensherrschaft ohnegleichen: Alle werden enteignet, die *Schulden* in Form von Steuerlisten und Rechnungsbüchern vernichtet. Folter und Mord sind an der Tagesordnung, um etwaig noch Verstockte zu ihrem Heil zu zwingen. Das Ende ist ein Blutbad, Münster wird von »normalen« Landsknechten erobert, die ihrerseits den Genuß, der sich aus der *sofortigen* Eroberung der Stadt ergeben, *späteren* Lüsten im Jenseits vorziehen. Eine Zeitlang bleiben die gefangenen Täufer-Führer Jan von Leyden und Bernt Knipperdolling sogar noch am Leben; in diesen sieben Monaten (völlig ungewöhnliches Verhalten für Sieger!) werden sie aber nicht nur nach allen Regeln der mittelalterlichen Verhörkunst gefoltert. Sondern sie sollen »widerrufen«, eben erkennen, daß sie sich mit der »Wiederkehr Christi« geirrt hätten, denn der erschien auch die sieben Monate lang nicht. Dann erst geht's zum Richtplatz.

Und ihren Zeit-Irrtum büßen die Täufer noch nach dem Tode: ihre Kadaver werden in drei Käfigen an der Lamberti-Kirche hochgezogen, damit dieser gefährliche Irrtum nur ja nicht wiederkehrt. Die Käfige sind *noch heute* in Münster am Lambertiturm zu sehen.

In seinem unter Münsteraner Studenten zur Zeit als Bestseller zirkulierenden Büchlein »Die Kommune der Wiedertäufer« schreibt der Links-Autor Horst Karasek (erschienen im Links-Verlag Klaus Wagenbach):

> Trotz dieser Niederlage steht die »Kommune Münster« in der deutschen Geschichte als einzigartiges Beispiel dafür, wie eine Revolution begonnen und mit *Erfolg* weitergeführt worden ist ... (Doch) selbst die marxistischen Historiker haben es schwer mit der Beschreibung eines Gemeinwesens, das den Sprung in das *Reich der Freiheit* wagte, noch bevor der Kapitalismus festen Fuß gefaßt hatte.«

Das ist die dumme und freche Argumentation aller Apologeten des Kommunismus und der damit verbundenen Bevölkerungsvernichtung und Massenschlächterei! Was war der »Erfolg« der Wiedertäufer? Die Menschen sind verhungert und waren zu schwach, das uneinnehmbare Münster, das von den besten Profis der Zeit monatelang vergebens belagert wurde, zu halten. Aber warum der Hunger? Nicht wegen der Belagerung, denn die befestigte Stadt hätte – nach Enteignung und Vertreibung der »Reichen« zumal! – genug Raum gehabt, um alle zu ernähren. In den Gassen »wuchs das Gras« – warum hat man die Gassen nicht gleich umgepflügt? Die Täufer hatten über ein Jahr Zeit, zu sähen und zu ernten, um Schweine zu züchten!
Münster hätte sich bis ins 19. Jahrhundert halten können, wenn man drinnen nur das eingeführt hätte, was man eben gerade abzuschaffen versuchte: *eine kapitalistische Wirtschaft,* die unter dem Druck von Zins und Eigentum just jene wunderbare Sozialproduktvermehrung gestartet hätte, die in der Geschichte – wenn sie einmal kommt – immer als *»Wirtschaftswunder«* bezeichnet wird. Aber die Kommunisten hatten den Kapitalismus gerade »beseitigt« – daher mußten sie verrecken. Und wie den Täufern

wird es immer und überall jenen Gemeinwesen gehen, die das »Reich der Freiheit« als »Abschaffung von Eigentum und Schulden« definieren. *Wer sagt: »Lieber rot als tot«, der irrt gewaltig. Denn rot = tot.*

Die A-Sozialen müssen immer scheitern

Dennoch wollen die Menschen immer wieder Konkretes sehen. Und so machen sich immer wieder Prediger des »goldenen« Zeitalters auf, dieses nun zu demonstrieren. Das 19. Jahrhundert ist voll von solchen »Kolonie«-Gründungen, in denen man Zins und/oder Eigentum zu beseitigen versucht. Alle diese Veranstaltungen scheitern kläglich, worüber weder massive Subventionen, etwa des englischen Textil-Industriellen Robert Owen, hinwegtäuschen konnten (Owen faselte immer vom »Millenium« = Tausendjähriges Reich!), noch die wunderschönen Namen, die man den neuen »Gründungen« beilegte: »Ikarien«, »La Phalanstère«, »Freiland«, usw.
Entscheidend am »Bitte-Warten!«-Theorem ist aber fatalerweise – seine *Unwiderlegbarkeit* geworden. Wenn nichts funktioniert und die wirtschaftliche Lage sich immer weiter verschlechtert, weil Systeme ohne Zins und Eigentum nicht lebensfähig sind, dann wird *vertröstet. Irgendwann kommt es schon,* man kann sich nicht geirrt haben, weil doch die Theorie stimmt. Das vollständige Scheitern des »real existierenden Sozialismus« läßt die Staatschefs in der Sowjetunion und den abgeleiteten Staaten völlig kalt. Daß es ohne Privateigentum nicht gehen **kann:**

eine solche Kritik wird nicht etwa zurückgewiesen, sondern belächelt. Systemkritiker kommen daher logischerweise zumeist ins Irrenhaus. Genauso könnte man auch dem Papst sagen, er käme nicht in den Himmel – weil es keinen gibt. Er würde dem »Ungläubigen« zunicken und ihn segnen.

Und wenn die un-menschlichen, da gegen Zeit und Raum gerichteten wahrhaft a-sozialen »Bewegungen« endlich scheitern, dann waren entweder »die Umstände« schuld, die »anderen«, oder man hatte einfach nicht genug »Zeit«, um bis zum Anbruch des Goldenen Zeitalters »durchzuhalten«.

Als der Hiltler Schluß machen muß, jammert er, wie *alle* gejammert *haben* und wie alle jammern *werden,* die »Politik« gegen den Menschen und gegen seine Grundbedingungen betreiben:

> »Das Verhängnis dieses Krieges ist, daß er für Deutschland einerseits viel zu früh, andererseits etwas zu spät begonnen hat ... Im Hinblick auf unsere moralische Vorbereitung (!) ... kam er *viel zu früh.* Ich hatte noch keine Zeit gehabt, die Menschen nach meiner Politik zu formen. Zwanzig Jahre hätte ich benötigt, um eine neue Elite zur Reife zu bringen, eine Elite, der die nationalsozialistische Denkart gleichsam mit der Muttermilch verabfolgt worden war. Das Drama der Deutschen ist es, *niemals genügend Zeit zu haben.* Immer drängen uns die Umstände ...«

Kann es einen größeren Unsinn geben? Als ob das nationalsozialistische »Brechen der Zinsknechtschaft« dem Kleinkind beizubringen wäre! Da das Saugen an der Mutterbrust nichts anderes ist, als Ausfluß der auch vom Kind gespürten Präferenz des Jetzt gegenüber dem Später, wäre Hitlers »nationalsozialistische Elite« nie großgeworden. Denn wer den Zins ablehnt, darf keine Zeit kennen, kann also unendlich lange warten. Ein deutsches Baby wäre nur dann ein echtes Nazi-Baby geworden, wenn es die Nahrungsaufnahme verweigert hätte. Hitlers »neue Elite« wäre nichts anderes gewesen als eine unendliche Reihe von kleinen weißen Särgen …

Kann es also nie mehr das Goldene Zeitalter geben?

Das Goldene Zeitalter des Hesiod kann sehr wohl wiederkehren, wenn man begreift, *warum* die Menschen es verlassen mußten. Dazu müßte man nur eine Gesellschaft konstruieren, *wo der Zins nicht auf das Eigentum treffen kann.*

Das setzt zunächst einmal eine radikale Verminderung der Erd-Bevölkerung voraus. Man müßte also langfristig genau das *Gegenteil* von dem machen, was den »Politikern« jahrhundertelang als wichtigstes »Mittel« eingefallen ist, um die »Macht« des Staates zu stärken. Die geradezu fanatisch betriebene Bevölkerungsvermehrungspolitik,* von der man erst jetzt langsam Abschied nimmt, hatte genauso ökonomische Ursachen, wie alles sonst auch in der Geschichte der Menschen.

---

* Der neuzeitliche Bevölkerungs-Fanatismus beginnt mit dem **»Hexenwahn«** (Hexen = Frauen, die die Kindstötung beherrschten und, da sie die Bevölkerung klein hielten, auf den Scheiterhaufen mußten). Details in den Schriften von Gunnar Heinsohn und Otto Steiger, u. a. »Die Kinder Europas. Von der gewaltsamen Menschenproduktion zur ›menschlichen Springflut‹« in »Kursbuch«, Nummer 62/1980.

Denken wir noch einmal an Hesiods »erzenes« Zeitalter, das dritte, als die Kriege in Mode kamen. Kriege entstehen, sobald aufgrund der Übervölkerung die ersten Spannungen zwischen Eigentümern und Nicht-Mehr-Eigentümern und zwischen Schuldnern und Gläubigern auftreten. Da wird dann blankgezogen – zuerst individuell, dann per Großfamilie, dann per Stamm, schließlich zieht ein ganzes Volk die Waffen...

Dabei entscheidet letztlich die Familie, der Stamm, jenes Volk den Krieg für sich, das am meisten Leute unter Waffen bringt. Man muß also *möglichst viele* Menschen produzieren, wenn man »überleben« will – im Krieg. Das vermindert aber die Chancen, im Frieden zu überleben. Denn die Menschenproduktion macht das Eigentums- und Zinsproblem immer größer.

Die notwendige Bevölkerungsverminderung läßt sich gewaltsam (Krieg) oder friedlich (Verhütung) bewerkstelligen. Die friedliche Lösung hätte derzeit große Chancen, selbst wenn der »Staat« noch nicht beseitigt ist, wenn also weiterhin Kriegsgefahr besteht. Im Raketenzeitalter ist niemand mehr auf Menschen-»Massen« als kriegsentscheidenden Faktor angewiesen.

Sobald die »Supermächte« sich auf ein bestimmtes Vernichtungs-Potential einigen, was in der Zeit des »Overkill« zumindest denkbar wäre, könnten sie die Bevölkerungen in ihren Machtbereichen (»Ost«, »West«) *innerhalb einer Generation* ruckartig herunterfahren. Man müßte nur 20 bis 30 Jahre lang jegliches »Kinderkriegen« auf freiwilliger Basis oder

durch »Anreize« (negatives Kindergeld!) unterbinden. Die Bevölkerung wäre dann so weit dezimiert, daß man allmählich wieder zu einer freien Privateigentümer-Gesellschaft zurückkehren könnte.
Auch in der Sowjetunion, als dem politischen Bollwerk des Sozialismus, würde sich das Thema »Staatseigentum« irgendwann nicht mehr stellen. Denn wenn eines Tages nur noch 100000 Menschen in Moskau leben, braucht niemand mehr den »Staat«, der »knappe« Wohnungen zuteilt. Es würde massenhaft leere Wohnungen geben, womit just wieder jener »Überfluß« entstände, der die Vor-Eigentümer-Gesellschaft kennzeichnet. Sozialismus wäre echt kein Thema mehr. Denn wo keine »knappen« Güter mehr zu verteilen sind, braucht man auch keine »Gemeinschaft«, die sich dieser Aufgabe unterzieht und erst einmal alles Eigentum an sich reißt, um es dann »gerecht« abzugeben.
In einem zweiten Schritt müßte man dann *die Mischung von Zins und Eigentum* – diesen Sprengsatz, der die Menschen aus dem Goldenen Zeitalter katapultiert hat – *verhindern,* das heißt die Eigentümer (Nicht-Eigentümer gibt es aller Voraussicht nach niemals mehr!) müßten existieren können, *ohne* sich verschulden zu müssen. Mit den Schulden würde zwar auch jegliches Wirtschaftswachstum verschwinden, denn niemand könnte gezwungen werden, ein Mehrprodukt zu liefern, weil es keine Zinszahlungsverpflichtung mehr gibt.
Es gäbe dann – wie wir noch sehen werden – auch kein Geld (= Schulden) mehr, sondern nur die gute alte Tauschwirtschaft. (Geprägte »Münzen« kämen

vor wie eh und je – als Tausch-Objekte). Daß solche Tauschwirtschaften wunderbar funktionieren, beweisen uns unsere Kinder übrigens jeden Tag: sie tauschen, was ihnen unterkommt, vom Mickey-Mouse-Heftchen bis zur Murmel und vom Luftballon bis zur Ware »Zehn Minuten mit meinem Fahrrad fahren«.
Falls ein Teilnehmer an der Tauschwirtschaft etwas ganz Besonderes will oder das Ausgefallene sucht, muß er sehr viel bieten. Ob er zum Zuge kommt, ist ausschließlich Sache der anderen »Markt«-Teilnehmer: sie können es ihm geben, besorgen oder anfertigen, aber sie *müssen* es *nicht. Denn da sie keine Schulden und ergo keine Fälligkeit für Zahlungen/Leistungen haben, ist alles freier Wille.*
In diese Richtung geht letztlich auch das Gerede vom »Aussteigen«, was ökonomisch gesehen nichts anderes bedeuten kann, als »nicht gezwungen zu sein, bzw. nicht arbeiten zu müssen«. Genau das ist das Goldene Zeitalter, wenn man das »arbeiten« als eine »Arbeit für andere« betrachtet, also als eine Produktion, die über das hinausgeht, was man zum direkten Leben braucht. Auch der Aussteiger hat seine »Mühe«, wie uns der Prediger Salomon berichtete, siehe oben. Ganz ohne Arbeit geht die Chose nicht.
Die Frage ist nun allerdings, ob wir zum Goldenen Zeitalter zurückkehren *sollen,* was wir *könnten.* Oder ob wir die »gute alte Zeit« nicht durch eine »bessere neue Zeit« ersetzen könnten. Eine Zeit *mit* Zins und Eigentum, und auch *mit* Schulden, wie sie also dem Menschen, so wie er ist, und wie er *heute* ist, am angemessensten wäre. Über die Möglichkei-

ten einer solchen »Gesellschaft« gibt ein Nachdenken über etwas Aufschluß, das gemeinhin als besondern verrucht gilt: der KAPITALISMUS.

Warum Romulus den Remus killte

Keine frühe Geschichte ist so gut dokumentiert, wie die römische. Wir können daher sie – stellvertretend für alle anderen Geschichten – herausnehmen, um den Beginn des historischen Prozesses zu beschreiben. Dieser Prozeß ist nicht nur ein wunderschönes Modell anhand der römischen Fakten. Die ganze übrige Weltgeschichte läßt sich auch sehr einfach aus der römischen Geschichte heraus erklären – entweder als Parallele oder als Abweichung dazu. (Im folgenden lassen wir jene berüchtigte historische Erscheinung, die »Krieg« benannt ist, aus: Kriege sind nichts anderes als Beutemacherei an Land und Menschen, sie ändern also am Thema Eigentum überhaupt nichts.)

Wo die Römer »siedelten«, war kein Zuckerschlekken. »Siedelten« drückt zunächst nichts anderes aus, als »dort seßhaft« werden zu müssen, weil anderes Land nicht zur Verfügung steht, nicht nur kein besseres Ackerland mehr, sondern *freies Voreigentümer-Gelände überhaupt*. Der große Historiker Theodor Mommsen beschreibt:

> »Für den Ansiedler ist die Örtlichkeit nichts weniger als lockend, und schon in alter Zeit ist es ausgesprochen worden, daß auf diesen *ungesunden und unfruchtbaren Fleck* innerhalb eines gesegneten Landstrichs sich nicht die erste

naturgemäße Ansiedlung der einwandernden Bauern gelenkt haben könne, sondern daß die *Not* oder vielmehr irgendein *besonderer Grund* die Anlage dieser Stadt veranlaßt haben müsse.«

»Irgendein besonderer Grund« – ach, nee. Wie wäre es mit der simplen Erklärung, daß alles andere Land schon »Eigentum« war, abgesteckt und besiedelt, und daß die Römer nun mit dem *restlichen* Voreigentum zufrieden sein mußten?
Sie sind es zufrieden und teilen als erstes das vorhandene Land, das aufgrund seiner Knappheit jetzt »Eigentum« geworden ist, untereinander auf. Ganz gerecht, jeder kriegt gleich viel. Der Vorgang heißt »Roma quadrata« – das ganze Land ist ein großes Quadrat, das aus vielen einzelnen Quadraten, der Masse des neuen Privateigentums besteht. Der Römer Varro überliefert uns in seiner »Res rustica«:

»Die zwei Morgen, die Romulus zuerst, wie es heißt, *Mann für Mann verteilte,* daß sie den Erben zufielen ...«

Gleiche Verteilung (»Mann für Mann«), Eigentum, Erbschaft – also alles da, alles mit Feldmarken abgesteckt. Der römische Historiker Livius berichtet dann weiter:

»(Der Bruder des ›Stadtgründers‹ Romulus) Remus sei, um seinen Bruder zu höhnen, über die neuen Mauern gesprungen; da sei er von dem erzürnten Romulus erschlagen worden ...«

Mauern? Was für *Mauern?*
Nur waren das niemals »*Stadt*mauern«. Die römischen Stadtmauern sind, wie man bis heute sehen kann, so breit angelegt, daß selbst der Weitsprung-

weltmeister nie darüberspringen könnte, auch wenn sie bis auf einen Zentimeter Höhe abgetragen wären. Stadtmauern sind meist breiter als höher, am Fundament 12 bis 15 Meter.
Der Historiker Livius (wie auch später der Historiker Mommsen) hat eine *»Stadt«* Rom vor Augen, wenn er von ihrer *Gründung* berichtet. Livius hatte – wie Mommsen – aber keine Ahnung von der *Entstehung des Eigentums:* die »Mauern«, von denen er schreibt, sind die Mauern, die wir bis heute in Italien und anderen Mittelmeerländern überall in Millionen Kilometer Länge sehen: ordentlich aus grauem Stein geschichtet, etwa einen Meter hoch und anderthalb Meter breit – was man also bequem mit etwas Anlauf überspringen kann. *Es sind die Mauern, mit denen die Bauern ihr privates Eigentum abgrenzen:* ihre Weizenfelder, Olivenhaine, Weinberge.
Und Remus, der Schlingel, macht es wie die Jungs am Strand von Sylt, die über die »Mauern« der Strandburgen anderer Jungens springen. Er nimmt diese Art der »Eigentumsbildung« auf die Schippe. Und wer beobachtet, wie die Jungs aus ihren zum »Eigentum« gewordenen Strandburgen flitzen, mit dem Schäufelchen in der Hand, voll Wut – so ist auch Romulus hinter seinem Bruder hergewetzt und hat ihn niedergestreckt.

Die Weisheit des Kapitalisten Jean Paul Getty

Mommsen war nie auf Sylt und hat das nicht kapiert mit der Eigentumsbildung, obwohl es deutlich lesbar in den Quellen steht. Er faselt:

> »Von einer eigentlichen Stadtgründung, wie die Sage sie annimmt, kann natürlich in keinem Fall die Rede sein: *Rom ist nicht an einem Tag gebaut worden.*«

Wie einfallslos! Mommsen denkt sich »Rom« als große *Stadt,* und die kann kein Mensch an einem Tag erbauen. Rom war aber in Wirklichkeit der aufgeteilte *Acker,* nur zwei Morgen groß. Und diese Aufteilung (=Eigentums-Schaffung) geht ganz bequem an einem Tag über die Bühne.
Überall auf einmal Eigentümer! Und alle gleich! Aber wie sagte der große amerikanische Unternehmer J. Paul Getty immer wieder:

> »Wenn man an einem Tag um drei Uhr nachmittags alle Güter dieser Erde auf alle Menschen ganz *gleichmäßig* verteilt, wird man doch spätestens um halb vier Uhr gewaltige *Unterschiede* entdecken.«

So war es auch in Rom. Die Römer begannen zu ackern (bis heute in der Umgangssprache ein Wort wie »arbeiten«). Und irgendwann begann der Gettysche Selektions-Prozeß: die einen Römer haben mehr Glück als die anderen; hier gibt es Hagelschlag, anderswo bleibt das Getreide stehen, dem einen geht die Kuh kaputt, der andere hat jedes Jahr ein Kälbchen, und so weiter.

Und dann sind die einen eben auch ganz einfach fleißiger als die anderen, nicht wahr?
Nach einigen Jährchen geht der erste Erst-Eigentümer in die Knie. Er hat nicht mehr genug zum Essen, und schon klopft er beim Nachbarn an *und leiht sich was.* Das ist zunächst so harmlos, wie die Schüssel Mehl, die sich Frau Müller von Frau Meier im Rahmen der guten Nachbarschaft ausleiht. Doch bald wird's mehr.

Zins = Schulden = Schrift = Gesetze = Zins

Der Fleißige (= Glückliche, weshalb im Lateinischen die Worte für tüchtig (= *fortis*) und für Glück (= *Fortuna*) dasselbe sind) verliert langsam die Lust, dauernd belatschert zu werden. Er drängt auf Rückzahlung. Nicht so sehr, weil er »habgierig« ist oder »hartherzig«, sondern weil er durch das dauernde Borgen des Faulen (Unglücklichen) *selbst in Schwierigkeiten kommt.* Was nun?
Jetzt beginnt die eigentliche »Geschichte«. *Denn der Zins trifft auf das Eigentum.* Zunächst einmal schauen wir uns den faulen Römer noch einmal ganz genau an. Er besteht nämlich aus **zwei Teilen:** aus *ihm selbst,* das heißt seiner Arbeitskraft (und der seiner Familie). Und aus *seinem Eigentum.* Das ist sein Feld.
Nachdem der faule Nachbar nie zurückbezahlt, wird ihm der fleißige eines Tages bedeuten: Du kriegst nur noch mal was, *wenn ich die Gewißheit habe, daß zurückgezahlt wird.*

Diese Gewißheit verschafft sich der Fleißige am einfachsten, indem er sich Familien-Mitglieder des Faulen zur *Arbeit* auf seinen Acker holt. Just da beginnt die »Knechtschaft«, von der oben Nehemia in so bewegenden Worten zu künden wußte.

Und schon ist auch der *Zins* hereinspaziert. Nicht weil der Fleißige so etwas verlangt. Der wäre notfalls damit zufrieden, daß abgearbeitet wird. Sondern weil das mit dem Abarbeiten auf Dauer den Faulen auch nicht fleißig macht.

Er bekommt also nur noch »Kredit« (= Glaube an seine Rückzahlung; glauben, lateinisch = credere), wenn *er von sich aus mehr bietet.* Wir kennen die Geschichten aus unserem Alltag: Zum Schluß hat kein Mensch mehr Lust, einem notorischen Penner was zu leihen – es sei denn, er bietet *mehr als nur die Rückzahlung.* Und weil der Penner lieber *jetzt* was hat als in 100000 Jahren (zeitliche Endlichkeit!) bietet er den *»Zins«.*

Damit das aber nicht nur Schall und leere Worte bleiben, muß ab jetzt »fixiert« werden. Es entstehen »Schuldverhältnisse« und mit diesen *schriftlich fixierten Schulden* entsteht auch gleich die *Schrift,* was wir heute noch aus der Kneipe kennen, wenn wir sagen: »Herr Wirt, bitte *anschreiben!*«

Jeder Wirt und jeder Gast könnte Analphabet bleiben, bis der erste Gast mehr saufen will, als er bezahlen kann. Dann muß man halt zum Griffel greifen.

Und wenn Schulden entstehen (und zurückgezahlt werden müssen), muß man *Gesetze* machen, die das Ganze regeln. So erlassen sich die Römer im Jahre 450 vor Christus das »Zwölftafelgesetz«, dessen

Grund-Elemente bis heute gelten, auch bei uns: Das »Nexum« ist darin geregelt, das Eingehen eines Schuldverhältnisses in feierlicher Form. Und die »Mancipatio«, der Übergang von Eigentum.
Und schon ist *Tempo* im Spiel. Denn Gesetze kommen immer erst dann, wenn es sich anders nicht mehr machen läßt. Im Zwölftafelgesetz ist zum ersten Mal auch ein »Wuchergesetz« enthalten. Wie der römische Historiker Tacitus in seinen »Annalen« berichtet, wird der Zinssatz für Schulden der Römer untereinander zum ersten Mal gesetzlich begrenzt, und zwar auf 12 Prozent pro Jahr. Mehr darf der Gläubiger nicht kassieren; und im Jahr 347 vor Christus liegt die Obergrenze sogar bei nur noch 5 Prozent pro Jahr.
Wie das? Was muß geschehen sein, daß *nationalsozialistisches* Gedankengut in die römische Gesetzgebung Einlaß fand?

Schulden = Eigentumsverlust = Sklaverei = Wachstum = Weltherrschaft

Kehren wir zurück in die karge römische Ackerlandschaft. Wir sehen, daß es immer mehr Faule (Schuldner) und ergo immer mehr Fleißige (Gläubiger) gibt. Und nachdem die Geschichte mit der »Schuldknechtschaft« der Familien-Mitglieder, speziell der stämmigen römischen Bauern-Söhne ausgereizt war, muß aus der »Gewißheit«, daß zurückgezahlt wird, endlich die »Sicherheit« werden. Der Schuldner muß dem Gläubiger etwas wirklich Handfestes bieten, damit dieser noch einmal mit Saatgut, Vieh oder Münzen aushilft.

Der Schuldner muß sein Eigentum verpfänden.

Der Acker, der ihm oder seiner Familie einst zugeteilt wurde, steht ab sofort auf dem Spiel. Und wenn es mit der Schuldenmacherei dann schiefgeht, ist der Acker weg. Der Gläubiger darf ihn in Ruhe – und mit vollem »Recht« – für sich behalten. Und da der Acker irgendwie bewertet wurde – bei den Kreditgesprächen –, stellt er letztlich auch nur einen *konkret begrenzten Wert dar.*

Was aber, wenn die Schuld noch *größer* ist? Wie hält sich der Gläubiger schadlos, wenn er zwar ins Eigentum »vollstrecken« kann und darf, wenn aber dieses Eigentum noch nicht die ganze Schuld abdeckt?

Dann haben wir noch das *zweite* Aktivum des Bauern dort im alten Rom (und anderswo): *ihn selbst.*

Der überschuldete Bauer verliert daher nicht nur sein »Eigentum«, sondern auch sich selbst: *Er wird versklavt.*

Im alten römischen Recht gibt es zwar eine Zeitlang ein Hin und Her in Sachen Eigentumsverlust und/oder Versklavung bei Überschuldung. Doch als unerschütterter Rechtsgrundsatz war festgehalten, daß die Versklavung (»addictio«) zumindest dann einsetzen kann, sobald der Schuldner den original geschuldeten Betrag (»pecunia certa credita«) nicht mehr zurückbringt.

Das römische Wirtschaftssystem ist nicht zimperlich, heutige Politiker würden es selbstredend als »extrem unsozial« ablehnen: jemanden, der nicht zurückzahlt, neben seinem Eigentum an Grund und Boden auch noch das Eigentum »an sich selbst« zu nehmen, ihn zu versklaven! Von der Zwanghaftigkeit des Menschen in zeitlicher und räumlicher Endlichkeit her gesehen, waren die Römer indes nur *konsequent.* Sie haben sich so verhalten, wie die Menschen nun einmal sind, sie waren insofern überaus »sozial«. Es hört sich zwar schrecklich an, wenn jemand versklavt wird, weil er seine Schulden nicht bezahlen kann. Aber so zu empfinden ist eine eindeutige *Parteinahme zugunsten des Schuldners.* Wer denkt eigentlich an den Gläubiger, den armen Hund, der bei Nichtzurückzahlung das verliert, was er sich vorher erarbeitet hat?

Wer die letzte Konsequenz aus dem Zusammenprall von Zins und Eigentum, die Sklaverei also, ablehnt, demonstriert ein gutes Herz. Aber keinen Verstand. Vom *Gläubiger* aus betrachtet sieht die Sache nämlich völlig anders aus: *Er muß letztlich für den Schuldner arbeiten,* wenn die letzte Vollstreckungsmöglichkeit beseitigt wird. Dann wird nämlich *er* »versklavt«:

Der Gläubiger ist zum Sklaven des nicht zurückzahlenden Schuldners geworden. Denn er muß genauso »umsonst« arbeiten, wie im Fall der Sklaverei der Schuldner.

Mit dem einzigen Unterschied: der Schuldner wird als Sklave gezwungen, »*nach*zuarbeiten«. Während der Gläubiger ahnungslos und freiwillig, da noch nicht wissend, was mit dem Ergebnis seiner Arbeit geschehen wird, als Sklave für den Schuldner »*vor*arbeitet«.

Ein Wirtschaftssystem, das die zwangsweise Nacharbeit des Schuldners in Form der Sklaverei androht, ist ohne Zweifel *das dynamischste Wirtschaftssystem, das sich denken läßt.* Denn um die Sklaverei zu vermeiden, wird der Schuldner alle nur denkbaren Anstrengungen unternehmen. Er wird alles daransetzen, »Sozialprodukt« zu erstellen, denn nur mit dieser Sozialprodukterstellung kann er das *Mehr*-Produkt erwirtschaften, mit dessen Hilfe er die geschuldeten *Zinsen* bezahlt und die Schuld selbst abträgt. Diese, in Rom gelaufene konsequenteste Anwendung des »menschlichen Systems« (= Ergebnis aus der Endlichkeit in Raum und Zeit) ist zugleich die Erklärung für den schier unglaublichen Aufstieg Roms zur Weltmacht. *Eine Wirtschaft, die unter diesem Druck vorwärtsgepeitscht wird, muß über kurz oder lang wirtschaftlich und dann auch politisch* (Kriege kosten Geld = Sozialprodukt) *alle anderen konkurrierenden Wirtschaften überflügeln.* Und so dauerte es nur wenige hundert Jahre und die Römer, dieses lächerlich unbedeutende Bauernvolk, das in den Tiber-Sümpfen unter kargsten Bedingungen gestartet war, besitzt die Weltherrschaft.*

---

* Was wir in vorchristlicher Zeit beobachten, gilt vice versa immer und überall: auf Dauer setzen sich jene »Kulturen« oder »Reiche« durch, die den Zins/Eigentums-Zwang am reinsten bewahren. Deshalb haben auch heute die »sozialistischen« Staaten gegen die »kapitalistischen« nicht den Hauch einer Chance. Was sie allerdings um so *gefährlicher* macht. Denn jemand, der weiß, daß er im normalen Ablauf der Geschichte untergehen muß, wird über kurz oder lang zur Waffe greifen, um das, was ihm das ökonomische Gesetz verwehrt, mit der Waffe zu erzwingen. Die *Sowjetunion* ist daher ein System, das immer expansiv bleiben wird; das sofort angreift, wenn es aufgrund der (Waffen!)Schwäche des Gegners, heute: des freien Westens, eine Sieg-Chance wittert.

Wie Julius Caesar und deutsche Amtsrichter die Gläubiger enteignen

Doch dann kam der göttliche Caesar (Divus Julius). Das Beiwort »göttlich« erhält dieser Politiker völlig zu recht: denn göttergleich greift er in den *normalen* Lauf der Dinge ein: er schafft die sich aus der Überschuldung logisch ergebende Sklaverei ab. In einem revolutionären Gesetz (»Lex Julia de bonis cedendis«) erlaubt er es dem Schuldner, zu entkommen. *Wer pleite ist, muß nicht mehr als Sklave abarbeiten.* Es genügt, wenn er auf sein Eigentum formell verzichtet. Dann kann er sogar eine »neue Existenz« aufbauen. Er muß darin die »alten Schulden« nur insoweit abtragen, als er dadurch nicht in seiner neuen Existenz ruiniert wird. **Er selbst bleibt frei.**

Damit ist in die Weltgeschichte eine Konkursregelung gekommen, *die bis heute gilt.* Wer in diesem Augenblick, da Sie das lesen, irgendwo auf Erden pleite macht, *kann seinen Gläubigern eine Nase drehen: an ihn selbst kommen sie nicht mehr heran. Der Zwang zum Abarbeiten der Schulden ist weg.*

Seit Caesar ist der leer ausgehende Gläubiger zum *Sklaven des Schuldners* geworden! *Er* arbeitet für ihn vor. *Er* gibt dem Schuldner Sozialprodukt, also »geronnene Arbeit«, die dieser nie zurückzahlen wird.

Diese *Umkehr der Verhältnisse,* also buchstäblich eine »Revolution«, war propagandistisch bestens vorbereitet. Seit der Schuldnerzwang im alten Rom existierte und damit die Furcht vor Sklaverei, gab es die fantastischsten Vorwürfe und Drohungen. »Wucherer« waren verrufen, und die Strafen für Über-

schreitung des amtlich festgesetzten (!) Höchstzinses lagen, wie Cato in seiner »Res Rustica« berichtet, *doppelt so hoch, wie die für Diebstahl!*
Eine unendliche *Leidensgeschichte der Gläubiger* hatte begonnen. Wenn die Schuldner und ihre Propagandisten keine echten Gründe mehr anführen konnten, um die Gläubiger zu bestrafen, zu enteignen und in letzter Konsequenz dann zu *ermorden,* mußten die abstrusesten Behauptungen herhalten, um dem »Recht« Genüge zu leisten. Was Caesar als »Volksheld« (logisch – wer macht sich nicht beliebt, wenn er das Los der Schuldner erleichtert!) initiierte, führte in letzter Konsequenz zu den Gaskammern von Auschwitz.
Und wenn wir schon bei der grauenvollen deutschen Geschichte sind: als die ersten Juden im Mittelalter erschlagen wurden, suchte man einen »Rechtsgrund« und fand ihn in der (völlig irrwitzigen) Behauptung, die Juden würden die Brunnen vergiften und kleine Kinder fressen.
Die Gläubigerverfolgung ist bis heute nicht zu Ende – bei aller »humanen Modernität« des mündigen Bürgers. Noch in den 80er Jahren des 20. Jahrhunderts ergehen von deutschen Gerichten solche Urteile wie:

> BILD-Zeitung, 3. Februar 1982. – »Ein *Kredithai* (40) aus Darmstadt ist zu 3½ Jahren Haft verurteilt worden, weil er an etwa 60000 Kunden Geld zu 50 Prozent Jahreszinsen verliehen hatte. Bei *seriösen* Instituten hätten seine Kunden nur 17 Prozent bezahlten müssen.«

Wer hätte geahnt, daß es allein im Raum Darmstadt 60000 Vollidioten gibt, die den Unterschied zwi-

schen 50 und 17 Prozent Jahreszinsen nicht ausrechnen können! Klar, daß man die Kerle, die so etwas *ausnutzen,* »Kredithaie« nennt. Hoffentlich war der Hai kein Jude, sonst wäre eine neue Welle des Antisemitismus über Deutschland gebrandet.
Auch die Worte, mit denen die Gläubiger heute gebrandmarkt werden, sprechen für sich. Neben »Kredithai« heißt es »Notlage ausnutzen« (Pfui!) oder »sittenwidrig« (ekelhaft!). Nur wer verzichtet, ist »seriös«! Niemand macht sich klar, daß nicht irgendwelche schrecklichen Gläubiger-*Haie* auf Beute gehen und ahnungslose Opfer überfallen. *In Wirklichkeit suchen doch Menschen, die sich nicht beherrschen und nicht warten können, Geld.* Der Wagen muß, bitte, morgen schon vor der Tür stehen, egal, was das an Zinsen kostet. Der unbeherrschte *Schuldner*-Hai sucht ein Opfer – jemand, der ihm leiht. *Er* will doch etwas haben!

Den Schuldturm gibt es nur noch in Hongkong

Je stärker und »unbarmherziger« die Schuldner gezwungen werden können, abzuarbeiten, *um so größer muß der Zwang sein, Mehr-Produkt zu bringen.* Es gibt daher in Geschichte und Gegenwart immer eine simple *Korrelation zwischen Schuldnerzwang und Wirtschaftswachstum.* Die Flausen von einer sogenannten »Wachstums-Schwäche«, die unsere Politiker als Erklärung für die »Krise« unseres »Systems« im Maule tragen, könnten wir ihnen sofort austreiben, *indem wir per Volksabstimmung wieder die Versklavung der Schuldner möglich machen.* Statt dessen wird das englische Parlament mit einem solchen Schwachsinn bemüht, wie der Abstimmung über die Wiedereinführung der Todesstrafe! Die Briten hätten besser darüber abgestimmt, ob man nicht die *Politiker* zur Arbeit in den walisischen Kohlengruben zwingen sollte, *damit sie endlich die Schulden abarbeiten, die sie doch nur gemacht haben, um an der Macht zu bleiben!*

Nach der präsumtiv-»vorsorglichen« Gläubiger-Enteignung durch Julius Caesar blieb bis in die Gegenwart in vielen Staaten immerhin noch so eine »Art« Schuldner-Versklavung übrig: der *Schuldturm.* Wer nicht bezahlt, wird zwar nicht an den Gläubiger zu dessen beliebiger Verwendung ausgeliefert. Aber er wird doch »gemeinschaftlich«, also über ein Gefängnis gezwungen, sich etwas zur Tilgung einfallen zu lassen – oder zu brummen.

Und siehe da, den Schuldturm gibt es noch! Und logischerweise steht er in jener Gegend der Erde, die *seit Jahren die mit Abstand höchsten Wachstumsraten aufweist:* in Hongkong. Die »Frankfurter Allgemeine Zeitung« läßt ihren für Flug und Touristik zuständigen Korrespondenten am 24. Juli 1982 berichten:

> »In der britischen Kronkolonie Hongkong ... sitzen auch in diesem Jahr wieder einige Hundert ein, *weil sie mit ihren Zahlungsverpflichtungen übermäßig in Rückstand geraten sind.* Ein »Schuldturm« im Sinne des Wortes ist es zwar nicht. Ein Gefängnis ist es aber doch, sogar Teil eines größeren allgemeinen Gefängnisses. Hier sind in einem besonderen Trakt alle jene untergebracht, die nicht zahlen

wollen oder können. *Maximal ein Jahr je einzelne Schuld* kann der Aufenthalt dauern. Im Gegensatz zum normalen Gefängnis kann sich der Gefangene hier aber täglich selbst entlassen – indem er seine Schulden *bezahlt.*«

Die Überschrift zu diesem Beitrag lautet: »Im Schuldturm«. Die FAZ hat die Überschrift in kursiver Schrift gesetzt, sozusagen als ein Wirtschafts-Feuilleton, also etwas, das man nicht allzu ernst nehmen oder unterhaltend finden sollte.
Tatsächlich aber ist dies der Dreh- und Angelpunkt der Weltgeschichte! Wenn Schuldner nicht mehr *gezwungen* werden können – und sei es mit einem harmlosen Jahr »Gefängnis« –, dann ist alles aus!
Die größten Schuldner aller Zeiten, die Staaten dieses Erdenrunds, kann heute kein Mensch mehr zwingen. Kohl, Thatcher, Mitterrand, Reagan, Honekker: wer kann diese Leute zwingen, ihre (Staats-)-Schulden je zurückzuzahlen? Da man sie nicht zur *Zahlung* zwingen kann, werden sie auch nie *Mehr-Produkt* leisten: Das »Wachstum« wird von selbst beendet .. Und deshalb müssen alle untergehen. Erst die Römer und jetzt wir!

Und wie war das mit dem Feudalismus? (Ganz kurz)

Nach dem Untergang des Römischen Reiches startet die Geschichte neu. Eigentum entsteht jetzt nicht mehr durch die Verknappung des Bodens. Der gehört inzwischen schon jemand. Eigentum wird jetzt *erobert,* wird »angeeignet«.

Das System, das sich aus dieser Eroberung ergibt, heißt »Feudalismus«. Die Eroberer haben nämlich jeweils einen Chef (»Herzog«, »König«), der seinen Oberbefehl, den er im Kriege aufgrund militärischer Zwangsläufigkeiten (in einer Schlacht kann nicht abgestimmt werden, wie man weiterkämpfen soll) erhalten hat, auch im Frieden beibehält, zumal dieser Frieden immer wieder bedroht ist.

Der Chef »verfügt« also nur über das eroberte Land (Eigentum), ohne es sich persönlich anzueignen. Die Verfügungsfreiheit muß bleiben, weil man – im dauernden Kriegszustand lebend – Dispositionsmasse braucht und schnelle Entscheidungen. Da kann man nicht langwierig über konkrete Eigentumsverhältnisse debattieren. Im Krieg muß man vor allem durchmarschieren können, ohne daß da ein großes Eigentümer-Lamento anhebt: »Sie, König, was machen Sie denn da auf meinen Feldern!«

Kurzum, der Chef, der sich im übrigen reichlich selbst bedient (»Krongut« usw.), kann den Rest des eroberten Landes nicht »endgültig« hergeben. Er kann das Land also nur *verleihen.* Das ist das »Lehens-System«, nach dem lateinischen Wort »fides« (auf Treu und Glauben) auch Feudalismus genannt.

Die Eingesessenen, die auf dem eroberten Land sitzen, haben insofern Glück. Da es kein direktes Eigentum außer dem »Obereigentum« des Königs gibt, kann man sie auch nicht versklaven. Denn alles Eigentum, auch das an Menschen, ist nur möglich, wenn es *definitives* Eigentum an Grund und Boden gibt. Da die Eroberer nun dennoch die unter ihre Macht gefallenen Menschen irgendwie nutzen wollen (sonst hätten sie ja selber ackern müssen, und wozu erobert man schließlich was?), werden die Eingesessenen eben »Abhängige« – in allerlei Varianten und Bezeichnungen.*

Aus dem Feudalismus mit seinem »Eigentum interruptus« wird im Laufe der Jahrhunderte doch langsam wieder »richtiges« Eigentum, was aber hier nicht interessiert, da das dann genauso ist, wie immer. Entscheidend ist am Feudalismus, daß er *den freien Lohnarbeiter* hervorbringt. Dies geschieht ab dem 13./14. Jahrhundert, erst in Oberitalien und in England und dann bis zum 19. Jahrhundert in ganz Europa, als die Dienstpflichtigen auf dem Lande in den sogenannten »Bauernbefreiungen« ihre »Lasten« ablegen dürfen. Der Staat zahlt den Grundherren eine Entschädigung.

Der »befreite« Bauer ist zwar frei, aber das war's dann auch, vor allem in der frühen Zeit. Damals, in den sogenannten »Bauernkriegen« schufen sich die Leute vom Lande zwar ihre Dienstverpflichtungen vom Hals, aber sie hatten noch immer *kein Land,* um als normale Eigentümer durchzuwursteln.

Da auf der anderen Seite nun der bauernlose, aber landhabende Feudalherr sitzt: Was tun?

Man muß sich arrangieren: *es kommt zum Arbeitsvertrag.* Der freie Lohnarbeiter entsteht. Frei, weil er jederzeit zu einem anderen Grundherren gehen

* »Hörige«, »Hintersassen«, »Leibeigene«, die alle die verschiedensten »Dienste« zu leisten hatten. Allein in Altdeutschland gibt es fünf verschiedene Typen dieses Feudalismus (»Grundherrschaft«). Daneben bleiben auch viele »freie« Bauern (Normal-Eigentümer) übrig, was wir aber weglassen können.

kann – was im Feudalismus verboten war. Und schon haben wir *die bis heute gültige Kombination von Arbeitgeber und Arbeitnehmer: der eine hat das »Kapital« (ursprünglich nur Land), der andere hat seine Arbeitskraft.*

Dieses System wird »Kapitalismus« genannt, was dem Kapitalismus allerdings Unrecht tut, weil es ihn *einschränkt.* Denn kapitalistisch ist auch ein System, in dem *ausschließlich Eigentümer* auf ihrem Eigentum (= Kapital) wirtschaften. Und Kapitalismus ist auch ein System, in dem *pleite gegangene Eigentümer* versklavt werden, weil der Gläubiger sonst nicht mehr an sein Ausgeliehenes kommt.

Im Lohnarbeiter-Kapitalismus liegt eine ähnliche *Dynamik* wie im Schuldsklaven-Kapitalismus. Dies zeigt auch sehr schön der Vergleich von Rom und England: von hoffnungsloser Ausgangsbasis aus (Rom war im Altertum ein Sumpf, England im Mittelalter eine randab liegende Insel) *erobern beide die Welt.*

Den Lohnarbeiter-Kapitalismus treibt ebenfalls eine Rakete, auf der steht *SCHULDEN.* Und wie im Altertum ist es in der Neuzeit natürlich der Eigentümer, der vorantreibt, weil er allein Schulden machen kann – mit seinem *Eigentum als Sicherheit.*

Der Kapitalist des Lohnarbeiter-Kapitalismus kann seit Julius Caesar nicht mehr vollständig kaputt gemacht werden, aber immerhin: Schuldturm, vollständiger Vermögensverlust und Exitus beim sozialen Renommee sind auch wenig verlockend. Sie spornen vielmehr an.

Die größten Kapitalismus-Fans? Marx und Engels!

Was der moderne Kapitalismus aufgrund des eingebauten Schuldendrucks zu leisten imstande ist, haben ausgerechnet jene zwei am vortrefflichsten geschildert, die seine erbittertsten Feinde waren: Karl Marx und Friedrich Engels. In den höchsten Tönen beschrieben sie das System, das sie abschaffen wollen – und das ausgerechnet im »Kommunistischen Manifest«:

> »Erst sie (die »Bourgeoisie« = bürgerliche Gesellschaft, für Marx & Engels das Wort für Kapitalismus) hat bewiesen, *was die Tätigkeit der Menschen zustande bringen kann.* Sie hat ganz andere *Wunderwerke* vollbracht als ägyptische Pyramiden, römische Wasserleitungen und gotische Kathedralen, sie hat ganz andere Züge ausgeführt als Völkerwanderungen und Kreuzzüge.
> Die Bourgeoisie hat durch die Exploitation des Weltmarkts die Produktion und Konsumtion aller Länder *kosmopolitisch gestaltet.* Sie hat zum großen Bedauern der Reaktionäre den nationalen Boden der Industrie unter den Füßen weggezogen.
> Die *geistigen Erzeugnisse* der einzelnen Nationen werden Gemeingut. Die nationale Einseitigkeit und Beschränktheit wird mehr und mehr unmöglich, und aus den vielen nationalen und lokalen Literaturen bildet sich eine *Weltliteratur.*
> Die Bourgeoisie reißt durch die *rasche Verbesserung* aller Produktions-Instrumente, durch die *unendlich erleichterten Kommunikationen* alle, auch die barbarischsten Nationen in die Zivilisation. Die *wohlfeilen Preise* ihrer Waren sind die schwere Artillerie, mit der sie alle chinesischen Mauern in den Grund schießt.

Die Bourgeoisie hat ... enorme Städte geschaffen, sie hat die Zahl der städtischen Bevölkerung gegenüber der ländlichen in hohem Grade *vermehrt,* und so einen bedeutenden Teil der Bevölkerung dem Idiotismus des Landlebens entrissen.
Die Bourgeoisie hat in ihrer kaum hundertjährigen Klassenherrschaft *massenhaftere und kolossalere Produktionskräfte* geschaffen als alle vergangenen Generationen zusammen. Unterjochung der Naturkräfte, Maschinerie, Anwendung der Chemie auf Industrie und Ackerbau, Dampfschiffahrt, Eisenbahnen, elektrische Telegraphen, Urbarmachung ganzer Weltteile, Schiffbarmachung der Flüsse, *ganze aus dem Boden gestampfte Bevölkerungen* – welch früheres Jahrhundert ahnte, daß *solche Produktionskräfte* im Schoß der gesellschaftlichen Arbeit schlummerten.«

Einsame Spitze, diese Bourgeoise! Dieser Kapitalismus! Wunderwerke, Zivilisation, Kosmopolitismus, Fortschritt, Modernität, biligere Waren, Bildung, das größte Wirtschaftswachstum aller Zeiten!
Kann es ein großartigeres Wirtschaftssystem geben? Hat es je **größere Fans des Kapitalismus** gegeben als **Karl Marx** und **Friedrich Engels?** Denn diese Sätze sind tatsächlich original aus dem »Kommunistischen Manifest«, das im Frühjahr 1848 in London erschien. Man muß sich wirklich wundern, warum Marx & Engels nach diesem Hohelied auf die freie Wirtschaft überhaupt noch weitergeschrieben haben. Mit solchen Hymnen würde Marx heute sofort eine Stelle als Geschäftsführer beim Bundesverband der Deutschen Industrie finden.
Und es ist absolut rätselhaft, wieso Leute, die den

Kapitalismus derart treffend beschreiben, ihm im gleichen Atemzug die *Vernichtung* durch Revolution bzw. den »historisch zwangsläufigen« Untergang prophezeien – in Krisen und Zusammenbrüchen sondergleichen. Wieso soll nach einem solchen Triumph auf einmal Schluß sein? Und wenn Schluß sein muß, wieso hat es denn überhaupt so bombig angefangen?*

Dieser rätselhafte Widerspruch bei Marx & Engels – den Kapitalismus zum einen als das Höchste, dann wieder als dem absoluten Untergang geweiht vorzustellen – ist also zu erklären: Marx & Engels haben nicht kapiert, was Eigentum bedeutet, was ist, wenn der Zins aufs Eigentum trifft, wieso in einer Eigentümergesellschaft gearbeitet werden muß, und daß *Wachstum,* dieser Sturmlauf der Produktionskräfte, *nichts anderes ist als der Zwang, unter dem der Schuldner steht,* der – um seinen Untergang zu vermeiden – *mehr zurückzahlen muß, als er bekommen hat.*

Marx & Engels waren sehr sprachstark, was unvoreingenommene Leser schon mal per se begeistert. Sie hatten ein paar fixe Ideen, was auch gut ist, weil man sie sich gut merken kann. Außerdem hat vor al-

---

* Was Marx & Engels für den *Kapitalisten* vorschlagen, das tat Hitler mit den *Juden.* Für den Sozialisten sind die Kapitalisten erst die Größten, bauen eine Super-Welt auf, niemand kann ihnen das Wasser reichen. Für die Nazis sind die Juden erst die Größten, haben alles »Welt-Finanz-Kapital« in Händen, niemand kann sie stoppen. Aber dann? Was ist nach der Enteignung der Produzenten, der Streichung der Guthaben? Es beginnen Rassismus und Sippenhaft: »Kapitalisten«-Kinder dürfen in sozialistischen Staaten nicht studieren, »Juden«-Kinder müssen ins Gas.

lem Marx in großem Fleiß (sehr brav!) riesige Fakten-Sammlungen angelegt, mit deren Hilfe die Thesen bewiesen werden sollten.
Nur leider stimmt es überhaupt nicht. Was die beiden verzapfen, ist dort, wo es einleuchtet, halbes Zeug. Zum Kern der Dinge sind beide nicht vorgestoßen, weil es intellektuell halt nicht gereicht hat. Heute sagt man immer, »die Geschichte« oder die »historische Entwicklung« hätten die Thesen von Marx & Engels widerlegt. Das ist Unfug.
Die Theorien der beiden stimmte schon *von vorneherein nicht,* sie stimmte nie, 1848 nicht und auch nicht 1867 (als der erste Band des »Kapital« erschien) und nicht 1883, als Marx starb und 100 Jahre später nicht.
Die Widerlegung des »großartigen Gedankengebäudes«, wie der Marxismus heute in Ost und West immer noch bezeichnet wird, ist kinderleicht. Marx & Engels sind relativ kurz abzufertigen, wie wir jetzt sehen werden. *(Eltern, die linkslastige Kinder haben, sollten diese Widerlegung den jungen Marxismus-Fans zum Lesen geben; das reicht, um sie zu bekehren).*

Die Widerlegung von Marx & Engels in acht Punkten

1. Behauptung: Es gibt eine Klassengesellschaft, in der sich nur Kapitalisten X und Proletarier Y gegenüberstehen. Dabei gilt Y › X.

Falsch! Denn: a) Es gibt auch Menschen Z, die weder X sind, noch Y (Kleinkinder, Rentner, Makler, Händler, Hausbesitzer, Angehörige von Stämmen in Voreigentümer-Gesellschaften). b) Es gibt Menschen, für die gilt X = Y (Arbeiter, die Belegschafts- oder sonstige Aktien oder vermiet- oder verpachtbare Gewerbegrundstücke haben, arbeitende Hausbesitzer mit Einliegerwohnungen usw.) c) Es gibt Gesellschaften oder Gesellschaftsteile, in denen gilt X ‹ Y (die Landwirtschaft in der Bundesrepublik Deutschland, wo *mehr Bauern als bäuerliche Arbeiter* existieren; Knechte und Mägde gibt es auf dem Lande, wo es bäuerliche Kapitalisten = Landbesitzer zuhauf gibt, kaum noch; was ist mit dem Handwerker, der nur einen Gesellen hat?) Marx & Engels sind auf ihr »Neun-Zehntel-Syndrom« aus dem »Kommunistischen Manifest« fixiert. Die Eigentümer verhalten sich zu den wirklich Nicht-Eigentümern wie 1:9. Woher will Marx das wissen? Hat er alle Grundbücher eingesehen? Alle Börsenanzeiger gelesen? Die Steuererklärungen der Handwerker der ganzen Welt gesehen?

2. Behauptung: Nur der Proletarier *muß* arbeiten, muß seine Arbeitskraft anbieten, weil er ja nichts anderes hat.

Falsch: a) Mit dem Arbeitszwang des Arbeiters wird zugleich das »arbeitslose« Einkommen des Kapitalisten vorausgesetzt. Der Kapitalist muß zwar nicht *selber* arbeiten, aber er muß sein Kapital *einsetzen,* wenn er Einkommen erzielen will. *Nur* als Kapitalist kann er nicht leben. b) Wenn der Kapitalist sein Kapital nicht einsetzt, muß er es mit der eigenen Person bemannen: er muß auf seinem Land, in seiner Fabrik allein arbeiten. c) Gäbe es ein arbeitloses Einkommen *aus dem Kapital als solchem,* bräuchte kein Kapitalist jemals Arbeiter einstellen! d) Schließlich könnte der Kapitalist es sich ja noch einfacher machen und von seinem Kapital leben oder es verkaufen, *ohne* daß er Leute einstellt.

In Wahrheit gibt es also nicht nur einen *Zwang für den Proletarier,* sondern den gleichen *Zwang auch für den Kapitalisten.* Gerade Friedrich Engels, der Kapitalist war (Fabrikbesitzer!) wollte Zeit seines Lebens diesem Zwang entkommen, Kapitalist sein zu *müssen,* um überhaupt Geld zu verdienen (für sich und für seinen Freund, Karl Marx). Und als Engels endlich seine Firma los ist, jubelt er in seinem Brief an Marx vom 1. Juli 1869, daß der »Saumensch« (sein Compagnon Ermen) endlich seinen Anteil, sein Kapital gekauft habe: »Hurra! Heute ist's mit dem süßen Handel am Ende, und ich bin ein freier (!) Mann.«

Der Begriff »Freiheit« gilt für den Kapitalisten genauso, wie für den Arbeiter. Er besagt: Nicht mehr einsetzen (riskieren) bzw. arbeiten zu müssen. Und logischerweise lautete die Schlagzeile im SPD-Blatt »Vorwärts« am 9. November 1918, als die Revolution in Deutschland den Kaiser und die anderen Herrscher hinweggefegt hatte: »Die deutsche *Freiheits*bewegung«. Damit war nur vordergründig die »Befreiung« von der Regierung angesprochen (Kaiser), der übrigens sofort die nächste Regierung (Räte, SPD-Kanzler) folgte. In Wirklichkeit besagte »Freiheitsbewegung«: Aussicht auf *arbeitsloses Einkommen* – auch für die Proletarier.*

3. Behauptung: Nur die Proletarier sorgen für den Profit (»Ausbeutung«).

Falsch: Warum hat es denn jemals *Arbeitslose,* auch zu Zeiten von Marx & Engels gegeben? Der Proletarier, der nur über seine Arbeitskraft verfügt, muß entlohnt werden. Ob er überhaupt »ausgebeutet« (beschäftigt) werden kann, hängt einzig und allein von dem Lohn ab, den *er* fordert. *Der Arbeiter kann sich sofort von der Arbeit »befreien«, indem er zu hohe Löhne fordert.* Er geht dann zwar über kurz oder lang unter, der Kapitalist aber genauso, weil sein Kapital ohne Arbeiter vollständig wertlos ist und ihn nicht am Leben halten kann.

4. Behauptung: Die Zahl der Kapitalisten nimmt ständig ab (»Konzentrationsprozeß«).

Falsch: a) Kapitalisten vermehren sich genauso wie die Proletarier durch Kinderkriegen. Die Zahl der Kapitalisten (Eigentümer) ist in der Geschichte immer *gestiegen.* b) *Jederzeit können Nicht-Eigentümer*

---

* Auf die analoge Interpretation des Wortes »Freiheit« durch den Wiedertäufer-Fan Karasek habe ich oben hingewiesen (»Reich der Freiheit«). Haha!

(auch Proletarier!) zu Eigentümern werden: Sie müssen sich nur Geld leihen, um damit Eigentum zu erwerben. Die Zahl der Betriebsgründungen auf Kredit und/oder mit Hilfe von Erspartem hat in der kapitalistischen Geschichte immer zugenommen, auch zu Zeiten von Marx und Engels.

5. Behauptung: Es gibt keinen Übergang vom Proletarier zum Kapitalisten.

Falsch: Jeder Arbeiter kann sich bis heute selbständig machen, ein Gewerbeschein kostet nur 15 Mark. Er kann auch *ohne* Kapitaleinsatz, z. B. mit einem Dienstleistungsunternehmen, bei dem er zunächst nur *sich selbst* »beschäftigt«, Kapital bilden, dann einen zweiten Mann einstellen und so weiter. Gerade die größten Kapitalisten des 19. und 20. Jahrhunderts haben buchstäblich bei Null angefangen, von Krupp über Rockefeller bis Friedrich Flick.

6. Behauptung: Der Kapitalist kassiert den »Mehrwert«, den ihm der Arbeiter erwirtschaftet.

Falsch: Es gibt überhaupt keinen »Mehrwert«! Das hat niemand anderes als Marx selbst erkannt. Er schreibt im »Kapital«:

> »Der Mehrwert sei 100 Pfund Sterling. *Wie* kann nun die ganze Kapitalistenklasse beständig 600 Pfund Sterling aus der Zirkulation herausziehn, wenn sie beständig nur 500 Pfund Sterling hineinwirft?«

Sie kann es eben *nicht!* Wenn der Mehrwert tatsächlich jemals in die Zirkulation gelangen könnte, müßte ihn der Kapitalist *vorher* darin unterbringen. Wie macht er das? Durch **Schulden!** Er finanziert den Mehrwert »vor«. Und wenn der Mehrwert reinkommt, dann kann ihn der Kapitalist nicht behalten, sondern er muß das Geld fix an sich nehmen, und damit seine Schulden abbezahlen.
Denn: Hat der Kapitalist einmal »Mehrwert« entnommen, dann ist das nichts anderes als »Gewinnentnahme«, wobei völlig unsicher ist, ob der Gewinn durch die Absatzerfolge der Produkte des Kapitalisten später tatsächlich entsteht. *Ein »Mehrwert«, der sich nur aus der Produktion als solcher ergibt, eben dadurch, daß Arbeiter arbeiten, ist nicht vorstellbar.*
Auch das – die *Vorfinanzierung* des Gewinns, der anders nicht entstehen kann, als durch eine *Verschuldung* des Kapitalisten mit allen ihren Risiken und Unwägbarkeiten – hat Marx selbst klar erkannt. Am 31. März 1851 schreibt er an Engels:

> »Wie berechnen Kaufleute, fabricants usw. den Teil ihres Einkommens, den sie selbst verzehren? *Wird dieses Geld auch vom Banker geholt,* oder wie wird es damit gehalten?«

Oh, du ahnungsvoller Engel, du! »Auch vom Banker geholt«. Also ganz klar ein *Kredit! Wenn die Kaufleute ihren Profit ständig in der Kasse hätten,* müßte Marx, der nie in seinem Leben eine Bilanz oder eine Gewinn- oder Verlustrechnung gesehen hat, nicht so dumm fragen.

Engels gibt dem Freund dazu eine Lektion in doppelter Buchführung:

> »Der Kaufmann als Firma heißt *Kapitalkonto,* resp. Gewinn- und Verlustkonto. Der Kaufmann als Fresser, Säufer, Wohner und Kindermacher heißt *Haushaltungsunkostenkonto.* Kapitalkonto *debitiert* (!) also dem Haushaltungsunkostenkonto jeden Centime, der aus der kommerziellen in die Privattasche wandert, und da das Haushaltungsunkostenkonto nur ein *Debet* (!), aber kein Kredit hat, also einer der schlechtesten *Schuldner* (!) der Firma ist, so ist am Ende des Jahres die ganze *Debetsumme* vom Haushaltungskostenkonto *purer Verlust* und wird vom Profit abgeschrieben ...«

Mit diesem kleinen Absatz hat Engels den ganzen Marxismus widerlegt. Wenn der Kapitalist tatsächlich den Mehrwert für sich verwendet, also sein »arbeitsloses Einkommen« genießt, dann ist das »purer Verlust und wird vom Profit abgeschrieben«!

7. Behauptung: Das »Kapital« gehört dem Kapitalisten.

Falsch: a) Kapital »als solches«, sozusagen als eine *Bestandsgröße,* die ständig für Mehrwert sorgt, gibt es *nicht.* Das Kapital in Form von Fabriken und Maschinen, mit deren »Hilfe« der Arbeiter ausgebeutet wird, steht auf der Aktivseite der Bilanz als »Anlagevermögen«. Die Passivseite der Bilanz gibt Auskunft darüber, wie das Kapital (= Vermögen) finanziert wurde. Jeder kapitalistische Betrieb hat nämlich

Schulden – gegenüber dem Eigentümer (Eigenkapital) oder gegenüber sonstigen Financiers, z. B. Banken (Kredite).* Wer, wie Marx, nie eine Bilanz gesehen hat, kann das nicht begreifen. b) Vermögen »als solches«, gibt es nicht. Denn die schönste Fabrik, die modernsten Maschinen – alles vollständig *wertlos,* wenn es niemand gibt, der die Produkte, die mit Hilfe dieser Maschinen aus dieser Fabrik kommen, auch **kauft.** Ob jemand kauft, ist ausschließlich davon abhängig, daß die Kaufkraft, die während des Produktionsprozesses gebildet wird (Kosten, Löhne), auch wieder in den Betrieb zurückfließt. Wenn die Konsumenten die Produkte, die mit Hilfe des berühmten »Kapitals« (hier: Vermögens) produziert werden, nicht abnehmen, ist Feierabend. Statt Vermögen hat der Unternehmer Schrott.

Marx & Engels haben sich gedacht, Kapital und/oder Vermögen gäbe es schon **vor** Aufnahme der Produktion und vor der »Ausbeutung« der Arbeiter. Aber sie existieren immer erst **nach** der Produktion/Ausbeutung – und nur dann, wenn die Produkte auch Absatz finden.

Stellen wir uns einmal einen extremen Schinder als Unternehmer vor. Er zahlt Hungerlöhne, läßt Kinder und Frauen 20 Stunden lang am Tag schuften. Laufend verrecken ausgemergelte Gestalten am Fließband. Das grauenvollste kapitalistische Gruselstück aller Zeiten ist ein Paradies gegen diesen Laden.

* Daß selbst das Erst-Eigentum – die »kostenlose« Landnahme nicht »schuldenfrei« war, haben wir oben – zum Thema »Opferung« gesehen.

Die Fabrik produziert Tag und Nacht, und endlich sind die Produkte fertig. Von den Flüchen der Entrechteten begleitet, verlassen die Waren den Ort der Produktion, in dem immer wieder die Schreie der Ausgemergelten den Maschinenlärm übertönen.
Aber dann kauft kein Mensch die Produkte. Der Kapitalist, der Menschenschinder ist pleite. Er erhängt sich mit der Telefonschnur. Umsatz: Null. Profit und Mehrwert: Null. Frage: Sind die armen Arbeiter eigentlich ausgebeutet worden oder nicht?
Und wenn ja: Wer sollte wohl der Ausbeuter sein? Der Unternehmer ist es nicht, denn der hat keine müde Mark gemacht. Und die Konsumenten sind es nicht. Denn die haben die Produkte nicht gewollt. Die Banken waren es nicht. Denn die haben ihre gesamten Kredite verloren. Der Staat war es nicht. Denn er kann von der Pleitefirma keine rückständigen Steuern mehr eintreiben.
Ei, wo steckt er denn bloß, der Ausbeuter?

8. Behauptung: Der Kapitalismus bricht zusammen, weil die Profite auf Dauer sinken müssen.

Falsch: a) Marx hat den Vorgang der »Investition« nicht begriffen. Er stellt sich das so vor: Die Kapitalisten haben ein *ursprüngliches* Kapital (ohne einen Gegenposten in der Bilanz!), mit dessen Hilfe sie die Proletarier zwingen können, zu arbeiten. Was die Arbeiter schaffen (der Kapitalist streicht abends immer nur die Kasse ein), das wird – nach Abzug der Löhne und variablen Kosten – *wieder zum Kapital* *geschlagen,* das dadurch immer gewaltiger wird. »Eigentlich« würden diese Kapitalansammlungen *den Arbeitern gehören,* denn sie haben als einzige gearbeitet (der Kapitalist trinkt derweil Champagner), und wenn der Unternehmer das neu gebildete Kapital dem Alt-Kapital so einfach zuschlagen kann, dann nur, weil er schon das *Alt-Kapital* besaß und damit die Macht, alle *Neukapital-Bildung* ebenfalls an sich zu ziehen. Dieses Modell ist nicht nur aus den bereits vorher widerlegten Annahmen heraus falsch. Er setzt auch einen Kapitalismus voraus, der in Wirklichkeit keiner ist, bzw. der nicht denkbar existieren kann.

Um sich das von den Arbeitern geschaffene Kapital in der von Marx angenommenen Form aneignen zu können, *müßten alle Kapitalisten gleichermaßen schuldenfrei sein.* Nur wer keine Schulden hat, kann den Gewinn (»Mehrwert«) voll und ganz zum Eigenkapital schlagen. Er muß dann nie etwas seinen Gläubigern abgeben, weder den Banken noch sonst irgendwelchen Leuten, die ihm Geld für sein Geschäft vorgestreckt haben.

Auch müßten diese Marxschen Kapitalisten Geistwesen sein. Denn sie dürfen nie Gewinne (Mehrwert) »entnehmen«, *sie dürfen nicht essen, nicht trinken, nicht wohnen.* Marx verwechselt den Kapitalisten mit einem körperlosen Engel, was zwar sehr hübsch ist, was aber die Wirklichkeit nicht trifft.

Sobald Marx den Kapitalisten konzedieren würde, daß sie etwas vom Gewinn entnehmen, um zu leben, *dürfen sie alle nur jeder gleichviel entnehmen.* Wobei sich alle Kapitalisten nach *dem* Kapitalisten richten

müßten, *der am wenigsten entnimmt!* Sonst würde doch der Kapitalist mit großem persönlichen Aufwand sehr schnell ins Hintertreffen geraten, weil die knausrigeren Kapitalisten mehr Kapital anhäufen und damit die üppigen Kapitalisten alsbald auskonkurrieren, die dann aufgrund ihres relativen Eigenkapitalmangels über kurz oder lang pleite machen.
Es bleiben also nur jene Kapitalisten übrig, *die nur das allernotwendigste zum Leben aus der Firma ziehen,* das heißt jene Kapitalisten, *die genauso armselig leben, wie ihre Arbeiter,* die nur deshalb am Leben geblieben sind, weil sie gerade noch am Leben bleiben konnten. Der Kapitalist, den Marx voraussetzt, ist dann genau so ein armes Schwein wie sein ausgebeuteter Arbeiter. Wozu dann also die ganze Aufregung?
Das »Eigentum« am »Kapital« und die daraus resultierende »Verfügungsgewalt« über Maschinen und/oder Menschen sind völlig witzlos. Denn sobald das Kapital nicht mehr existiert, weil es – aufgrund üppigen Lebens des Kapitalisten – untergegangen ist, hat der Kapitalist ja genausowenig von seinem Kapital, wie der Arbeiter vom Kapitalisten und dessen Kapital.
b) Tatsächlich aber sind Kapitalisten *ohne Schulden* die große Ausnahme und immer nur *vorübergehend denkbar.* Schon um die Produktion mit Hilfe des Kapitals aufzunehmen, muß der Kapitalist Schulden machen. *Denn er muß ja das Geld für die Löhne bezahlen – lange bevor die Produkte fertig sind und sie ihm vom Markt abgenommen werden, er also seine Verschuldung abdecken kann.*

Wenn **alle** Kapitalisten **keine** Schulden machen, kommt der kapitalistische Prozeß überhaupt nicht in die Gänge. Denn woher, wenn nicht aus – durch die Verschuldung der Kapitalisten entstandenen – Lohn- und Kostenzahlungen, soll wohl die **Kaufkraft** stammen, die der Kapitalist braucht, um überhaupt etwas abzusetzen?
Wenn der Kapitalist die Kaufkraft hat, um zu leben, braucht er sein Kapital nicht einzusetzen und mit Arbeitern zu bemannen. Wenn die Arbeiter die Kaufkraft haben, um zu leben, müssen sie nicht in die Fabrik. Marx konnte nicht begreifen, daß Waren **und** Kaufkraft, diese Waren zu erwerben, immer **gleichzeitig** entstehen. Und daß diese Kaufkraft immer eine **Verschuldung** des Kapitalisten voraussetzt, weil der als einziger mit seinem Kapital die Sicherheit bieten kann, damit ihm sein »Zahlungsversprechen« (= Schuldenmacherei) auch abgenommen wird.
In der Geschichte ist es inzwischen sogar ganz anders gekommen: Da die Kapitalisten *kaum noch Eigenkapital* bilden können, ist auch ihre *Verschuldungsgrenze* erreicht. Heute gilt das »Kapital« nur noch als zweitrangige Sicherheit. Viel lieber und schneller geben Banken Kredit, wenn *ein Arbeiter* zu ihnen kommt, sein Konto zwanglos überzieht oder in Minutenschnelle einen Raten- oder Verbraucherkredit bis zu 50000 Mark bekommt. Wie hätte Marx wohl dieses Phänomen gedeutet, daß der Kapitalist bei der Bank abgewimmelt wird, daß aber seine Arbeiter ohne jedes Problem Kredite bekommen, die insgesamt viel höher sind als der Kreditrahmen, über den der arme Kapitalist noch verfügen darf?

Wie eh und je ist der Zusammenbruch eines Unternehmens nicht eine Folge sinkender »Profitraten«, wie Marx fabuliert. Sondern Folge *nicht mehr vorhandener Liquidität.* Liquidität zu haben, setzt aber die Möglichkeit der Verschuldung voraus. Wenn *Überschuldung* vorliegt, brechen Kapitalisten zusammen, nicht wenn sie ihre Mehrwert-Gewinne thesaurieren und auf der Passivseite nur noch akkumuliertes Eigenkapital zu bilanzieren haben.

Geld, Schulden, Wachstum
oder:
Warum Währungsreformen immer wieder kommen und wie uns der Monetarismus vollends ruiniert

»Bitte denkt daran: Was für mich ein Kredit ist, sind für euch Schulden.

Eure wichtigste Aufgabe ist: Schulden bezahlen, Schulden bezahlen und noch einmal Schulden bezahlen!«

Hugo Stinnes auf dem Totenbett
zu seinen Söhne

»Geld« gibt es schon mal gar nicht!

Selbstredend gibt es »Geld«, werden Sie sagen. Denn wir reden doch jeden Tag davon.
Nur leider ist das ein Irrtum. »Geld« gibt es nicht, und hat es auch noch nie gegeben.
Greifen Sie in Ihre Brieftasche, in Ihr Portemonnaie! Da finden Sie Scheine und Münzen. Und was steht drauf? Lauter schöne Worte, wie »Banknote«, wie »Mark«, wie »Bundesbank«, ja sogar »Bundesrepublik Deutschland« und »Einigkeit und Recht und Freiheit«. *Von Geld ist auf unserem »Geld« nichts zu sehen.* Auch die »Euroschecks«, mit denen Sie »bezahlen«, enthalten allerlei Gedrucktes, nur keinen Sterbens-Hinweis auf das, was wir unter »Geld« verstehen.
Oder blicken wir in unser Grundgesetz. Das ist ja wohl buchstäblich der »Grund« des Ganzen, von Volk, Staat, Regierung und so weiter. Auch im Grundgesetz suchen wir vergeblich nach dem Wörtchen »Geld«. Nur in Artikel 73 heißt es:

> »Der Bund hat die ausschließliche Gesetzgebung über: ...
> 4. das Währungs-, Geld- und Münzwesen ...«

Das »Geldwesen« ist aber bekanntlich kein »Geld«. Und dann schauen wir in die aus dieser Gesetzgebungs-Kompetenz des Bundes abgeleiteten Gesetze. Sie sind in der Gesetzessammlung der Bundesrepublik Deutschland zusammgengefaßt unter der Abteilung »Geld-, Bank- und Börsenwesen«. Insgesamt 64 (!) »Gesetze« und »Verordnungen« sind darunter aufgelistet. Und man möchte doch eigentlich anneh-

men, daß in einem so ausführlichen Gesetzes-Werk über das »Geldwesen«, das »Bankwesen« und das »Börsenwesen« wenigstens *an irgendeiner Stelle* das Wort »Geld« erscheint. Pustekuchen!
In keinem einzigen deutschen Gesetz, in keiner einzigen staatlichen Verordnung zum Thema »Geld-, Bank- und Börsenwesen« erscheint auch nur ein einziges Mal das Wörtchen, das wir jeden Tag auf den Lippen und im Herzen tragen. Das Wörtchen GELD.
Nehmen Sie gleich das erste Gesetz, das uns die Währungsreform gebracht hat. Es heißt »Erstes Gesetz zur Neuordnung des Geldwesens« (!) und dieses »Währungsgesetz« (!) trat am Tag der Währungsreform in Kraft, am 20. Juni 1948. Der § 1 lautet:

> »Mit Wirkung vom 21. Juni 1948 gilt die Deutsche-Mark-Währung. Ihre *Rechnungseinheit* bildet die *Deutsche Mark,* die in hunderte Deutsche Pfennig eingeteilt ist. Alleinige *gesetzliche Zahlungsmittel* sind vom 21. Juni 1948 an die auf Deutsche Mark oder Pfennig lautenden *Noten,* die von der Bank deutscher Länder (jetzt: Deutsche Bundesbank) ausgegeben werden.«

Schon das grundlegende Gesetz über das deutsche Geldwesen gibt uns keinerlei Antwort auf die Frage, was denn das sein könnte: GELD. Da ist nur die Rede von »Währung«, »Mark«, »Noten« und auch von »Recheneinheit« und »gesetzlichen Zahlungsmitteln«. Kommen Sie jetzt bitte nicht mit dem Einwand, diese gesetzlichen Zahlungsmittel, das sei doch das »Geld«. Denn wenn dem so wäre – warum steht es nicht im Gesetz?
Im Währungsgesetz ist – ähnlich wie in allen anderen

Gesetzen in Sachen »Geldwesen« – von »Geld« nur in allerlei hübschen Wortzusammensetzungen die Rede. Da ist die Rede von »Altgeld«, von »Geldinstituten«, von »Geldschulden«. Aber das war's dann auch.
Auch in den beiden Gesetzen, die im einzelnen regeln, was es mit dem auf sich hat, was wir im Alltags-Sprachgebrauch als »Geld« bezeichnen, nämlich *Banknoten* und *Münzen,* erscheint nirgendwo das Wörtchen »Geld«. Nur GELD, schlicht und einfach, ohne Zusatz und gar nichts.
Im Gesetz über die Deutsche Bundesbank lesen wir unter dem Abschnitt »Währungspolitische Befugnisse«:

> »§ 14 Notenausgabe. – Die Deutsche Bundesbank hat das ausschließliche Recht, Banknoten im Geltungsbereich dieses Gesetzes auszugeben. Ihre Noten lauten auf Deutsche Mark. Sie sind das einzige unbeschränkte gesetzliche Zahlungsmittel ...«

Das gleiche Lied. »Banknoten« (»Noten«) oder »gesetzliche Zahlungsmittel«. Aber »Geld« – wo bist Du? Was würde geschehen, wenn wir uns eine Druckerei kauften und dort »Geldscheine« herstellen, auf denen nur steht »Deutsches Geld«? Gar nichts könnte der Staat mit uns machen. Denn wir drucken ja nur »Geld«, aber keine »Banknoten«, keine »D-Mark« und auch keine »gesetzlichen Zahlungsmittel«.
Auch das Gesetz über die Ausprägung von Scheidemünzen spricht in keiner Zeile von »Geld«:

> »Als Bundesmünzen sollen Scheidemünzen über 1, 2, 5, 10

> und 50 Deutsche Pfennig (Pf) sowie über 1, 2 und 5 Deutsche Mark (DM) ausgeprägt werden. Die auszuprägenden Scheidemünzen sind … gesetzliche Zahlungsmittel.«

Wer also behauptet, unsere umlaufenden Zehnerl oder Heiermänner seien »Geld«, der irrt sich. Denn wenn sie Geld wären, würden sie gesetzlich so bezeichnet sein, nicht wahr?

Nur in einem einzigen Gesetz der Bundesrepublik Deutschland erscheint das Wort GELD, aber auch nur beinahe. Im Gesetz über das Kreditwesen lesen wir:

> »Kreditinstitute sind Unternehmen, die Bankgeschäfte betreiben, wenn der Umfang dieser Geschäfte einen in kaufmännischer Weise eingerichteten Geschäftsbetrieb erfordert. Bankgeschäfte sind 1. die Annahme fremder Gelder als Einlagen ohne Rücksicht darauf, ob Zinsen vergütet werden …«

Von »Geldern« ist die Rede, das kommt dem »Geld« sprachlich wenigstens in etwa *nahe.* Denn »Gelder« hängt wohl irgendwie mit »Geld« zusammen. Aber eben nur irgendwie, und das heißt: sprachlich. Und eben nicht begrifflich. Denn wenn der Gesetzgeber es gewollt hätte, wäre es doch ein leichtes gewesen, statt »fremder Gelder« den Begriff »fremdes Geld« in das Gesetz einzuführen. Aber er hat es eben nicht getan.

Achtung, Generalstreik!
Oder: No Workey, no Money!

Was es mit unserem Gelde auf sich hat, erfahren wir am schnellsten, indem wir uns vorstellen: Ab sofort wird *nicht gearbeitet.* Denken wir doch einfach mal, die Gewerkschaften rufen in allen Industriebetrieben einen Generalstreik aus, weil sie die 35-Stunden-Woche haben wollen.

Auf jeden Fall läuft eines weiter, auch wenn nicht mehr gearbeitet wird: *Verpflichtungen.* Generalstreik bedeutet nur Arbeitsniederlegung, nicht auch Beendigung bestehender Schuldverhältnisse. Die werden so nach und nach nämlich alle fällig.

Die Banken rufen also die Unternehmer an und sagen: Herrschaften, eure Wechsel! Die Chefs holen alles aus der Kasse, was noch vorhanden und machen laufend Ausverkauf, um noch Bares reinzuholen. Wechselprotest hin, Prolongationen her: in spätestens einem halben Jahr sind alle Wechsel gezahlt, und das heißt konkret: mit Guthaben bei den Banken bzw. mit Bargeld dort zurückgezahlt.

Aber die Banken hatten die meisten Wechsel gar nicht mehr selbst, sondern sie hatten sie »re-diskontiert«, das heißt *bei der Deutschen Bundesbank eingereicht,* die auf Landeszentralbank-Konten entsprechende Gutschriften gegeben hat, bzw. Bares herausrückte, wenn die Banken (bzw. deren Kunden) das so wünschten. Insgesamt 40000 deutsche Unternehmen sind »bundesbankfähig«: ihre Wechsel nimmt die Notenbank auf und schreibt abzüglich des »Diskontsatzes« entsprechend gut.

Neue Wechsel können nicht ausgeschrieben werden, weil ja ohne Arbeit auch keine Güter produziert bzw. Waren bewegt werden. *Die Wechsel sind also alle weg und unser »Geld« ist um genau den Betrag weniger geworden.*

Da weiterhin nicht gearbeitet wird, müssen die Deutschen, um wenigstens was zum Essen kaufen zu können, sich ans *Ausland* wenden. Wir selbst exportieren nichts mehr (Generalstreik!), aber importieren, das geht noch. Jeder muß halt persönlich zur Grenze fahren, notfalls mit dem Fahrrad, und Butter, Brot und Würstchen kaufen. Unsere Nachbarn nehmen selbstredend nicht mehr D-Mark in Zahlung, weil sie selbst nichts mehr damit anfangen können (in Deutschland wird ja nichts mehr produziert). Wir müssen also, um zu überleben, unser Geld in Franken, Franc, Kronen, Gulden oder Schillinge tauschen. Oder auch in Dollar, Pfund und sogar Drachmen. Denn alle diese Währungen haben untereinander nach wie vor Kurs.

Alle nehmen also alles Bargeld, um in der Fremde einzukaufen. Und die erforderlichen ausländischen Sorten kaufen sie natürlich dort, wo es noch ausländisches Geld gibt: bei den Banken, die es ihrerseits von der Bundesbank holen. Denn die Bundesbank hat bekanntlich ihre großen *»Devisen-Reserven«* – Guthaben in aller Welt, die wir nun unsererseits dringend brauchen.

Über kurz oder lang ist auch das *restliche Bargeld,* das nicht schon über die Wechselrückzahlungen benötigt wurde, *aus dem Umlauf verschwunden.* Wir haben es ausgegeben, aber nicht im Inland, dann wäre es ja noch irgendwie im Lande, sondern im *Ausland* und das heißt konkret: wir haben es der Bundesbank gegeben, und uns dort ausländisches Geld besorgt. Wie bei der Rückzahlung der Wechsel ist das Deutsche Bargeld also dort zurückgelangt, wo es herkam: bei der Notenbank.

Alle letzten Reste des umlaufenden Bargeldes in Deutschland verschwinden ebenfalls. Das Bargeld, das in den Banken lag. Denn die Banken mußten ihrerseits den Kunden ihre Guthaben auszahlen (in Form von Bargeld, das – siehe oben – bei der Bundesbank landet) oder sie holten sich die Devisen der Bundesbank direkt, letztlich auch gegen Bargeld, mit dem sie zu den Landeszentralbanken marschierten, um dort die vom Volk gewünschten Devisen abzuholen.*

Auch dieser Kauf im Ausland wird höchstens ein halbes Jahr lang dauern, dann ist absolut Feierabend. Das ganze Bargeld, das einst in der Bundesrepublik Deutschland umgelaufen ist, alle Banknoten und alle Münzen, sind dort gelandet, wo sie ursprünglich einmal hergekommen sind: bei der Deutschen Bundesbank. *Es gibt keinerlei Banknoten mehr, weil es keine Guthaben mehr gibt.* Und weil es die nicht mehr gibt, existieren auch keine Banken mehr. Denn worauf sollten die denn noch Kredite geben? Und ohne Kredite auch keine Konten und ohne Konten keine Schecks und ähnliche »Zahlungsmittel« mehr.

---

* Die Existenz des »Staates« als am Wirtschaftgeschehen teilnehmende Kraft, die erst recht jede Menge Bargeld braucht, ändert prinzipell nichts am Ergebnis, wir lassen den Staat also weg.

So hätte denn ein Generalstreik ein höchst verblüffendes Ergebnis: er würde über kurz oder lang sämtliches Geld aus unserem Leben vertreiben. Oder anders gesagt: **Wo nicht (oder nicht mehr) gearbeitet wird, kann es auch kein Geld (mehr) geben.** Oder: Geld entsteht nur, wo und wenn gearbeitet wird.
Geld ist nämlich nichts anderes als ein bei und gleichzeitig mit Arbeit entstehender Anspruch auf die Resultate dieser Arbeit – auf das, was so hochtrabend »Sozialprodukt« heißt. Ohne Arbeit also kein Geld. Oder wie es der Fürst von Thurn und Taxis seinem Besucher, dem Herzog von Edinburgh, dem Mann der Queen, gegenüber einmal ausdrückte, als dieser des Fürsten riesiges Schloß St. Emmeram in Regensburg besuchte und ihn fragte, wie er denn das finanzierte, da es doch größer sei als der Buckingham Palast: »Ganz einfach, Philip: *No workey, no money!«*
Geld entsteht nur beim Arbeiten. Geld ist ein Anspruch auf die Ergebnisse dieser Arbeit. Und da diese Ansprüche irgend jemand *erfüllen* muß, weil also letztlich jemand gezwungen ist, etwas herauszurükken, ist die Frage nach dem, was »Geld« denn sei, höchst schlicht:

GELD SIND SCHULDEN.

Wie wäre die Währungsreform 1948 wohl ohne »Kopfgeld« abgelaufen?

Der Staat ruiniert in regelmäßigen Abständen unser »Geld«, und dann gibt es eine *Währungsreform.* Eine Währungsreform bedeutet nichts anderes als

die *Währung* »reformieren«. Was nichts anderes heißen kann als: sie den geänderten Umständen anzupassen.
Die »geänderten« Umstände sind immer die gleichen: es gibt mehr Geld, als man sich Waren dafür kaufen kann. Die Geld-*»Ansprüche«* müsen also abgeschminckt werden. Dazu führt der Staat am besten »neues« Geld ein, womit er freilich gleichzeitig den Keim für die nächste Währungsreform setzt.
Denn der Staat fängt immer wieder damit an, das Geld zu monopolisieren. Im Grundgesetz steht ja: »Der Staat hat die *ausschließliche* Gesetzgebung über das Geldwesen.« Was das im Klartext heißt, weiß jeder: Der Staat behält sich das Recht vor, das Geldwesen so zu manipulieren, wie es ihm am besten paßt. Das beginnt beim Banknoten- und Münzenmonopol und endet in der offenen oder gestoppten Inflation mit anschließender Währungsreform. *Niemals wird es anders sein.*
Es sei, denn, es gäbe eines Tages *keine* Währungsreform!
Das alte Geld wären wertlose Papierfetzen, die niemand mehr haben will, und basta. Der Staat sagt: »Ich habe das mit dem Geld doch nie kapiert und immer falsch gemacht, und nun lasse ich es sein. Macht Euren Dreck alleene!«
Mit größter Freude, lieber Staat, werden ihm die Bürger zurufen, und sich sofort selbst helfen. Und endlich ein *ehrliches, stabiles und faires »Geldwesen«* schaffen. Und zwar innerhalb von ein paar Tagen.
Da das alte Geld völlig entwertet ist, und kein neues – vom Staat – in Aussicht gestellt wurde, es also auch

kein »Kopfgeld« (!) gibt, müssen sich die freien Bürger überlegen: Wie packen wir es an? Und das geht so:

- Jemand hat *Eigentum,* Produktionsmittel (»Kapital«). Dann wird er nicht die Hände in den Schoß legen und murmeln: Alles aus! Es gibt kein Geld mehr! Er wird sich »Geld« *besorgen.* Er wird seine Lieferanten mit Wechseln bezahlen, seine Arbeiter mit vordatierten Schecks, die nicht auf eine Bank gezogen sind, sondern auf ihn. Mit diesem Geld, das er sich selber schafft, wird er *»bezahlen«.* Und da er ja erstens Sicherheiten hat (Kapital) und zweitens auch noch produziert, wird das Leben sofort weitergehen. Mit Volldampf sogar, und mit Vollbeschäftigung!
- Jemand hat »nur« seine *Arbeit,* sein Produktionsmittel sind seine Hände. Aber die wird er auch nicht in die Hosentasche stecken und rufen: Sozialamt! Denn es gibt kein Geld mehr! Er wird sich gleichfalls »Geld« besorgen, er wird *anschreiben lassen, Schuldscheine ausstellen* und sofort an die Arbeit eilen. Denn mit dem, was er dort »verdient« (Naturalien, Unternehmer-Schuldscheine oder was immer es sei), kann er selbst »bezahlen« und seine *Schuld abtragen.*

Überall im Land wird sofort am Tage NULL *blitzartig neues Geld entstehen,* privates Geld. Es entsteht aus Vorfinanzierungen, aus Schulden. Und wenn ein erster das neue private Geld annimmt, der Kaufmann, der Lieferant, der Arbeiter, werden es bald *alle untereinander annehmen.* Es werden sich zuerst lokale, dann regionale, dann nationale »Geld-Umläufe« bilden. Jedes »Geld« ist so gut, wie der

Schuldner (Kapitalist, Arbeiter), der dahinter steht. Und bald wird es wieder *Banken* geben, die das Geschäft der Vereinheitlichung der zahlreichen Privatgelder übernehmen, und dann kursieren erst Bank-Schecks und dann schließlich *wieder Noten,* wie bisher. Aber nicht mehr monopolisierte Noten, sondern *freie!* Der Staat und seine zum Mißbrauch aufreizende Staats-Noten-Monopol-Bank haben endlich ausgespielt: »Geld« kann nie mehr künstlich vermehrt werden. Denn Geld kommt ab dem Tag *der* Währungsreform, die diesen Namen auch verdient, nur noch durch Produktion und/oder Arbeit in den Umlauf – und es verschwindet daraus in dem Moment, da der Produzent und/oder Arbeiter durch sein Produkt bzw. seine Arbeit seine Schulden tilgt. Eine richtige Währungsreform kann immer nur bedeuten, eine *unwiederholbare Währungsreform* und die kann nur bedeuten: Ausschaltung des Staates aus der Geld-Herstellung. Erst wenn ausschließlich privates Geld (aufgrund privater Schulden) im Umlauf ist, kann kein Mißverhältnis mehr aufkommen zwischen Waren und/oder Arbeit und der gleichzeitig entstandenen »Kaufkraft«.

Dann erst haben wir Stabilität, und die Inflation ist besiegt.

Die Mär vom »Tauschgeld« und anderes Wischiwaschi aus dem Hirn von Professoren

»Geld« als solches gibt es nicht. Wenn der »Staat« Geld in den Umlauf setzt, haben wir sofort Inflation, denn dem Geld stehen keine – gleichzeitig produzierten – Waren gegenüber. Richtiges »Geld« sind immer Schulden, die als »Geld« und gleichzeitig mit der Produktion entstehen und verschwinden, sobald produziert und das Produkt verkauft wurde.

Damit läßt sich auch sofort die Frage beantworten, wann denn Geld *historisch zum erstenmal entstanden ist.* Ganz einfach: als zum ersten Mal Schulden gemacht wurden. *Und* als der Gläubiger einen anderen Menschen fand, der ihm sein »Guthaben«, seinen Anspruch an einen Schuldner abgenommen hat. Damit war aus der zweiseitigen Schuldbeziehung eine »umlauffähige« Sache geworden. Das war eben »Geld« und es begann, wie man so schön sagt, zu »zirkulieren« (Zirkel = Kreis), also buchstäblich von einem zum anderen zu laufen, bis es dorthin wieder zurückkam, wo es einst entstand und auch wieder verschwindet, sobald der Schuldner geleistet hat.

Bücher über »Geld« gibt's massenhaft. Ich habe in meiner Bibliothek *mehr als 300 Schriften*, die sich mit dem Geld beschäftigen – fast sämtlich wertloses Altpapier, weil auf zehntausenden von bedruckten Seiten nur herumgestöpselt, aber nirgendwo konkret erklärt wird, was denn nun das Ding eigentlich ist, das wir »Geld« nennen.

Einige der klugen Autoren sind immerhin so ehrlich

und geben zu, daß sie keine Ahnung haben, wovon sie schreiben. Der Urvater der heute in der Bundesrepublik Deutschland als Staatsdoktrin gültigen Lehre von der »sozialen Marktwirtschaft«, Wilhelm Röpke, schreibt in seiner »Lehre von der Wirtschaft« 1937: »Niemand weiß, wie Geld zum erstenmal in der Menschheitsgeschichte entstanden ist«. Soso.

Ein Mann namens Clower sagt 1969 in seinem Sammelbuch »Monetary Theory«: »Die heute verfügbaren Theorien über Geld gehören zu den unfertigsten Bestandteilen der ökonomischen Analyse«. Ein Frank H. Hahn spricht 1979 von der »Schwierigkeit, wichtige Aussagen über Geld zu erzielen« (Artikel »Geldtheorie« im »Handwörterbuch der Mathematischen Wirtschaftswissenschaften«). Und im Buch »Monetary Theory« spricht ein Neizo Nagatani 1978 von der historischen nicht beantworteten Frage, »wie Geld in die Welt gekommen ist«. Ganz einfach, lieber Neizo: Wie Geld immer und überall in die Welt kommt und wie es immer und überall daraus verschwindet – als Schulden.*

Eine erste Ahnung von dem was »Geld« ist, hatte der englische Ökonom John Maynard Keynes. Das ist der Meister, dem wir auch den »Keynesianismus« verdanken, besser gesagt: die Politiker haben ihm zu

* Diese und weitere Zitate aus der schon mehrfach zitierten Dissertation des Bremer Professors *Gunnar Heinsohn* (Kolloquium am 8. Dezember 1982), die – wie auch die anderen Publikationen Heinsohns und seiner Freunde – die Wirtschaftswissenschaften *auf eine völlig neue Basis stellt*: »Privateigentum, Patriarchat und Geldwirtschaft. Eine sozialtheoretische Rekonstruktion der Antike.«

danken. Denn Keynes fordert *staatliches Schuldenmachen*, um die Wirtschaft »anzukurbeln«, womit er uns die Nummer eingebrockt hat, die weltweit gerade läuft: *der allgemeine Staatsbankrott.**

Dieser Keynes schreibt in seinem »Treatise on Money« im Jahre 1930:

> »Ein Geld in der Form von Rechnungseinheiten kommt *über das Schuldenmachen* in die Welt. Solche Schulden stellen Verträge über die Hinausschiebung von Zahlungen dar ... Seien sie nun mündlich oder schriftlich, auf Tontäfelchen oder Papier vereinbart ...«

Keynes ist ein bißchen befangen, weil er noch die Goldwährung erlebt, in der als »Geld« umlaufende Goldmünzen gelten; daher spricht er ausdrücklich von »Rechnungseinheiten«, was nur beweist, daß er dem lange grassierenden Kollektiv-Irrtum unterlag, Goldmünzen als *Geld* zu bezeichnen (wo sie doch nichts anderes sind als – Goldmünzen, was man sofort erkennen kann, wenn man eine in die Hand nimmt).

Und daß »Schulden Verträge über die Hinausschiebung von Zahlungen« sind – was sollten sie denn sonst sein? Ein Pferd ist ein Tier mit vier Beinen, weil das Pferd ein Vierbeiner ist.

Während Keynes also zumindest schon etwas ahnt, fallen andere Ökonomen, darunter so hochkarätige Naturen, wie der Sozialist John Kenneth Galbraith oder der Kapitalismus-Promotor Milton Friedman in

---

* Siehe mein Buch »Wann kommt der Staatsbankrott«, 6. Auflage 1983, Wirtschaftsverlag Langen-Müller-Herbig, München.

die primitivste denkbare Vorstellung vom »Geld« zurück: daß es ein *»Tauschmittel«* sei.
Friedman fragt, warum jemand danach strebe, »Geld zu halten« und antwortet:

> »Die grundlegende Ursache ist in der Funktion des Geldes als *Tauschmittel* oder als zeitwilliger *›Bleibe‹ der Kaufkraft* zu sehen ...«

Und der Meister Galbraith kommt noch plumper:

> »Geld ist ein Mittler in Tauschprozessen und deshalb ein *Tauschmittel*: es mißt im Tausch den Wert anderer Dinge und ist somit ein ›Wertmesser‹. Da es gehalten werden kann, ist es auch ein ›Wertaufbewahrungsmittel‹. Millionen von Studenten wurden mit diesen Kürzeln traktiert und sie sind auch ganz richtig.«

Sie sind natürlich ganz falsch. Was ist denn schon ein »Tauschmittel«? Ein deutscher Tausendmark-Schein kostet in der Herstellung um die 20 Pfennige. Jetzt gehen Sie mit zehn solcher Tausender in der Tasche zum Juwelier und »tauschen« Sie mit Ihrer »Ware« im Wert von zwei Mark eine Rolex, die zehntausend kostet. Da werden Sie doch ausgelacht. Der Juwelier »tauscht« Ihnen gern die Rolex, wenn Sie ihm einen lupenreinen Halbkaräter bringen. Mit Geld in der Hand sagen Sie aber nie: »Ich will das Geld jetzt in eine Rolex tauschen« (Geld gegen *Geld* »tauscht« man, deshalb heißt es auch »Umtausch« an der *Grenze).* Mit Geld in der Hand und Waren vor den Augen sagen Sie immer nur: **»Ich kaufe!«**
Kaufen ist etwas völlig anderes als tauschen. Tauschen ist immer und überall möglich, und Geld braucht man dazu schon gar nicht. Gunnar Heinsohn

macht sich in seiner großartigen Dissertation über die »außergewöhnliche Denkleistung« der Leute lustig, die einst in grauer Vorzeit das »Geld erfunden« haben und nennt die Gelderfindung einen »Geniestreich« eminenter Köpfe,

> »... die sich über Jahrtausende darüber den Kopf zerbrochen (haben), wie die rechnerisch komplizierte und transportmäßig unbequeme Tauscherei von Schweinen gegen Esel zu erleichtern sei.«

Man kann wirklich nur noch lachen! Wenn das Geld noch nicht erfunden worden wäre, würden Professoren mit so hohen Intelligenzquotienten wie Galbraith und Friedman es in diesen Tagen wieder erfinden. Denn es ist tatsächlich nicht so einfach, ein Fernsehgerät gegen Rindsfilet zu tauschen, zumal, wenn man die Relation beachtet: 1 Farbfernseher = 50 Kilo Filet. Den armen Menschen, die da alle vorm Fleischer mit ihrem Fernseher unterm Arm stehen – denen muß doch endlich geholfen werden.
Geld ist aber *weder*»Tauschmittel« *noch*»Wertmesser«. Sonst müßten auch die *Murmeln,* mit denen Kinder Mickey Mouse-Heftchen eintauschen, »Geld« sein und eine *Goldwaage* wäre Geld, denn sie mißt ja haargenau auf 10 Stellen hinter dem Komma den *»Wert«* des Goldes. Und daß Geld ein »Wertaufbewahrungsmittel« sein soll – so etwas kann nur einem Sozialisten wie Galbraith einfallen, der immer bestreiten wird, daß sozialistische Volksbeglükkungspolitik nichts als *Inflation* verursacht und insofern den »Wert«, der angeblich im »Geld« aufbewahrt werden soll, in schnellem Tempo gegen *Null*

gehen läßt. Ganz abgesehen von den »Werten«, die sich in jenem vielen Geld versteckt halten, das inzwischen selbst für einen Blinden vollständig »wertlos« geworden ist, die Mark des Kaisers, die Reichsmark Hitlers: Aber vielleicht kann uns der geniale Galbraith zeigen, was in diesem Altpapier noch alles an Werten aufbewahrt ist. Er ist ja über zwei Meter groß und sieht sicher mehr als wir.

Immer wieder muß alles Geld vollständig wertlos werden

Geld kommt immer nur in die Welt durchs Schuldenmachen. Wer Geld in Händen hält, hat eine Forderung. Er kann also etwas »kaufen«. Selbst wenn der Geldbesitzer nichts bekommt, weil alle Verkäufer unisono sagen: »Sie, gegen Geld geben wir nichts her.« Dann kann der Geldbesitzer sofort zu der Stelle gehen, die das Geld »in Umlauf« gesetzt hat und dort das zurückfordern, wogegen sein Geld ursprünglich ausgegeben wurde: Wechsel, Devisen, beliehene Wertpapiere. Und *damit* bezahlen.
Was ein Geldinhaber *letztlich* für seine Forderung bekommt, ist ungewiß. Da die Forderungen, die wir »Geld« bezeichnen und die zumeist in Form von »Bargeld« (Noten, Münzen) herumgereicht werden, ohne weiteres *vermehrt werden können* (»Inflation«), ist das normale Schicksal des Geldbesitzers, der nur lange genug auf seinem »Wertaufbewahrungsmittel« sitzt, daß er *überhaupt nichts mehr für sein »Geld« bekommt.*

Dieses Buch, das Sie jetzt lesen, haben Sie gekauft, um zu erfahren, wie das mit dem »Geld« nun weitergeht, wie das überhaupt mit diesen »Geldwertforderungen« oder mit dem »Geldwert« ist. Ob man sich dafür in Zukunft noch etwas kaufen kann. Und wenn ja, was und bei wem. Oder ob man sich von Geld oder Geldwertforderungen nicht lieber trennt. Ob man also in die »Sachwerte« steigen soll und wenn ja, in welche.

Viele von Ihnen werden es vielleicht schon instinktiv spüren, und ich kann es nur bestätigen und werde es auf den restlichen Seiten dieses Buches auch beweisen:

Alles Geld und alle Geldforderungen werden über kurz oder lang vollständig wertlos werden. Ganz einfach, weil sie vollständig wertlos werden müssen.

Geld ist nichts als ein *Gefühl.* Daß es nämlich auch entsprechend viele Waren gibt, die man sich dafür kaufen kann. Dieses Gefühl kann man *belügen,* indem man der Bevölkerung »Geld« unterschiebt, für die es eben *keine* Waren gibt. Die armen Waren geraten in die Minderheit, sie wehren sich dagegen, indem sie ständig ein neues Preisschild tragen, indem sie »teurer« werden.

Geldentstehung und Produktionsentstehung, Geldvermehrung und Produktionsvermehrung hängen in einer *freien* Wirtschaft stets zusammen. Der Unternehmer macht Schulden, er finanziert die Produktion **vor,** dann produziert er, und das von ihm geschaffene Geld nimmt dann die Produktion aus dem Markt.

Wenn und weil dies so ist, kann man natürlich auch

sagen: Sobald die *»Geldmenge steigt«,* muß daher über kurz oder lang auch die *Produktion steigen,* genauer gesagt: die meßbare Produktion, also der »Output« der Fabriken. Denn die Produktion steigt in dem Augenblick, da der Unternehmer *Schulden* aufgenommen und das sich daraus ergebende »Geld« als *Kosten* unter die Leute gebracht hat.
Die Beobachtung, daß *Veränderungen in der Geldmenge* über kurz oder lang *Veränderungen in der Produktion* (genauer: im Output) nach sich ziehen, ist ganz banal.

Auch der fleißige Milton Friedman hat nichts begriffen

Dennoch fehlte dieser Selbstverständlichkeit lange Zeit hindurch die statistische Basis. Und die hat der amerikanische Wirtschafts-Nobelpreisträger Milton Friedman geliefert, als er 1963 sein riesiges Buch über die amerikanische Geldgeschichte seit dem Bürgerkrieg veröffentlichte. Das war die Geburtsstunde des **Monetarismus,** der heute in den großen Industrienationen als Staatsdoktrin gilt.
Was Monetarismus besagt, faßt Milton Friedman in seinem »Newsweek«-Aufsatz im Juli 1982 noch einmal zusammen:

> »Veränderungen in der ... Geldmenge haben bedeutende Effekte, und zwar kurzfristig für Output und Beschäftigung; und langfristig auf die Preise.
> Einem schnelleren monetären Wachstum folgt üblicherweise nach drei bis neun Monaten eine wirtschaftliche Ex-

pansion; langsamerem Wachstum der Geldmenge folgt eine Kontraktion …
Schnelleres monetäres Wachstum führt üblicherweise zunächst zu sinkenden Zinsen. Nach einigen Monaten allerdings, dreht sich der Effekt um. Und großes monetäres Wachstum führt zu hohen Zinsen …
(Wenn außerdem) das monetäre Wachstum zu hoch ist, produziert es unser ernstzunehmendes inflationäres Problem.«

Das ist ganz nett beobachtet (und statistisch stimmt es hundertprozentig), aber eben nicht gut genug. Zunächst einmal beschreibt Friedman nichts als den *normalen kapitalistischen Prozeß*. Unternehmer machen Schulden, das heißt, sie besorgen sich zusätzliches Geld und beginnen zu produzieren. In der Statistik steigt die »Geldmenge«.
Schon kommt aber Friedmans *erster dummer Fehler*. Er sieht die »Expansion« erst nach »drei bis neun Monaten«. Das ist falsch! Die *Expansion* beginnt nämlich **sofort,** nur daß sie statistisch noch nicht meßbar ist. Denn »Expansion« ist nicht meßbar **im** Betrieb, sondern erst **nach** dem Betrieb, wenn also die neuen Produkte die Werksanlagen verlassen und in der Statistik als zusätzlicher Output erscheinen.
Auch den Beschäftigungs-Effekt der zusätzlichen Geldmenge hat Friedman nicht kapiert. Die *Beschäftigung* steigt nämlich auch **sofort,** allerdings zunächst innerhalb des Betriebes. Denn der Chef läßt das Geld, das er sich gerade gepumpt hat, nicht drei bis neun Monate lang liegen, sondern er sagt sofort: »Leute, ranklotzen, Gammelei und Kurzarbeit ist zu Ende, Urlaub ist gestrichen, Überstunden müssen

geleistet werden!« Firmen können ihre *innerbetriebliche* Beschäftigung gewaltig *variieren,* ohne daß das gleich in der Statistik erscheint. Und mit der zusätzlichen Geldmenge steigt auch *gleichzeitig* die Intensität der Beschäftigung, denn sowie der Unternehmer neue Schulden gemacht (= zusätzliches Geld geschaffen) hat, steht er auf dem Schlauch: er muß, so schnell es geht für Mehr-Produkt sorgen, damit er diese Schulden wieder abbezahlen kann.

Der nächste Fehler Friedmans ist die Sache mit dem *Zins:* erst sinkt er, dann steigt er, zumal, wenn die Geldmenge stark steigt.

Da bringt er alles durcheinander. Daß der Zins zunächst einmal sinkt, ist sonnenklar: Denn die Unternehmer haben sich ja eben erst das Geld besorgt, und zwar soviel, daß sie damit eine Zeit lang auskommen. Also schlafft die Nachfrage nach Barem erst einmal ab.

Dann aber steigt der Zins wieder. Aber welcher Zins? Zunächst einmal wird es der übliche Zins für die Besorgung von Bargeld sein, der jetzt wieder steigt, *weil* er zwischendurch gesunken ist, denn der Prozeß der Vorverschuldung zur Mehr-Produkt-Erzielung hebt von neuem an.

Der Zins steigt aber auch aufgrund der einfachen Beobachtung, daß steigende Zinsen zu weiter steigenden Zinsen führen. Beim Zins entscheidet vor allem die Zins-**Erwartung,** wie stark er sich verändern wird.*

---

* Diesen Prozeß hat sehr eindringlich der Frankfurter Ex-Bankier Johann Philipp von Bethmann in seiner Schrift »Die Zinskatastrophe« beschrieben (Athenäum-Verlag).

Außerdem wird es Unternehmer geben, die sich vergriffen haben: was sie mit der zusätzlichen Geldmenge an Produktion initiierten, findet nicht den gewünschten Absatz, also muß man »nachfinanzieren«, die Lagerhaltungskosten aufbringen, usw.
Normalerweise wird der Zins aber immer nur um eine Ideallinie pendeln, mit Ausschlägen nach oben und nach unten. Die Ideallinie ergibt sich letztlich, durchschnittlich und langfristig aus der Lebens- bzw. Arbeitszeitdauer des Menschen, er liegt zwischen zwei und drei Prozent. Siehe dazu später die Kurz-Erklärung zum *Methusalem-Phänomen*.
Dann kommt Friedmans *nächster Fehler:* **Großes** monetäres Wachstum = *hohe* Zinsen. Dieses monetäre Wachstum hat nun nichts mehr mit dem kapitalistischen Prozeß zu tun – es entsteht, wie und wo immer »großes monetäres Wachstum« in die Welt kommt: durch *zusätzliche Staatsverschuldung!*
Ist die Staatsverschuldung und damit die Inflation entsprechend hoch, gibt es für den Zins *keine Obergrenze*. In den typischen Inflationsstaaten der Dritten Welt haben wir »großes monetäres Wachstum«, die »Geldmenge« wird dort alle paar Monate verdoppelt. Und natürlich haben wir »hohe Zinsen«: Wenn Sie sich in Israel, in Brasilien, in Ecuador oder im Kongo Geld leihen wollen – die Zinssätze fangen erst bei 50 Prozent an und werden sehr schnell dreistellig!
Und Friedmans letzter Scherz ist dann die Aussage, daß »hohes monetäres Wachstum« zu einem »inflationären Problem« führt. Als ob die Preise sinken, wenn die Notenpressen laufen …

Beim Monetarismus geht also alles durcheinander, vor allem hat Friedman den Unterschied zwischen privater und staatlicher Geld-»Schöpfung« nicht gesehen. Das wäre auch nicht so schlimm – Wirtschaftsprofessoren haben sowieso keine Ahnung von der kapitalistischen Wirtschaft (sonst wären sie ja erfoglreiche Unternehmer und nicht Staatsbeamte, nicht wahr?).

Warum kommt das Bare nicht vom Bäcker?

Katastrophal ist nur, daß der Monetarismus inzwischen Staatsdoktrin geworden ist. Seit Friedman nämlich den Zusammenhang zwischen Geldmenge und Güterproduktion enthüllt hat, fragt sich natürlich alle Welt: Wie *sollte* denn die Geldmengen-Vermehrung aussehen, damit wir all das Schöne haben, das wir uns schon immer wünschen: ein »inflationsfreies und stetiges Wirtschaftswachstum«.
Alle klugen Köpfe haben flugs in die Statistiken geschaut und jeder hat sich dann für sein Land ausgerechnet, wie man die Geldmenge »regulieren« müsse, daß sich daraus der wunderschöne Zustand – wie von selbst – ergibt.
Und so ist es denn zur »Geldmengen-Steuerung« gekommen, die je nach Industrienation mit kleinen Abweichungen einen sogenannten *»Zielkorridor«* vorgibt, also »von – bis«, innerhalb dessen sich die Geldmenge einer Volkswirtschaft bitteschön zu vermehren habe. Und alles paletti. Denn eine schön gepflegt im Zielkorridor gehaltene Geldmenge führt ja

– statistische Beweise liegen vor! – automatisch zu dem Schönen und Guten.*

Nur haben die Monetaristen und die Notenbank-Gewaltigen leider übersehen, daß sie das, wovon sie dauernd sprechen, gar nicht gibt: GELD nämlich.

Immer ist die Rede von der »Geldversorgung« einer Volkswirtschaft. Und nichts hört sich dann plausibler an, als diese Geldversorgung optimal zu fahren. Und das muß doch auch klappen, denn schließlich haben doch die Notenbanken allesamt das »Geld-Monopol«: Wenn sie kein »Geld« rausrücken, dann gibt's eben *nichts.* Es müßte also nichts leichter sein, als jedes Jahr so zwischen 4 und 7 Prozent zusätzliches Geld herauszurücken. Dem »stetigen« Wirtschaftswachstum kann nun wirklich nichts mehr im Wege stehen.

Die Notenbanken möchten sich gern so verhalten wie ein *Bäcker, der die Bevölkerung mit Brot versorgt.* Und schon können wir uns vorstellen: Ein Bäcker hat in seinem Dorf das *Brot-Monopol,* andere Bäcker gibt es nicht. Wie, wo es das *Geld-Monopol* gibt, andere Notenbanken auch nicht gibt.

Weil die Dorfbewohner nur zu diesem einen Bäcker gehen können, kann der die Brotversorung nach Belieben steuern. Egal, ob die Menschen hungern oder ob sie fett sind: jedes Jahr schiebt er zwischen 4 und 7 Prozent mehr Brot in seinen Ofen. Damit das Brot auch immer schön gekauft wird, daß also die Brot-

* In der Bundesrepublik Deutschland gilt derzeit ein Geldmengenziel von 4 bis 7 Prozent. Innerhalb dieses »Korridors« soll sich die Geldmenge eines Jahres vermehren dürfen.

vermehrung *funktioniert,* hat der Bäcker sogar noch ein Instrument der Steuerung in der Hand. Er kann ja die Leute nicht zwingen, immer genau zwischen 4 und 7 Prozent mehr Brot zu kaufen. Also *variiert er seinen Preis.* Wird *zuwenig* Brot verkauft, geht es mit dem Brotpreis *runter,* stehen *zuviel* Leute an, geht er *rauf.* Und siehe da, es funktioniert!
Ein solches Steuerungs-Instrument haben auch die Notenbanken: bei ihnen heißt es *»Zins«.* Wenn die Menschen also *zuviel* Geld verlangen, setzt die Notenbank den Zins *rauf* – und *umgekehrt.*
Das mit dem Bäcker erscheint plausibel, nicht? Aber Geld und Brot, Zins und Preis, Geldversorgung und Brotversorgung sind zwei Paar ganz verschiedene Stiefel. Beides gleichzusetzen: Das ist die Weltsicht eines Bäckers!

Die »Geldversorgung« ist ein Bluff!

Der Unterschied zwischen »Ware« und »Geld« ist absolut! Waren gibt es immer erst *durch und nach* der Produktion, also im Augenblick des »Angebots«, wenn die »Versorgung« startet.
Geld dagegen entsteht immer *vor und für* die Produktion. Nur und sobald es »nachgefragt« wird, wenn also Unternehmer Schulden machen, die sie machen müssen, um zu produzieren.
Ohne Geld also niemals eine Warenversorgung. Aber ohne Waren jederzeit die schönste Geldversorgung – nur daß dies keine »echte«, zur Produktion

zwingende Geldversorgung ist, sondern schlichter *Notendruck!*
Die ganze Theorie von der »Geldversorgung« einer Volkswirtschaft in dem Sinn, daß dadurch Produktion, Output und Beschäftigung entsteht, ist nichts als *Bluff*. **Die Notenbanken haben überhaupt kein Geld.** Was sie besitzen, ist nichts als ein Haufen Banknoten im Keller, die sie zum Stückpreis von zehn bis 20 Pfennig von irgendeiner Druckmaschine produzieren ließen.*
Ob aus den schönen neuen Banknoten eines Tages »Geld« wird oder nicht – wer weiß? Gewiß werden zur Notenbank täglich Leute kommen und ihr Schmuddelgeld auswechseln wollen. Aber das ist doch kein »zusätzliches Geld« im Sinne der monetaristischen Theorie!
Erst wenn freie Unternehmer kommen, die zur Produktion *gezwungen* sind, weil sie sonst untergehen (weil sie nichts mehr verkaufen können, also wovon leben?), erst wenn freie Unternehmer sich einen *»Gewinn« ausrechnen* durch die Produktion, erst wenn freie Unternehmer kommen, und ihre Wechsel

* Die Bundesbank hat ihre Druckmaschinen in der (staatlichen) Bundesdruckerei in Berlin und in der Privatfabrik von Giesecke & Devrient in München stehen. Für das Banknoten- (nicht Geld-!)Drucken zahlt die Bundesbank laut Geschäftsbericht 140 Millionen Mark im Jahr. Was durchschnittliche *Herstellkosten* pro Banknote von 16,4 Pfennig ausmacht. Die Banknoten werden per LKW zur Bundesbank gefahren und im Umtausch gegen alte, schmuddelige Scheine ausgegeben, was natürlich keine »Geldversorgung« ist, sondern ein Abnutzungs-Austausch. Die nicht ausgetauschten frisch gedruckten Noten bleiben im Keller liegen, frisch und knackig, aber *völlig wertlos!*

zum Diskont einreichen und sagen: »Du, Notenbank, leih (!) mir mal von deinen Noten, denn die sind ja »gesetzliches Zahlungsmittel«, mit denen kann ich also meine Arbeiter und meine Lieferanten zahlen!« – erst dann und nur dann entsteht auch »Geld«.
Durchs Schuldenmachen – und sonst gar nie.

Warum nicht Geld vom Hubschrauber abwerfen?‹

Und schon wird's kriminell! Die monetaristisch verblendete Notenbank will ja alles super machen und die »Geldversorgung« steuern, damit das wunderbare Wachstum kommt. Also »hilft sie nach«, sobald »zu wenig« oder »zu viel« Geld im Umlauf ist. *Und schon führt sie den Ruin der Volkswirtschaft herbei.*
Alle Notenbanken könnten – abgesehen vom Schalter für Schmuddelgeld-Umtauschen – sofort geschlossen werden. Die Notenbanken sagen einfach: »Es ist eine Geldmenge X in Umlauf. Falls irgendwelche Scheine dieser Menge X abgegriffen sind, werden sie natürlich ersetzt. Reichen Sie Ihren Schein ein – und Sie bekommen einen neuen.«
Aber wie vermehrt dann die Notenbank die »Geldmenge«?
Nehmen wir doch die einfachste Lösung: Am 1. Januar jedes Jahres darf jeder Bürger den ihm zustehenden Anteil an der Geldvermehrung am Schmuddel-Schalter abholen. Einmal im Jahr zusätzliches

Geld! Damit hätte man die Geldmenge mit garantierter Sicherheit im Griff.*

Man muß sich wirklich fragen, warum der Staat das nicht macht! In der Bundesrepublik hatten wir zum Jahresbeginn 1983 eine sogenannte »Zentralbankgeldmenge« (schönes Wort) von knapp 175 Milliarden Mark. Damit wird die Bundesbank geschlossen. Und die – sagen wir im Mittel 5,5prozentige – »optimale« – Geldvermehrung für das Jahr 1983 (4 plus 7 Prozent geteilt durch 2) wird dann an alle Deutschen ausgezahlt.

5,5 Prozent von 175 bedeutet: die Zentralbankgeldmenge darf, um schön »optimal« zu sein, um etwa 10 Milliarden steigen. Geteilt durch die rund 58 Millionen Einwohner der Bundesrepublik bedeutet das: jeder darf sich am 1. Januar genau 170 Mark in bar bei den öffentlichen Kassen abholen. Die Geldmenge ist bestens vermehrt worden. Es kann nun gar nichts mehr passieren. Das optimale Wirtschaftswachstum muß beginnen.

Was ist Monetarismus? *Das* ist Monetarismus.

Auf genau diese Form der Geldvermehrung – nämlich eine Pro-Kopf-Aufteilung – läuft Monetarismus hinaus. Friedman & Co. haben nicht begriffen, daß

---

* Die Geldmenge – im Fachjargon der Monetaristen M 1 genannt – besteht nicht nur aus »Banknoten«, sondern auch aus »täglich fälligen Guthaben«. Das spielt aber keine Rolle. Denn die Guthaben müßte man nur ebenfalls an einem Stichtag in Bargeld auszahlen. Dann hätte jeder sein »Geld« zurück und anschließend »vermehrt« der Staat auch dieses Bargeld jedes Jahr am 1. Januar um das gewünschte 4- bis 7prozentige zusätzliche »Geld« – im Rahmen der allgemeinen Bargeld-Vermehrung. Mit den anderen Bestandteilen der »erweiterten« Geldmengen (M 2, M 3 usw.) macht man es nach Fälligkeit genauso.

Geld immer nur Schulden sind, und daß Geld nur »entstehen« kann, wenn sich Privateigentümer verschulden, um die Produktion zu starten. Sie sehen *nur das »Geld«,* nicht den Verschuldungsprozeß, der – wie wir immer wieder gesehen haben – als einziger die Wirtschaft vorwärts treibt und Wachstum in Form von Mehr-Produkt schafft.*

Also schaffen die Monetaristen »Geld« (oder vernichten es vice versa) **ohne daß gleichzeitig der Verschuldungs- und damit der Sozialprodukts-Vermehrungs-Prozeß in Gang gesetzt wird.**

Selbst wenn die Unternehmer pessimistisch sind und keine Lust haben, sich zu Zwecken der Produktion zu verschulden und ergo Geld zu »schaffen« (das immer nur Privateigentümer schaffen können, die letztlich »zentralbankfähige« Wechsel einreichen, egal ob in Deutschland oder anderswo in kapitalistischen Gesellschaften), selbst wenn also gar kein »Geld« entstehen würde – *die Zentralbanken »schaffen« es doch.* Sie geben es zwar nicht Anfang Januar an *alle* Bewohner eines Landes gleichmäßig und gerecht verteilt. Sie sparen sich die Kosten für die vielen Schalter und für die Flüge mit den tausenden von Hubschraubern. Sie bringen das zusätzliche Geld nicht einfach unters »Volk«:

Sondern sie geben es dem Staat!

---

* Friedman belegt sein Unverständnis am besten durch sein berühmtes »Hubschrauber«-Beispiel, mit dem er die Wirkungen der »Geldmenge« demonstriert: Auf einer einsamen Insel (!) mit Geldmenge 100 erscheint eines Tages ein Hubschrauber und wirft noch einmal die gleiche Geldmenge 100 ab. Was passiert dann? Friedmans IQ ist tatsächlich der eines Hubschrauber-Piloten.

Der Staat macht nämlich dann die »Schulden«, vor denen die Privateigentümer zurückschrecken oder die sie noch nicht machen, weil ihr Existenzdruck, dem sie nur durch die Produktion entkommen können, noch nicht groß genug ist.

Diese Staatsschulden werden von den Zentralbanken sofort »diskontiert«, wobei eine Riesenpalette von Tricks entwickelt wurde, *um dem Staat den »Zugriff« auf die Zentralbank zu erleichtern:* da wird »Offenmarkt-Politik« betrieben (= Staatspapiere von der Notenbank angekauft), da werden staatliche »Schatz-(!)-Wechsel« mit Gutschriften auf dem Zentralbank-Konto des Staates belohnt, da werden Staatsschulden anderer Staaten aufgenommen und in Inlandswährung umgewechselt (»Devisen«), und so weiter.

Staatsschulden sind aber keine Privatschulden. Ihnen geht der Zwang zur Rückzahlung über die Sozialproduktsvermehrung völlig ab. Ergo muß eine »Geldmengenpolitik«, die die »Geldmenge« über die Staatsschulden »reguliert«, über kurz oder lang zwei unausweichliche Folgen haben:

Nullwachstum und/oder Hyperinflation.

Nachdem der Staat durch seine Schuldenmacherei bereits den Untergang der freien Wirtschaft und damit das Ende der Zivilisation eingeläutet hat, die Details ersehen Sie bitte aus dem nächsten Kapitel, ist jetzt auch der Totengräber auszumachen, der uns alle in die Grube bringt: »Monetarismus« heißt er.

Ein letztes Wort zum »Bundesbankgewinn«

Die deutsche Notenbank hat in den letzten Jahren dem Staat was Wunderbares widerfahren lassen: Sie hat *ihren »Gewinn« nach Bonn überwiesen.* Aus den Geschäftsjahren 1981 und 1982 waren das zusammen 21 Milliarden Mark, aus 1983 erwartet der Finanzminister mindestens noch 6 Milliarden, und so weiter. Wie entstehen solche Notenbank-Gewinne?

Nehmen wir zunächst eine typische Notenbank mit Geldmonopol, die aber noch keine Auslandsgeschäfte treibt, also keine Devisen an- und verkauft. Sie stellt nur gegen Inlandswechsel Bargeld (= gesetzliche Zahlungsmittel) zur Verfügung. Dafür verlangt sie Zinsen, den »Diskont«. Schon dieser Diskont ist definitionsgemäß immer zu hoch, weil die »moderne« Zentralbank ohne Konkurrenten arbeitet. Die Notenbank-Systeme, in denen Notenbanken in Konkurrenz untereinander standen, wo sich der Diskont also als Markpreis bilden konnte, sind mit dem 19. Jahrhundert untergegangen. Für den Staat war es einfach zu verlockend, das »Geld« zu monopolisieren und damit die jederzeitige Bargeld-Beschaffung an sich zu reißen.*

Würde der Diskont ein Marktpreis sein, was *beliebig viele* Notenbanken voraussetzt, wobei immer dann

* Das einer freien Eigentümer-Gesellschaft einzig angemessene »Geld«-System ist immer nur eines, in dem jedermann frei entscheiden kann, was er für »Geld« in Umlauf bringt, bzw. was er als »Geld« akzeptiert. Siehe oben die Analyse der Währungsreform! Professor F. A. von Hayek hat auch entsprechende Vorschläge gemacht, die ich in meinem Buch über die »Staatsbeseitigung« vertiefen werde.

eine neue aufmacht, wenn die alten überhöhte Diskontprofite einschieben (die »Geldmenge« könnten sie nicht vermehren, weil dies nur der Unternehmer kann, niemals die Notenbank), würde sich also der »Preis« für »Geld« am freien Markte bilden, hätten wir normalerweise nur einen Diskont, der die Kosten der Notenbank (Druckkosten, Personal) deckt und noch eine durchschnittliche Eigentümer-Rendite übrig läßt.

In Volkswirtschaften mit Geldmonopol aber entsteht, schon wegen der Forderung des Bankeigentümers (= Staat), hohe Gewinne zu machen, um damit den Haushalt »zu entlasten«, ein *Hoch-Diskont*. Der teilt sich dann über den freien Geld- und Kapitalverkehr weltweit mit, weil weltweit alle Notenbanken verstaatlicht sind (Ausnahmen fallen nicht ins Gewicht).

Wenn nun diese Notenbank, die bisher nur Privatschulden angekauft hat, die Schulden einer anderen Notenbank aufkauft (= fremde Währungen) oder die Schulden anderer Staaten und/oder Privateigentümer (= Devisen), dann macht sie ein zweites Geschäft: es kommen *Zinserträge* herein. Da aber die Staaten weltweit den Prozeß des wirtschaftlichen Unterganges vorantreiben, indem sie Schulden machen, resultieren die Guthaben der Notenbanken im Ausland in fetten Zinserträgen.

Die Bundesbank hat in ihrer 1983 veröffentlichten Bilanz für 1982 einen Bilanz-»Gewinn« von 11,3 Milliarden Mark bei einem »Kapital« (= Startgeld des Bundes bei Aufnahme des Notenmonopols) von 290 Millionen Mark »erwirtschaftet«.

Die dem Bonner Finanzminister »gehörende« Deutsche Bundesbank hat damit immerhin eine Rendite von annähernd 4000 Prozent (!) erzielt.
Solche Monopol-Profite zeigen indes ganz deutlich, daß das ganze System der deutschen »Geldversorgung« *völlig auf dem Abweg ist.*
Diese 4000 Prozent Profit aus seinem Geld-Monopol hat der Bundesfinanzminister hocherfreut eingestrichen, und man muß jetzt fragen: Was hat es eigentlich mit dem »Geld« auf sich, was da als »Bundesbankgewinn« direkt nach Bonn überwiesen wurde. Denn daß es sich um »gesetzliche Zahlungsmittel« handelt, bei dem Bundesbank-Profit, kann nicht bestritten werden. Der Bonner Finanzminister hat das »Geld« aus Frankfurt sofort kassiert und für seine Beamtengehälter und die allgemeine Volksbeglükkungspolitik verplempert.
Und weder die Beamten noch die Beglückten hatten irgendeinen Anlaß dem Geld, das sie nun erhalten haben, zu mißtrauen. Denn sie konnten sich mit der Bonner Gutschrift auf ihren privaten Konten alles kaufen, was das Herz begehrt.
Als der Bundesbank-Gewinn ermittelt war (die Bundesbank bilanziert wie jedes andere Unternehmen auch), da war dieser Gewinn nichts weiter als eine absolut normale Position auf der Passivseite der Bilanz der Bundesbank, wie alle Gewinne aller Unternehmen auf der Passivseite der Bilanzen erscheinen. Schauen Sie sich dazu jetzt die letzte Bundesbank-Bilanz einmal an.
Nun hätte die Bundesbank den Gewinn auf der Passivseite (Position 14) lassen können. Als *Gewinnvor-*

Bilanz der Deutschen Bundesbank zum 31. Dezember 1982

Aktiva

	DM	DM
1 Gold		13 687 518 821,70
2 Reserveposition im Internationalen Währungsfonds und Sonderziehungsrechte		
2.1 Ziehungsrechte in der Reservetranche	4 178 266 696,24	
2.2 Kredite auf Grund von besonderen Kreditvereinbarungen	3 159 216 645,64	
2.3 Sonderziehungsrechte	4 881 475 722,65	12 218 959 064,53
3 Forderungen an den Europäischen Fonds für währungspolitische Zusammenarbeit im Rahmen des Europäischen Währungssystems		
3.1 Guthaben in Europäischen Währungseinheiten (ECU)	38 496 853 645,76	
3.2 sonstige Forderungen	2 120 800 294,86	40 617 653 940,62
4 Guthaben bei ausländischen Banken und Geldmarktanlagen im Ausland		38 955 702 736,78
5 Sorten		25 026 514,74
6 Kredite und sonstige Forderungen an das Ausland		
6.1 Kredite im Rahmen des mittelfristigen EG-Währungsbeistands	–	
6.2 sonstige Kredite an ausländische Währungsbehörden	–	
6.3 Kredite an die Weltbank	2 455 698 000,–	2 455 698 000,–
7 Auslandswechsel		7 050 394 702,76
8 Inlandswechsel		46 688 839 696,04
9 Im Offenmarktgeschäft mit Rücknahmevereinbarung angekaufte Wertpapiere		9 103 371 080,10
10 Lombardforderungen		12 031 132 100,–
11 Kassenkredite (Buchkredite)		
11.1 Bund	–	
11.2 Lastenausgleichsfonds	–	
11.3 Länder	1 395 369 379,–	1 395 369 379,–
12 Schatzwechsel und unverzinsliche Schatzanweisungen		
12.1 Bund	–	
12.2 Länder	–	–
13 Ausgleichsforderungen an den Bund und unverzinsliche Schuldverschreibung wegen Berlin		8 683 585 988,93
14 Kredite an Bundesbahn und Bundespost		
14.1 Kassenkredite (Buchkredite)	–	
14.2 Schatzwechsel und unverzinsliche Schatzanweisungen	–	–
15 Wertpapiere		5 409 350 308,80
16 Deutsche Scheidemünzen		1 084 207 277,17
17 Postscheckguthaben		150 335 701,94
18 Grundstücke und Gebäude		1 267 016 793,43
19 Betriebs- und Geschäftsausstattung		107 749 181,–
20 Schwebende Verrechnungen		2 970 398 603,37
21 Sonstige Vermögensgegenstände		3 411 597 833,21
22 Rechnungsabgrenzungsposten		35 986 943,46
Rückgriffsrechte aus Eventualverbindlichkeiten	1 176 214,63	
		207 349 894 667,58

Anlage 1 zum Geschäftsbericht der Deutschen Bundesbank für das Jahr 1982

Passiva

	DM	DM
1 Banknotenumlauf		88 574 737 030,–
2 Einlagen von Kreditinstituten		
2.1 auf Girokonten	51 854 889 630,06	
2.2 sonstige	20 189 356,14	51 875 078 986,20
3 Einlagen von öffentlichen Haushalten		
3.1 Bund	723 564 449,71	
3.2 Lastenausgleichsfonds und ERP-Sondervermögen	162 148 636,27	
3.3 Länder	330 031 775,07	
3.4 andere öffentliche Einleger	42 331 423,30	1 258 076 284,35
4 Einlagen von anderen inländischen Einlegern		
4.1 Bundesbahn	19 730 262,76	
4.2 Bundespost (einschl. Postscheck- und Postsparkassenämter)	2 865 816 578,37	
4.3 sonstige Einleger	629 705 464,75	3 515 252 305,88
5 Verbindlichkeiten aus abgegebenen Mobilisierungs- und Liquiditätspapieren		4 651 600 000,–
6 Verbindlichkeiten aus dem Auslandsgeschäft		
6.1 Einlagen ausländischer Einleger	9 510 025 029,30	
6.2 sonstige	2 524 974 115,62	12 034 999 144,92
7 Gegenposten im Zusammenhang mit der Bewertung der in den Europäischen Fonds für währungspolitische Zusammenarbeit vorläufig eingebrachten Gold- und Dollarreserven		21 021 929 151,44
8 Ausgleichsposten für zugeteilte Sonderziehungsrechte		3 174 043 662,80
9 Rückstellungen		
9.1 für Pensionsverpflichtungen	2 036 000 000,–	
9.2 sonstige Rückstellungen	2 270 000 000,–	4 306 000 000,–
10 Sonstige Verbindlichkeiten		136 377 949,33
11 Rechnungsabgrenzungsposten		675 719 935,18
12 Grundkapital		290 000 000,–
13 Rücklagen		
13.1 gesetzliche Rücklage	4 189 500 000,–	
13.2 sonstige Rücklagen	290 000 000,–	4 479 500 000,–
14 Bilanzgewinn		11 306 580 217,48
Eventualverbindlichkeiten	1 176 214,63	
		207 349 894 667,58

trag oder als *Kapitalerhöhung* (zu Position 12 der Passivseite). Nichts wäre dann geschehen.
Nun hat die Bundesbank aber ihren Gewinn ausgeschüttet. Aber wie? Wurde die Passivseite kürzer? Hätte ergo auch die Aktivseite eingedampft werden müssen!
Was hätten wir denn auf der Aktivseite gehabt, um den Gewinn »auszuschütten«? Zunächst einmal **Gold** (Position 1). Bewertet konservativ und zu Anschaffungskosten, mit 13,7 Milliarden Mark. Die Bundesbank hätte also ihr Gold (bis auf einen kleinen Rest) verpacken und nach Bonn schicken können. Der Finanzminister hätte sich gefreut, denn das Gold ist auf dem freien Markt viel mehr wert als in der Bundesbankbilanz erscheint.
Die Bundesbank hätte zwar von sich aus eine zweite Bilanzoperation machen und das Gold gleich selbst zum Marktpreis bewerten können (wie dies viele andere Notenbanken machen). Dann hätte der Finanzminister in Bonn eben sehr viel weniger Gold gesandt bekommen. Aber durch die Offenlegung der »stillen Goldreserven« hätte sich die Bilanz der Bank wieder verlängert – es wäre noch mehr Gewinn entstanden, der wieder hätte »ausgeschüttet« werden müssen.
Die Bundesbank hat daher lieber ihr Gold behalten. Warum hat sie nicht einfach **»Geld«** überwiesen?
Weil die Bundesbank *selbst* ja gar kein »Geld« besitzen kann. Jedenfalls keine deutschen Banknoten. Die stehen bei der Bundesbank logischerweise auf der Passivseite, ganz oben, wie Sie sehen. Also was anderes, aber was?

Die Bundesbank hätte dem Finanzminister ihre **Forderungen an die diversen Währungsfonds** abtreten können, Position 2 und 3. Aber damit kann der Bonner Finanzminister nichts anfangen. Denn *das* »Geld« haben die Fonds längst selber ausgeliehen und über Sonderziehungsrechte, oder über »ECU« werden die Sozialhilfeempfänger höchstens lachen. Wie wär's mit dem Versand von **Wertpapieren?** Aber das (5,4 Milliarden) sind ja sowieso schon Staatsschulden, und was soll der Finanzminister *seine Beamten mit Bundesanleihen bezahlen,* (Position 15)? Da merkt doch auch der Dümmste, was gespielt wird. Die Bundesbank hätte auch einiges von ihren **Inlandswechseln** nach Bonn schicken können, sie hatte 47 Milliarden davon im Keller (Position 8). Aber wenn statt Kindergeld in bar der Familie Müller plötzlich ein Wechsel der Firma AEG ins Haus geflattert wäre – die hätten sich beschwert!
Auch mit den 39 Milliarden Mark **»Guthaben bei ausländischen Banken«** hätten die Frankfurter kein Glück gehabt (Position 4). Denn der Finanzminister hätte gefragt, ob's denn noch geht, und die Dollar-Gutschrift sofort in Deutsche Mark getauscht. Wo? Bei der Bundesbank natürlich. Aber in was getauscht? In AEG-Wechsel?
Der »Gewinn« (Position 14 auf der Passivseite!) war also gar nicht auszuzahlen (weil er in Wirklichkeit auch nicht entstanden war). Bonn aber wollte »Geld«, *das hat es dann bekommen.* Der Bilanzgewinn wurde durch Tausch auf der Passivseite unter der Position »Einlagen von öffentlichen Haushalten« verbucht, wurde so bar wie bar. Und dieses

Geld hat der Finanzminister unter die jubelnde Menge gestreut. Aus den Einlagen des Bundes wurde letztlich Bargeld (Position 1 der Passivseite).
Damit war massenhaft zusätzliches »Geld« im Lande – *ohne daß auch nur ein Krümelchen mehr produziert worden wäre. Sonnenhelles Inflationsgeld sozusagen.*
Die Bundesbank hat das auch irgendwie begriffen. Und so versucht sie jedes Jahr, da so ein Bundesbankgewinn »ausgeschüttet« werden muß, immer wieder schnell von dieser wunderbaren Geldvermehrung wegzukommen. Denn um den Bundesbankgewinn (den ausgeschütteten!) erhöht sich der Geldumlauf (»Zentralbankgeldmenge«!) automatisch. Und zuviel »Geld« bedeutet (siehe Friedman): Inflation.
Nach Ausschüttung des Gewinns könnte die Bundesbank die Dinge also treiben lassen, in Richtung *offene Inflation.* Oder sie muß »gegensteuern«: sie muß die »Geldmenge« wieder einziehen, die da so jäh entstanden ist. Sie dampft also ihre Passivseite wieder langsam ein – und ihre Aktivseite ebenso.
Und dieses Eindampfen der Aktivseite geht *dort* am einfachsten, wo man »steuern« kann. Das geht *nicht beim Gold* (das müßte sie im Main versenken!) und *nicht bei den ausländischen Forderungen.* Die müßte die Bundesbank dann schon von sich aus wegbuchen und nach New York kabeln: Ich verzichte auf mein Guthaben (Position 4).
Eindampfen geht *nur bei der Position,* von der die Bundesbank behaupten kann: Ich habe sie im Griff. Es geht bei der – sich über den Wechseldiskont ergebenden – Position, die nichts anderes bedeutet als

Schuldenmachen der inländischen Privateigentümer-Kundschaft: bei den *Inlandswechseln* (Position 8). Die werden halt absolut verteuert oder durch unterbliebene Diskontsenkung relativ verteuert. *Ausgeschütteter Bundesbankgewinn heißt daher: Entweder offene Inflation oder zu hohe Zinsen!*

Will die Bundesbank den Effekt der Geldmengen-Ausweitung durch die Gewinnausschüttung nach Bonn neutralisieren, muß sie immer nur und mehr und mehr der freien deutschen Wirtschaft die Tour vermasseln: sie muß das Schuldenmachen der Unternehmer über den Hochzins oder über Rediskont-»Kontingente« mehr und mehr beschneiden.

Wenn der freien Wirtschaft die Möglichkeit aber genommen wird, sich überhaupt zu verschulden oder sich *zu vernünftigen Konditionen zu verschulden,* wird sie sich überlegen, *ob sie sich überhaupt nochmal verschuldet.* Ob sie die Produktion aufnimmt und investiert. Oder ob sie nicht besser sagt: Laß' fahren dahin. Das ist mein Land nicht mehr.

Der »Geldmengen«-Effekt der Bundesbankgewinn-Ausschüttung läßt sich schön »neutralisieren«. Brav gemacht, ihr Herren dort, in Frankfurt!

Aber die freie Wirtschaft hat wieder eine Schlacht verloren, die Zinsen bleiben hoch, die Produktion wird noch und noch verteuert.

Die Ausschüttung des Bundesbankgewinns, die uns nun jedes Jahr bevorsteht, ist nichts anderes als eine Variation zum schon bekannten Thema: *Wie erreiche ich möglichst schnell den Abgrund, um mich hineinzustürzen.*

Im Amtseid der deutschen Minister ist der Passus

enthalten: »...den Nutzen des deutschen Volkes mehren und Schaden von ihm abzuwenden«. *Gegen diesen Amtseid verstößt jeder Finanzminister, der kein ausgeglichenes Budget vorlegt per se und ganz besonders, wenn er sich den Bundesbank-Gewinn ausschütten läßt.*

Und jetzt ziehen wir schnell mal Bilanz

Alle Elemente dessen, was wir »Wirtschaft« nennen, sind jetzt aufmarschiert:

1. Wir haben den **Zins,** weil der Mensch endlich ist, er also eine Prämie für zeitlich nähere Güter bezahlt.
2. Wir haben das **Eigentum,** weil die Menschen keinen unendlichen Raum zur Verfügung haben, sondern sich in einer Welt des Begrenztseins arrangieren müssen.
3. Wir haben die **Schulden,** weil der Zins aufs Eigentum getroffen ist, welches als Sicherheit dient.
4. Wir haben das **Geld,** weil die Menschen, die **Forderungen** haben (bei ihnen Forderungen, bei anderen **Schulden),** diese Forderungen *umlauffähig* machten.

Das ist alles was wir brauchen, um »Wirtschaft« zu erklären. Da wir aber nicht nur Wirtschaft erklären wollen, sondern vor allem das unmittelbar bevorstehende Ende dieser Wirtschaft, die **Katastrophe,** werden wir schnell noch das **Wachstum** kennenlernen, jene Größe, die das »Ergebnis« des Ablaufs des Wirtschaftens mit den vier Elementen darstellt. Und im nächsten Kapitel werden wir dann noch jenes Ding erleben, das die Katastrphe verursacht, geradewegs herbeizwingt: den **Staat.**

Noch einmal kurz zurück zum »Geld«! Geld als solches existiert nicht, wie wir gesehen haben. Geld ist nichts als eine Einbildung, eine Empfindung.

GELD IST EIN GEFÜHL

Und solche Gefühle kann man täuschen. In seiner »Oeconomischen Encyclopädie« schreibt Johann Georg Krünitz im Jahre 1779:

> »Geld stammet von gelten ab, und sollte daher billig mit einem t geschrieben werden, welche Schreibart man auch in den ältern oberdeutschen Schriften sehr häufig findet.«

Ob etwas gilt oder »gültig« ist, entscheidet nur das Gefühl und zwar *das individuelle Gefühl jedes einzelnen.* Tagtäglich argumentieren wir, wenn uns etwas nicht paßt: »Das ist alles gut und schön, aber für mich gilt das nicht.« Dem kann ernsthaft niemand wiedersprechen. Ob für mich etwas gilt, kann nur *ich allein* entscheiden.

Der ganze Trick beim »Geld« liegt darin, *daß individuelle Gefühle* (gilt für mich – gilt für mich nicht) *sozialisiert wurden:* per Dekret wurde für alle Menschen eines Wirtschaftsraumes festgesetzt, was für sie als »Geld« zu gelten hat. Die grundlegenden Gesetze zum »Geldwesen«, die wir oben kennengelernt haben, sprechen eben ausdrücklich von *»gesetzlichen* Zahlungsmitteln«.

Zahlungsmittel sind definitionsgemäß die Dinge, mit denen man seine **Schulden** erledigen kann. Wenn bezahlt wird, ist die Schuld erloschen. Durch das Bezahlen (= »Vorzählen« des im Schuldvertrag Vereinbarten, ob nun Getreide, Vieh, Münzen oder »Geld«) wird wieder ein schuldenfreier Zustand erreicht.

Indem der Staat aber »gesetzliche« Zahlungsmittel einführt, öffnet er dem *legalisierten Betrug am Gläubiger Tür und Tor.* Egal, ob der Gläubiger das vorgezählte Zahlungsmittel freiwillig akzeptiert hätte oder nicht. Er kann strampeln und sich sträuben, wie er will: Sobald mit »gesetzlichen« Zahungsmitteln gezahlt wird, ist die Schuld getilgt.

Es war daher nur konsequent, daß der Staat nicht nur bestimmt, was »gesetzliche Zahlungsmittel« sind, sondern *daß er die Produktion dieser Zahlungsmittel auch noch monopolisiert.* Wie die Geld- und Währungsgesetze zeigen, darf nur der Staat diese Zahlungsmittel herstellen, also Münzen prägen und vor allem der Staatsbank (bei uns: Deutsche Bundesbank) die Erlaubnis zum Druck von Banknoten (= gesetzliche Zahlungsmittel!) erteilen.

Was nun folgt, ist sonnenklar: Wer bestimmen kann, was »gesetzliche Zahlungsmittel« sind, und wer dann diese Zahlungsmittel selbst auch noch (als einziger!) produzieren darf, der nutzt das natürlich aus, wann immer es ihm paßt, soviel er davon braucht.

Der Staat fälscht Geld. Alle Staaten fälschen Geld. Nicht anders ist es zu erklären, daß unser »Geld« nie »gültig« bleibt. *Es gibt auf der ganzen Welt keine Währung, die ihren Wert auch nur fünf Jahre hintereinander behalten, die also gewährt hätte. Das kann auch gar nicht sein, weil der Staat immer dann »ge-*

setzliche Zahlungsmittel« produziert, wenn er welche braucht. Der eine Staat schneller, der andere langsamer.
Geld sind eigentlich »nur« Schulden. Schulden entstehen als normalste Sache von der Welt in einer Eigentümer-Gesellschaft mit zeitlich endlichen Teilnehmern (Menschen), die untereinander nicht absolut gleichwertig sind. Wer zurückbleibt, muß Schulden machen, um aufholen zu können. Er muß sich mehr anstrengen, damit er die geschuldete Sache **plus** die Zinsen zurückzahlen kann.
Damit ist ganz beiläufig auch das sogenannte **Wirtschaftswachstum** erklärt: es entsteht automatisch, sobald Schuldner ihre Schuld *mit Zinsen* zurückzahlen müssen. Die Zinsen sind – als geschuldete Güter ausgedrückt – das Mehrprodukt, das der Schuldner zurückzahen muß.

Stinnes, Funk, Salon-Bolschewiken

Je mehr *(private) Schulden* gemacht werden, desto mehr »Geld« ist logischerweise im Umlauf. Denn Geld sind nichts als umlauffähig gemachte (oder gewordene) Schulden (= Forderungen). Als die Nazis ihren Krieg mit *(staatlichen) Schulden* finanzierten, kam viel Geld in Umlauf. Das Geld ging nicht in die Preise, jedenfalls nicht in die sichtbaren, die Preise waren gestoppt. Und der Reichswirtschaftsminister Walter Funk schrieb: »Woher kommt das viele Geld? Es kommt von der vielen Arbeit!« Das ist schon richtig – aber *nur,* wenn das viele Geld durch viele *private* Arbeit kommt. Und nicht aus der vom Staat betriebenen Notenpresse.

Je mehr private Schulden gemacht werden, um so größer ist natürlich auch das Wirtschaftswachstum. Je mehr Schuldner täglich strampeln müssen, um die vereinbarten Zinsen zu bezahlen, um so mehr müssen sie produzieren. Zumal, wenn die Kredite wakkelig werden, weil der »Kredit« weg ist, wie im Fall des Hugo Stinnes, den wir als Motto vor dieses Kapitel gestellt haben. Den Söhnen brachten die Banken nicht dieses Vertrauen entgegen wie dem Vater – also mußten sie die Schulden durch Mehrprodukt tilgen, was nicht so leicht gelingt. Denn industrielle Erfolge sind nicht jedermanns Sache. Und prompt brach der Stinnes-Konzern nach dem Tode des großen Hugo schnell zusammen.

Weil private Schulden gemacht werden *müssen,* sobald sich Tüchtigkeits-Unterschiede unter den Menschen zeigen, *weil sich Wirtschafts-Wachstum also ausschließlich aus der Ungleichheit der Menschen untereinander ergibt,* sind logischerweise alle »Linken«, also die Leute, die irrigerweise annehmen, daß alle Menschen »gleich« seien, so *vehement gegen das Wirtschaftswachstum.* Sie beklagen den »Wachstumsfetischismus« und fordern lauthals etwas völlig Unmögliches, nämlich das »Nullwachstum«.

So etwas sind eingängige, sympathische Sprüche – auch bei jenen, die als die »Besseren« letztlich die Nutznießer dieses Prozesses sind, weil es ihnen leichter fällt, etwas auf die Beine zu stellen, weil sie daher über kurz oder lang Gläubiger der weniger Tüchtigen werden und diese zwingen können, das unter großen Anstrengungen *nachzuarbeiten,* was sie selbst – von ihrer Natur oder Begabung begünstigt – zunächst *vorarbeiten* konnten. Auch die Besseren spüren innerlich den Zwang, den das menschliche Leben ihnen auferlegt. Denn niemand hat die Garantie, daß er immer ein Tüchtiger, das heißt tatsächlicher oder potentieller Gläubiger bleibt. Da muß nur ein Unfall, eine Krankheit, eine Psycho-Krise oder ein allgemeines Abschlaffen kommen – und schon müssen sie sich in das Heer der Untüchtigen einreihen und nacharbeiten.

Das erklärt, warum auch so viele ganz besonders Reiche, die also alles haben und die niemals mehr arbeiten müßten, ebenfalls gegen den »Wachstumsfetischismus« sind. Viele Reiche sympathisieren merkwürdig mit den Linken, vom Salon-Bolschewiken in Sankt Petersburg bis zum modernen deutschen Erfolgsautor. Lenin und Trotzky wurden von einem Fabrikerben, der auf den schönen deutschen Namen Schmitt hörte, finanziert. Und die Partei jenes Linkskanzlers, der auf den schönen deutschen Namen Brandt hörte, subventionierten Millionärs-Literaten wie Grass und Lenz, wie Böll und Jens.

Wenn doch nur endlich dieser »Streß« wegfiele! Denn wenn Wachstum ewig möglich bleibt, wackelt natürlich auch der »Vorsprung« dieser Reichen und Erfolgsautoren, da andere nicht nur *nacharbeiten,* sondern die mit dem Vorsprung auch eines Tages *überholen* könnten. Dann sind sie aber nur noch Ex-Reiche und vergessene Erfolgsautoren und müssen nun ihrerseits in die Maloche.

Die Katastrophe oder: Wie jetzt der Staat den Untergang herbeizwingt

»Es gehört zum Schwierigsten, was einem denkenden Menschen auferlegt werden kann wissend unter Unwissenden den Ablauf eines historischen Prozesses miterleben zu müssen, dessen unausweichlichen Ausgang er längst mit Deutlichkeit kennt.
Die Zeit des Irrtums der anderen, der falschen Hoffnungen, der blind begangenen Fehler wird dann sehr lang.«

Carl J. Burckhardt

Staat und Eigentum

Todesstrafe oder Schadensersatz?

Jäger und Sammler benötigen keine Gesetze, höchstens einen Medizinmann. Erst wo der Mensch aufgrund seiner räumlichen Begrenztheit zum Eigentümer wird, entsteht, was wir »Kultur« nennen: Feldvermessung, Metereologie, Mechanik, Saat- und Tierzucht. Wer pflügt schon immer gerne mit dem Buckel.

Und als dann noch die ersten Schuldverhältnisse entstehen – der Zins erwischt das Eigentum –, beginnt die *Schrift* . Man kann sich ja nicht alles merken, wem man was und zu welchen Konditionen gepumpt hat, und außerdem muß man was in Händen haben, wenn der Schuldner mit Unschuldsmiene sagt: »Iiiech? Waaas? Wieso?«

Dann ist es langsam Zeit, *Gesetze* zu fabrizieren, damit nicht jedes Mal das große Palaver anhebt, eine Schuld ist, wenn ... Die ersten Gesetze regeln nichts anderes als Eigentum und Schulden. Wie weiß man, wem wann was gehört, und wer wann an wen zu leisten hat. Und dann gibt es auch noch *Strafgesetze:* Was wem geschieht, wenn er Eigentum verletzt oder Rechte beseitigt – vom Diebstahl bis zum Mord.

Auch die Strafgesetze geben sehr schön wider, wie sich die Menschen aus der Voreigentümer- in die Eigentümer-Gemeinschaft entwickeln. Die Voreigentümer-Gesellschaft kann keine Strafe im Sinne einer Wiedergutmachung kennen. Haust du mich, gibt's einen auf den Nuschel, und nicht etwa Schadensersatz. Das Strafgesetzbuch der »Rache«, das gute alte »Aug' um Aug', Zahn um Zahn« ist insofern wirklich eine unzivilisierte Sache, nur in Gesellschaften gehörig, die froh sind, wenn sie den Bösewicht erwischen und ihm Saures geben können. Sobald wir aber zivilisierte Eigentümer haben, wäre es unklug, dem Verbrecher das Auge auszuschlagen: dann sieht er noch schlechter und kann den Schaden weniger schnell ersetzen, weil ein Blinder nicht so gut arbeiten kann, um das Eigentum (Sozialprodukt) zu erstellen, womit er den Geschädigten entschädigt.

Die Strafgesetze können sich bis heute nicht entscheiden, ob sie nun Rache nehmen oder zu Schadensersatz verurteilen sollen. Geradezu kindisch mutet es an, wenn in einer Eigentümer-Gesellschaft *noch ernsthaft über die Todesstrafe debattiert wird.* Die hat da nun wirklich nichts mehr zu suchen. Da der Ermordete auf keinen Fall lebendig wird, wenn der Mörder am Galgen baumelt, ist die Todesstrafe nichts als eine Triebbefriedigung primitiver Naturen, von Menschen, die auf der Stufe der Jäger und Sammler stehen geblieben sind.

Die einzige Strafe, die es für einen Mörder in einer Eigentümer-Gesellschaft geben kann, wäre die konsequente *Verurteilung zum Schadensersatz:* Der Täter müßte möglichst schnell den Schaden wiedergutmachen, für den er verantwortlich ist. Daß dies nicht in den Stätten höchst unproduktiver und dürftiger Arbeitsmöglichkeiten der Fall sein kann, die wir heute »Gefängnisse« nennen, versteht sich am Rande. Der einzige Freiheitsentzug, der ökonomisch ge-

sehen nichts anderes ist, als Verhinderung der möglichen Sozialprodukterzielung durch den Schuldigen (= Schuldner!), den es in einer freien Eigentümergesellschaft geben dürfte, wäre die *Sicherheitsverwahrung:* um *künftige* Schädigungen durch Dauertäter zu verhindern.
So unentschieden wie die Strafgesetze, die sich offenbar immer noch nicht damit abfinden können, daß wir in einer Eigentümergesellschaft leben, sind auch die *Zivilgesetze.* Schon beim ersten »Aufschreiben« von Regelungen über Eigentum und Schulden saß immer der Teufel mit am Tisch. Immer wieder gibt es den Versuch, den *freien Ablauf der menschlichen Beziehungen,* die sich aus der räumlichen und zeitlichen Endlichkeit so oder so ergeben, zu beeinflussen, wenn nicht zu verhindern.
So ist die ganze Geschichte ein ewiges Hin und Her: Soll das Eigentum unbeschränkt gelten oder sollte man nicht doch ein wenig »gegensteuern«. Soll man den Zins sich frei und unbeschränkt entfalten lassen oder wäre es nicht gut, wenn man auch ein wenig bremst, und so schlimme Sachen wie »Wucher« verhindert.

Unser Grundgesetz ist doch zum Lachen!

Vor allem in den sogenannten »Grundgesetzen« oder »Verfassungen« kommt es immer wieder zu den lustigsten Klimmzügen. Der sogenannte »Gesetzgeber« begreift eben nicht, was Sache ist. Und die staunende Bevölkerung liest wunderschöne Worte und

Sätze, die sich unheimlich stark anhören, die aber kein Mensch im Ernst kapiert, weil sie eben nur Geschwafel sind.

Ein Beispiel ist der Artikel 14 des deutschen Grundgesetzes, der Aussagen über das »Eigentum« bringt. (*Das Wort »Zins«* oder ein anderer Begriff, der die zeitliche Präferenz des Menschen zum Ausdruck bringt, etwa »Schulden« oder »Zahlung« *kommt in der deutschen Verfassung überhaupt nicht vor,* obwohl eine Bundesrepublik Deutschland ohne zeitliche Präferenz ihrer Einwohner überhaupt nicht vorstellbar ist; der Zins, ist, wie wir gesehen haben, eine höchst innerliche Sache – das Eigentum liegt offen zutage – und da haben sich die Herren »Väter« der Verfassung nicht so recht herangewagt. Das Ganze haben sie schlichtweg verdrängt, bzw. stillschweigend vorausgesetzt, daß die Menschen sich in Sachen Zeitpräferenz und Zins schon »irgendwie« einigen werden.)

Im Artikel 14 lesen wir:

> »Das Eigentum und das Erbrecht werden gewährleistet. Inhalt und Schranken werden durch die Gesetze bestimmt. Eigentum verpflichtet. Sein Gebrauch soll zugleich dem Wohle der Allgemeinheit dienen«.

Welch ein Unsinn! Wie wir schon gesehen haben, ist Nicht-Eigentum gar nicht vorstellbar, sobald genügend Menschen auf einem Haufen sitzen. Insofern erübrigt sich jede »Gewährleistung von Eigentum«. Das Eigentum ist da und basta! Der »Inhalt« des Eigentums ist damit auch ganz klar: die immobilen oder mobilen Sachen gehören halt jemandem, entweder *einzelnen* oder mehreren Eigentümern – oder dem Staat. Und was ist wohl mit »Schranken« gemeint? Sind das die Eigentums-Umzäunungen? Oder wollte man sagen: Nur *ein* Teil der bundesdeutschen Fläche ist *(privates!) Eigentum,* der Rest aber gehört *allen?* Der Rest gehört aber nirgendwo in Deutschland »allen«, dazu muß man nur einen Blick in ein beliebiges Grundbuch werfen. Da steht unter der Flurnummer ABC nicht etwa als Eigentümer eine lange Liste mit den Namen *aller* Deutschen. Sondern als Eigentümer sind vorgemerkt: Gemeinde Hintertupfing, Bundesland Bayern oder die Bundesrepublik Deutschland gleich selbst.

Eigentum als solches kann man nicht »beschränken«. Mann kann nur einiges bewirken, was die **Nutzung** des Eigentums betrifft, und so heißt es dann auch so schön: »Eigentum verpflichtet«. Das hört sich besonders nobel an. Man sieht sie förmlich, die Reichen, wie sie »verpflichtet« sind, einmal in der Woche die Bevölkerung zum Tee in ihre Parks zu bitten. Aber warum darf dann der Reiche nicht umgekehrt einmal in der Woche in die Eigentumswohnung des Fabrikarbeiters klotzen, um dort ein Bierchen zu stemmen? Wenn die »Armen« schon mit der Yacht von Herrn Flick in der Ostsee schippern dürfen, dann sind sie doch wohl genauso »verpflichtet«, Herrn Flick ihren getunten BMW für eine Wochenend-Spritztour zu überlassen, nicht wahr?

Wie soll sie konkret aussehen, diese »Verpflichtung«. Soll man sich *freiwillig* verpflichtet fühlen, oder wird diese »Pflicht« *zwangsweise* auferlegt? Aber wenn man Herrn Flick per Gesetz auferlegt,

seine Yacht zur Verfügung zu stellen, wie ist das dann mit dem Gesetz, alle getunten BMW auszuleihen? Und: *wer* ist *wem* verpflichtet?
Nur der »Reiche« gegenüber dem »Amen«? Wenn ja, was auch so schön »gerecht« klingt: wo ist dann die *Grenze* zwischen Reich und Arm? Sind zehn Prozent der Bevölkerung *verpflichtet,* siehe Marx, während 90 Prozent das dann *ausnutzen* dürfen? Liegt die Grenze gar bei 1 zu 99? oder liegt sie bei 49 zu 51? Aber was ist dann mit dem Armen, wenn er einen Lottogewinn macht oder erbt? Vorher durfte er *fremdes* Eigentum benutzen, jetzt muß er sein *eigenes* zur Verfügung stellen?
Im Grundgesetz ist vom »Gebrauch« des Eigentums die Rede. Was ist das überhaupt?
Meint das Grundgesetz »Benutzung«? Dann müßte sich aus dem Grundgesetz unmittelbar der Zwang ableiten lassen, überall Mitfahrer aufzulesen. Denn sobald ein Auto-Eigentümer an einem Nicht-Auto-Eigentümer vorbeifährt, »dient« er nur sich selbst, und nicht auch den anderen. Aber sind diese *anderen* eigentlich schon die *»Allgemeinheit«? Alle* Nicht-Auto-Eigentümer kann schließlich niemand mitnehmen, ein so großer Omnibus wurde noch nicht konstruiert.
Oder meint der »Gebrauch« in Wirklichkeit *»Teilung«?* Da kassiert jemand aus seinem Eigentum Zinsen oder Dividenden. Einen Teil davon darf er behalten, aber schon kommt das »zugleich« des Grundgesetzes: *Zugleich* muß er aber von dem kassierten Geld was abgeben und zwar an *alle,* die keine Zinsen oder Dividenden kassieren. Aber was ist,

wenn unter »alle« Hausbesitzer fallen, die Miete einziehen? Müßte da nicht aufgerechnet werden?
Oder meint der »Gebrauch« eine bestimmte Form der Wucht, sein Eigentum »einzusetzen«? Dann haben wir wiederum zwei Möglichkeiten:

- Entweder der Eigentümer setzt sein Eigentum *ganz brutal* ein. Er erhöht also laufend die Miete, und wer nicht zahlt, fliegt vom Balkon. Dieser »Gebrauch« dient in der Tat, der Allgemeinheit, denn wer die höchstmöglichen *Mieten* kassiert, kann auch die höchsten *Steuern* zahlen, die bekanntlich der »Allgemeinheit« zugute kommen.
- Oder der Eigentümer setzt sein Eigentum *ganz bescheiden* ein. Er verzichtet auf alle Mietzahlungen, die mehr bringen als die Renovierungskosten und ein kleines Zubrot für den Hausbesitzer. Dann freut sich die »Allgemeinheit«, denn billiges Wohnen dient ebenfalls doch »allen«.

Und wenn jetzt *eine* Allgemeinheit gegen die *andere* auftritt – was dann? Mit seinen hohen Steuern kann ein Hamburger Vermieter auch einen Beitrag zur Finanzierung des Mutterschaftsgeldes in Rosenheim leisten. Nimmt er jedoch nur eine minimale Kostenmiete, dann kommen die Mütter aus Rosenheim und tragen Transparente wie: »Das reiche Hausbesitzer-Schwein in Hamburg verhindert, daß wir unsere Kinder säugen können.« Anschließend kloppen sich die Rosenheimer Väter mit den Hamburger Mietern, denn für *die* liegt ja das »Wohl der Allgemeinheit« nicht in Bayern, sondern in Hamburg, es entsteht durch die Mietzahlungen, die *sie* sparen.
Wie »allgemein« ist eigentlich die »Allgemeinheit«?

Auf den Artikel 14 berufen sich sehr gern die *unmittelbar Betroffenen.* Zum Beispiel, wenn ein Unternehmer Leute entläßt, weil er sonst seine Firma nicht mehr halten kann. Dann schnurrt die »Allgemeinheit« urplötzlich zusammen. Es sind ein paar Dutzend Familien. Aber die 20 Millionen anderen deutschen Familien? Wenn der Unternehmer keine Gewinne mehr aus seinem Eigentum ziehen und keine Steuern mehr zahlen kann, gehen *sie* doch leer aus.
Eine Eigentums-»Verpflichtung« oder Eigentums-»Beschränkung« zum »Wohle der Allgemeinheit« ist immer ein Widerspruch in sich. Entweder das Eigentum wird zu Gunsten einer *Minderheit* (eben *nicht* der Allgemeinheit) eingeschränkt, dann muß man aber konkret sagen, *welche* Minderheit man meint: Arbeiter einer Firma, Mieter eines Hauses.
Oder das Eigentum soll wortwörtlich dem »Wohle der *Allgemeinheit«* (= allen Deutschen) dienen. *Das geht nur, wenn das Eigentum völlig unbeschränkt und unverpflichtet eingesetzt wird.* Nur dann kann es der größtmöglichen Zahl von Menschen dienen, also der allgemeinsten Allgemeinheit.
So funktioniert Eigentum übrigens auch, wenn man sich die »Umverteilung« der aus Eigentums-»Gebrauch« gezogenen *Steuern* wegdenkt: Je höher der Gewinn aus einem Eigentum, um so mehr Eigentum kann dann geschaffen werden (Bau neuer Häuser, weitere Fabriken). Was Menschen Einkommen gibt, womit sie nun ihrerseits in die Lage kommen, Eigentum zu bilden.

Der »Sozialstaat« hemmt das Eigentum, verhindert dadurch Wachstum

Ein Großteil der Misere der mit solchen »Eigentums-Verpflichtungen« gesegneten Wohlfahrtsstaaten besteht darin, *daß die Eigentums-Nutzung immer zu Gunsten eines viel zu kleinen Kreises beschränkt wird.* Zum Schluß kann *jeder einzelne,* der unter einer Eigentumsnutzung eines anderen »leiden« könnte, behaupten, er sei Bestandteil der »Allgemeinheit«, also habe er Rechte gegen den Eigentümer, die diesen »binden«.

Dann hört in letzter Konsequenz die Eigentumsnutzung überhaupt auf. Da Eigentum nichts mehr bringt, wird es überhaupt nicht mehr »gebraucht«. *Der allgemeine wirtschaftliche Stillstand ist die Folge.*

Der Staat verunmöglicht tatsächlich die Eigentums-Nutzung immer mehr. Jeder Eigentümer kann davon Lied um Lieder singen. Der Einsatz von Eigentum ist in vielen Bereichen schon kaum noch möglich, in anderen Bereichen so umständlich, langwierig und bürokratisch gehemmt, in weiteren Bereichen schon sinnlos, da es keinerlei Gewinnmöglichkeiten mehr gibt. Und wo sich der Eigentums-Einsatz nicht mehr rechnet, hört er eben auf.

Einige Beispiele genügen. Es ist zum Teil erheiternd, diese Beispiele zur Kenntnis zu nehmen, aber das Lachen wird uns bald vergehen.

Nur in einer Eigentümer-Gesellschaft ist Wirtschaftswachtsum möglich. Weil nur in einer Eigentümer-Gesellschaft der Zins auf das Eigentum treffen und jenen dynamischen Prozeß auslösen kann, der

sich aus der Überschuldungs-Angst der Eigentümer automatisch ergibt.
Jede Eigentümer-Beschränkung behindert das Schuldenmachen (Kreditaufnahme). Sie resultiert daher in Investitionsschwäche, Arbeitsplatzverlusten und Nullwachstum. Wer die Eigentümer beschränkt, weiht jede Wirtschaft und damit jedes Volk dem Untergang.
Die Beispiele der Eigentümer-Beschränkung, die sich aus dem völlig überflüssigen und obendrein falsch interpretierten Artikel 14 des Grundgesetzes ergibt, lassen sich gut unterteilen:*

A. Eigentum ist vorhanden, kann aber nur unter großen Schwierigkeiten und mit zeitlicher Verzögerung eingesetzt werden.

Darunter fällt vor allem der große Bereich der **industriellen Produktion.** Die Bundesrepublik Deutschland ist eine Industrienation. Wenn sie also überhaupt Wachstumsraten erzielen will, muß sie das industrielle Potential ausschöpfen können. Dies wird durch behördliche Auflagen immer mehr erschwert. »Investitionen« in der Bundesrepublik rechnen sich immer schlechter. Wobei »schlechter rechnen« be-

---

* Hierbei wird *ausschließlich privates* Eigentum behandelt, da sich die wirtschaftliche Dynamik ausschließlich aus der *Überschuldungsangst der Privateigentümer* entwickeln kann. Der Staat als Eigentümer hat keinerlei Verschuldungs-Skrupel, weil er nicht pleite gehen kann in dem Sinne wie ein Privat-Eigentümer untergeht (Existenzverlust). Der Staat wird zwar bankrott machen (= die Zahlungen einstellen), aber mit ganz anderem Effekt; siehe dazu den nächsten großen Abschnitt über »Staat und Zinsen«.

deutet: sie könnten nur durchgeführt werden, wenn die Bundesrepublik ein geschlossener Wirtschaftraum wäre. Aber die deutschen Industriebetriebe stehen in internationalem scharfen Wettbewerb und können ihre behördlich aufgezwungenen Standortnachteile nicht mehr über die auf dem Binnen- und dem Weltmarkt erzielbaren Preise hereinholen.
Auch das **private Bauen** ist hier zu nennen. Die Auflagen werden laufend umfangreicher, die bürokratischen Verzögerungen nehmen zu.
Ebenfalls wird der Eigentumseinsatz in Form der **Schaffung neuer Arbeitsplätze** in Industrie, Handel und Dienstleistungsbereichen gehemmt, da der Staat durch sogenannte »Sozialgesetze« die Kosten der laufenden Beschäftigung ohne Sinn und Verstand hochgetrieben hat (Arbeitszeit, Urlaub, gesetzliche Nebenleistungen) und da der Staat *die Beendigung von Arbeitsverhältnissen* (Abfindung, Sozialplan) so *verteuert* hat, daß diese Kosten – umgerechnet auf laufende oder zu bildende Arbeitsverhältnisse – die deutsche Arbeit als Produktionsfaktor mehr und mehr aus derm Wettbewerb drängen.

B. Eigentum ist vorhanden, geht aber verloren, weil Gebrauchsverbote existieren.

Darunter zählt vor allem das Sterben der kleinen **Einzelhandelsgeschäfte,** die wegen der Ladenschlußgesetzgebung den Vorteil der Kundennähe und des jederzeitigen individuellen Services nicht ausspielen können.
Sehr deutlich der Effekt auch im **frei finanzierten privaten Wohnungsbau.** Weil sich durch die Mieter-

»Schutz«-Gesetze Wohnungen nicht mehr in Konkurrenz zu anderen, hochzinslichen Anlageformen kalkulieren lassen, ist *der frei finanzierte Wohnungsbau tot.* Er bringt Verluste, was vice versa zu den berühmten »Bauherrenmodellen« geführt hat, mit deren Hilfe diese Verluste gegen Gewinne aus anderen Einkunftsarten aufgerechnet werden können.
Auch im **Gesundheitswesen** wird sich über kurz oder lang eine Substanzvernichtung durch Eigentumsbildungs-Verhinderung ergeben, wenn die Versuche, *die freie Preisbildung von Ärzten, Apotheken* usw. einzuschränken, nicht sofort abgebrochen werden.

C. Eigentum wird zwar gebildet, doch es ist nur »Schein-Eigentum«, da es nicht unter Marktbedingungen entsteht.

Dort steht an erster Stelle die **Landwirtschaft.** Durch die »politischen« Preise für die Bauern, die weit über den Weltmarktpreisen liegen, wird die Produktion, damit die Investition und Eigentumsbildung angeregt (»Butterberge«). Das entsprechend gebildete Eigentum steht aber *nur auf dem Papier,* weil sich bei Wegfall der Subventionen und der staatlichen Ankaufs-Garantien die getätigten Investitionen als wertlos erweisen.
Das gleiche spielt sich in allen sonstigen **subentionierten Bereichen** einer Volkswirtschaft ab. **Bergbau, Stahlindustrie, Werften,** aber auch staatliche Zuschüsse für Forschung, »Humanisierung« von Arbeitsplätzen und anderes mehr bilden »Schein-Eigentum« dort, wo es normalerweise nie entstanden wäre. Der Kontra-Effekt ist einleuchtend:

• Zum einen *entziehen* diese subventionierten Bereiche jenen Sektoren, wo das freie und unbeeinflußte Eigentum noch vorherrscht, *die Mittel,* um dort zusätzliches, echtes Eigentum zu bilden, das also über den Zins-Effekt die Wachstums-Dynamik einleiten kann.

• Zum zweiten erweist sich Schein-Eigentum über kurz oder lang eben doch als *nicht vorhanden.* Eine kaputte Stahlfirma kann durch Subventionen nie saniert werden. Dann entfällt das Eigentum, da nicht vorhanden, als Sicherheit, um Liquidität und Kredite aufzunehmen und die wirtschaftliche Dynamik zu entfesseln. Schrottbetriebe werden nicht beliehen.

Solche Kapital-Fehlleitungen (Bildung von Schein-Eigentum) gibt es auch andernorts: zum Beispiel ist ein Großteil der **Kur- und Gesundheitseinrichtungen** nichts wert, weil sie nur mit Hilfe von Subventionen aus den Sozialkassen »benutzbar« sind.

Aber selbst ein großer Teil des Eigentums, das gerade gebildet wird, und was als »modern« und »zukunftsträchtig« gilt, ist Schrott, weil es auf verfälschten Bedingungen beruht: die **Automatisation,** das reicht vom Einsatz von **Robotern** bis hin zur **automatischen Kartenentwertung**.

Automatisiert wurde vor allem, um Arbeitskosten zu sparen. Das dahinter stehende Denkmodell lautet: weil die Arbeit *immer teurer* wird, müssen wir mehr Maschinen aufstellen. Daß die Arbeit immer teurer wird (konkreter: die Arbeitsleistung), ist aber nur eine Annahme, die sich aus dem *Gewerkschaftsmonopol* ergibt. Die Funktionäre werden schon dafür sorgen, daß die Löhne immer weiter steigen. Was aber geschieht, wenn sich die Gewerkschaften auflösen, oder wenn die Arbeiter mit Lohn*senkungen* einverstanden sind, oder wenn sie plötzlich durch irgendwelche Incentives (z. B. Umsatzbeteiligung) ein schnelleres Arbeitstempo vorlegen?

D. Eigentum kann überhaupt nicht gebildet werden, da der Staat diese Bereiche monopolisiert.

Das ist inzwischen der Großteil der bundesdeutschen Volkswirtschaft. Vom Kreißsaal bis zur Aussegnungshalle sind die Menschen in unserem Land *von Staats-Monopolen umzingelt*, wobei diese Monopole de facto oder sogar de jure gelten.
De-facto-Monopole: Darunter fallen vornehmlich Gesundheits- und Bildungseinrichtungen, in denen man zwar als privater Eigentümer dem Staat Konkurrenz machen könnte, wo es sich aber nicht rechnet, weil der Staat die De-facto-Monopole so stark subventioniert, daß private Eigentümer nicht oder nur in Spezialbereichen dagegen ankommen.
Krankenhäuser, Schulen, Universitäten sind zwar rechtlich auch unter privater Trägerschaft möglich und existieren auch da und dort, vom Benediktiner-Gymnasium über die Frischzellen-Klinik am Tegernsee bis zur ersten in Nordrhein-Westfalen vor kurzem gegründeten Privat-Uni. Aber weitgehend regiert doch die öffentliche Hand.
Ähnlich ist es mit dem **Paketdienst** der Post. Es gibt zwar private Versender-Konkurrenten (z. B. UPS), aber die Bevölkerung nimmt doch die Post, weil dort stark subventionierte Beförderungs-Tarife gelten.
In der **Altersversorgung** gibt es ein Doppel-System:

Jeder muß seine Rente zwar beim Staat versichern, aber es steht ihm frei, noch eine private Lebensversicherung abzuschließen. Auch in der **Krankenversicherung** gibt es öffentliche Eigentümer und private. Das **Verkehrssystem** ist ebenfalls unentschieden konstruiert. Das **Schienennetz** ist sozialisiert, aber theoretisch wären auch **Privatbahnen** möglich und einige kleine gibt es sogar noch. Die **Straßen** sind fast ausschließlich in staatlicher Hand, ebenso die **städtischen Verkehrsmittel.** Bei **Parkplätzen** geht beides durcheinander: es gibt private Parkhäuser und Abstellplätze auf den staatlichen Straßen, wo man die Parkuhren bedienen muß.

Im **Funk- und Nachrichtenwesen** ist das *Staatsmonopol fast 100prozentig!* Was sich die kleinen CB-Funker an privatem Eigentum herausgeschnitten haben und was im Funkverkehr bei Taxen, Fuhrunternehmen oder auf Baustellen usw. möglich ist, verschwindet fast völlig hinter dem Staatsmonopol, das die Post im Funkverkehr ausübt, und das sie selbst nutzt bzw. an weitere Unter-Monopole vermietet hat. **Telex- und Telefax-Netz** ist ein perfektes Staatsmonopol ohne private Eigentümer, bei **Rundfunk und Fernsehen** ist ein perfektes Folge-Monopol entstanden: Wer einen noch so winzigen privaten UKW-Sender betreibt, wird sofort verhaftet.

Vollständig staatsmonopolisiert ist auch das **Geldwesen**, niemand außer dem Staat bzw. der Staatsbank darf Scheidemünzen prägen oder Banknoten fabrizieren. Bei der **Arbeitsvermittlung** gilt ebenfalls ein absolutes Staatsmonopol, das zu solchen Lächerlichkeiten führt, daß eine Handelskammer von sich

aus noch nicht einmal ein paar Lehrstellen vermitteln kann. Nur für Zeitarbeit und hochkarätige Führungskräfte hat sich das private Eigentum ein kleines Reservat geschaffen.
Und daß wir schließlich unsere **Briefe**, in denen wir uns über diesen bundesdeutschen Sozialismus vielleicht beim Bundeskanzler beschweren wollten, nur über ein *Staatsmonopol* befördern lassen dürfen, versteht sich schon von selbst. Nehmen Sie niemals Post für einen Freund mit – Sie machen sich strafbar!

Wieviel ist die Post denn wert? Wieviel eine Uni?

Die bundesdeutsche Bevölkerung ist keineswegs eine »kapitalistische« Eigentümer-Gesellschaft, wie dies immer von links behauptet wird. Sondern wir sind bereits *zum Großteil sozialisiert.* Dieses hat nicht nur einen »moralischen« Aspekt: Wir sind weder frei, uns einen anderen Marktteilnehmer auszusuchen, weil es immer nur den Staat gibt. Noch dürfen wir uns selbst dort betätigen. Und wenn wir dort tätig sein *müssen*, sind wir nichts anderes als Unfreie, im wahren Sinn des Wortes Staats-Sklaven.
Viel interessanter ist der *wirtschaftliche Aspekt:* Wie entwickelt sich eigentlich das Staats-Eigentum im Vergleich zum privaten Eigentum? Und was geschieht, wenn diese Entwicklung vonstatten geht?
Zunächst einmal schauen wir uns die Entwicklung des Staats-Eigentums an. Wie aber sollen wir das »Eigentum« bzw. die »Eigentums-Quote« (Staat-privat) messen?

Bewerten kann man nur privates Eigentum! Nicht nur weil nur Privat-Eigentümer bilanzieren, sondern weil die »Vermögens-« oder »Eigentumsberechnungen« von Betrieben bzw. Wirtschaftseinheiten aus den Sektoren A. bis D. vollständig unbrauchbar sind, selbst wenn darüber das Wort »Bilanz« stehen sollte.

Bahn und Post, die beiden größten Staatsbetriebe bilanzieren überhaupt nicht, sondern geben nur irgendwelche völlig wertlosen Wirtschafts- oder Kennzahlen bekannt. *Völlig wertlos schon allein deshalb, weil sie auf der Annahme beruhen, daß das Staatsmonopol erhalten bleibt.* Nur Staaten untereinander kommen als Käufer von Staatsposten, Staatsbahnen und Staatsbanken in Frage. Sobald solche Betriebe »privatisiert« würden, wären sie ihr Monopol natürlich *los*, weil im privaten Wirtschaftsbereich bekanntlich das Monopolverbot der Kartellgesetze gilt.

Es ist also völlig witzlos, wenn die Post behauptet, eine Einheit Telefon »koste sie« soundsoviel oder ein Brief sei so und so teuer. Weil es keine private Konkurrenz zu diesen Leistungen gibt, sich also die Preise niemals als Konkurrenzpreise basierend auf Konkurrenz-Kosten ergeben können, *kann die Post behaupten, was sie will:* Ein Brief »kostet« zwei Mark, fünf Mark, zehn Mark. Eine Telefoneinheit einen Pfennig, zehn Pfennige, 30 Pfennige: Alles ist völliger Quatsch; »unbeweisbar«, da es keinen Konkurrenten der Post gibt, der ihr vormachen könnte, was *er* für Preise aufgrund welcher Kosten nehmen würde.

Es ist daher auch absolute Zeitverschwendung, sich über öffentlich-rechtliche Preise oder Gebühren zu erregen, z. B. für Rundfunk und Fernsehen: sie sind *absolut willkürlich festgesetzt,* da es keinerlei Preis- und Kostenkontrolle über den Markt gibt *und daher werden sie auch ewig steigen* …

Was für die »Bilanzen« der Staatsmonopole gilt, ist auch für die Bilanzen jener Betriebe anzuwenden, die z. B. subventioniert werden. Jede bäuerliche Bilanz ist schon vom Ansatz her Unfug, weil der Bauer seinen Betrieb immer unter der Voraussetzung bewertet, daß die Aufkaufsverpflichtung des Staates zu den garantierten Preisen weiterbesteht. In Wahrheit – also unter *wahren* Marktbedingungen der freien Konkurrenz – müßten 90 Prozent der landwirtschaftlichen Betriebe der EG *sofort Konkurs anmelden,* ihre Äcker hätten Ertragswerte von Null und ihre Trecker wären Schrott.

Viele dem freien Eigentümer und dem freien Markt entrückte Bereiche bilanzieren überhaupt nicht, oder haben Sie schon mal eine Universitäts-Bilanz gesehen? Auf diesen »hohen« Schulen sitzen zwar jede Menge hochkluger Betriebswirtschaftsprofessoren. Aber eine Uni-Bilanz aufzustellen, wäre auch ihnen nicht möglich. Denn – ach! – wie sähe denn die Gewinn- und Verlust-Rechnung einer Uni aus? Oder will jemand im Ernst behaupten, daß die Beamten-Gehaltszahlungen mit Hilfe von Erträgen gedeckt werden? Oder daß dort etwas »umgesetzt« wird, und daß die Bibliothek des Soziologischen Instituts irgendeinen Wert besäße, oder wie oder was?

Bundesrepublik: 67 Prozent Staat, 33 Prozent Markt

Um das staatliche vom privaten Eigentum zu scheiden, um zu erkennen, was noch Markt und was schon Staat ist, gibt es nur einen Weg: Man muß die jeweiligen »Umsätze« gegenüberstellen. Und wo es keine Umsätze gibt, z. B. bei Schulen, muß man die gesamten staatlichen Ausgaben nehmen, die für das Schulsystem jährlich ausgegeben werden.
Dieses haben wir gemacht und nicht nur für die Gegenwart, sondern auch für die Vergangenheit: *Wieviel Umsätze eines Jahres in der Bundesrepublik Deutschland sind auf freien Märkten als Resultat einer freien Privateigentümer-Gesellschaft getätigt worden, und wieviel Umsätze sind auf staatliches Geheiß ohne Marktkontrolle, also »sozialistisch« erfolgt.*

Markt und **Staat** in der Bundesrepublik Deutschland

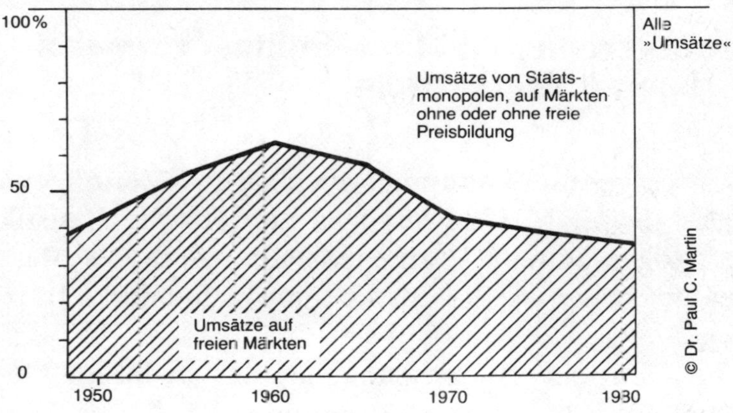

Abbildung 8: Die Republik auf dem Marsch in den Sozialismus

Das Ergebnis ist niederschmetternd. *Nur noch knapp ein Drittel* (1983 geschätzt: 31 Prozent) der deutschen Wirtschaftsleistung eines Jahres wird unter den Aspekten und den Bedingungen einer Privateigentümer-Gesellschaft abgewickelt.

Zwei Drittel sind staatliche Willkür.

Die Bundesrepublik Deutschland ist inzwischen längst eine *Staatswirtschaft mit einem sich schnell vermindernden marktwirtschaftlichen Sektor*. Extrapoliert man die Kurve der Umsätze der beiden Eigentums-Bereiche, so stellt man fest, daß die »Sozialismus-Quote« der Bundesrepublik im Jahr 2000 etwa bei 90 Prozent liegen dürfte.

Damit entlarvt sich das Gerede der Politiker von der »marktwirtschaftlichen Ordnung« und so weiter als hohle, dumme Phrase. *Die Bundesrepublik befindet sich vielmehr auf dem Geschwindmarsch in den Sozialismus.*

Bundesrepublik: Das »Kapital« vermehrt sich um 1 bis 2 Prozent

Statt Eigentum kann man auch sagen »Vermögen« oder »Kapital«. Und wenn wir uns jetzt die Statistik der sogenannten »Vermögensbildung« dieses Staates anschauen, ist die Entwicklung nicht minder frappant.

Die Deutsche Bundesbank hat uns in ihrem Geschäftsbericht für 1982 bestens über den Zustand der Vermögensbildung in der Bundesrepublik aufge-

Das KAPITAL in der Bundesrepublik Deutschland

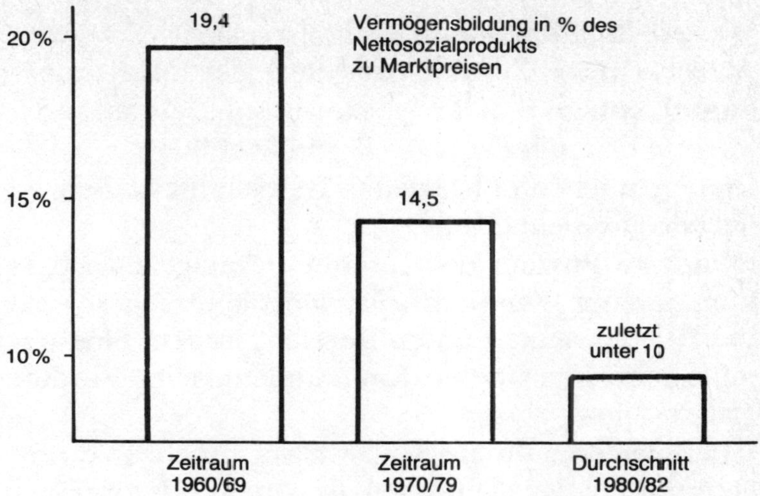

Abbildung 9: Der Zusammenbruch der deutschen Vermögensbildung

klärt und schreibt zum Thema »Schwäche der Kapitalbildung und ihre Konsequenzen«:

> »Kapitalbildung und Kapitalverwendung (entsprechen) *seit längerem nicht mehr den Erfordernissen eines anhaltenden arbeitsplatzsichernden Wachstums.* Der Hauptgrund liegt darin, daß von den erwirtschafteten Einkommen *immer weniger* für den Ausbau sowie die Verbesserung der Produktionsanlagen und der Infrastruktur verwendet wird.«

In der Tat: In den 60er Jahren wurden noch fast 20 Prozent des (nach Abzug der Abschreibungen verbliebenen) Nettosozialprodukts zum »Aufbau des Volksvermögens« verwendet, in den 70er Jahren noch rund 15 Prozent, jetzt weniger als zehn Prozent.

Was die Bundesrepublik erlebt, ist sozusagen der umgekehrte Marx. Statt immer gewaltigerer Kapitalakkumulationen, die der Meister prophezeit hat, wird tatsächlich *immer weniger* Kapital gebildet.

Im eigentlichen industriellen Bereich inzwischen so gut wie gar nichts mehr.

Denn: 40 Prozent des gesamten Anlagezuwachses kommen der *Wohnungswirtschaft* zugute, »also«, so die Bundesbank, »einem Bereich, in dem eine unmittelbare konsumtive Kapitalnutzung im Vordergrund steht«.

Überdies enthält die volkswirtschaftliche Vermögensbildung der Deutschen als – mehr oder weniger – statistische Größe noch die »Investitionen« *der öffentlichen Hand,* die aber, wie wir gerade gesehen haben, da nicht marktwirtschaftlich gesteuert, überhaupt keinen bewertbaren Wert haben. Ob der Staat also »Vermögen« bildet, indem er eine neue Standspur auf der Autobahn Düsseldorf-Oberhausen legt oder ob in Wanne-Eickel die Linde rauscht – es gibt keinen ökonomisch meßbaren Unterschied. Zwar kann der Staat sagen: die Standspur, diese »öffentliche Investition« habe so und so viel gekostet. Da sich die Investition aber nicht »rechnen« läßt – es gibt keine privaten Autobahnen! – *kann mit solchen Investitionen auch kein vewertbares Vermögen gebildet werden.*

Was bleibt, ist also der Anteil der Vermögensbildung der deutschen privaten Eigentümer-Wirtschaft, die unter Marktbedingungen antreten muß.

Wenn man die privaten Anlage-Investitionen netto mit 9,2 Prozent vom Sozialprodukt laut Bundesbank angibt, wenn man die 40 Prozent Wohnungsbau, also Konsum, abrechnet, und wenn man die nichtmarktwirtschaftlichen, also nicht bewertbaren Schein-Vermögen abzieht (»gebildet« in den Bereichen A. bis D., siehe oben!), dann dürfte die *tatsächliche Vermehrung* des Kapital- und Echt-Eigentums-Bestandes in der Bundesrepublik, was die Marxisten also unter »Kapital« verstehen, nicht mehr als 1 bis 2 Prozent vom Ganzen ausmachen, was in einem Jahr erarbeitet wird.

Damit ist eigentlich alles gelaufen

Der Staat der Bundesrepublik Deutschland hat sich als lupenreiner Sozialismus entpuppt: Der Bereich, in dem Marktwirtschaft als Inbegriff optimaler Eigentumsnutzung und -entfaltung überhaupt noch stattfinden darf, hat sich seit Bestehen der Republik dramatisch verkleinert, von über 60 auf nur noch wenig über 30 Prozent des gesamten wirtschaftlichen Geschehens. In absehbarer Zeit wird sich der marktwirtschaftlich gesteuerte und nur in einer Marktwirtschaft letztlich existierende, weil nur über freie Märkte definier- und bewertbare *Privateigentümer-Bereich vollständig verflüchtigt haben.* Die Bundesrepublik Deutschland wird spätestens gegen Ende dieses Jahrhunderts ein vollsozialistisches Gemeinwesen sein.

Neben dieser relativen Bewegung (Staat übernimmt

die freie Wirtschaft) haben wir auch einen Aspekt in absoluten Zahlen: Der Kapital-, Vermögens- und/oder Eigentums-Bestand überhaupt vermehrt sich nicht mehr bzw. so minimal, daß diese Vermehrung nur noch *als statistische Restgröße* zu interpretieren ist.

Wo kein privates Eigentum mehr entsteht, wo kein Kapital mehr gebildet wird, aber ist der schnelle Untergang vorprogrammiert.

Wenn hier von »privatem Eigentum« gesprochen wird, dann ist dieses nicht zu verwechseln mit »Eigentum«, das gar kein Eigentum ist, z. B. Geldwertforderungen in Form von Sparbüchern, Anleihen, Bankkonten usw. Dabei handelt es sich nicht um eine **Sache,** um wieder das Generalthema dieses Buches anklingen zu lassen, sondern um einen **Anspruch**.

Der Sparer hat zwar »Eigentum« an seinem Sparbuch und insofern Eigentum an der sich aus diesem Sparbuch ergebenden Forderung an ein Kreditinstitut.

Da die Forderung des Kunden an die Bank aus seinem Sparbuch aber nur so gut sein kann, wie die Forderung der Bank an den Kreditnehmer, der den vom Sparer eingezahlten Betrag letztlich bekommen hat, *ist das Wort »Eigentum« im Zusammenhang mit einer Forderung ein völlig falscher und leichtfertig Sicherheit suggerierender Ausdruck.*

Wie wir im kommenden sehen werden, richtet sich die Forderung des Kontensparers und aller anderen Geldwertbesitzer letztlich nicht gegen ein Eigentum, das er also im entscheidenden Fall ausgehändigt be-

käme, wenn das Sparbuch sonst nicht bedient werden kann. *Sondern der Sparer hat nur Anspruch gegenüber dem letzten, dem größten Schuldner. Und das ist der Staat.*
Da der Staat aber das Geld, das er schuldig ist, **nie** zurückzahlen wird, und da alle Staaten über kurz oder lang den Bankrott erklären müssen, wird der Geldwert-»Eigentümer« zwar bis zum Schluß noch eine »Forderung« präsentieren.
Doch diese Forderung richtet sich gegen niemanden mehr. Weil es keinen zahlungsbereiten Schuldner mehr geben kann. Die Hand des Sparers greift ins Leere.

Staat und Zins

Mit dem Zins bezahlen wir nicht Geld, sondern Güter

Der Zins, den wir bezahlen müssen, ist der Preis nicht für Geld und Kredit. *Sondern für unsere Zeitlichkeit schlechthin.*
Wären wir unsterblich, gäbe es keinen Grund, irgendeinen Genuß aus der Bläue der Zukunft in das grelle Licht der Gegenwart zu zerren. Wir könnten unendlich lange warten. Und nur, weil wir nicht warten können, sind wir bereit, für den Transport der Güter aus der Zukunft in die Gegenwart einen Aufpreis zu zahlen – eben den Zins.

Der Zind ist immer und ausschließlich ein Phänomen der Güterwelt. Mit »Geld« oder »Kredit« hat er überhaupt nichts zu tun. Es ist absolut irreführend, den Zins in die Welt von Banken, Schalterhallen und Kontenauszügen zu sperren. Dort hat er nichts zu suchen. Und alle Fehldeutungen und die entsprechend falsche Politik, die uns eine Wirtschaftskrise nach der anderen auferlegt – alles Resultate eines schwachen Denkens: der Mensch will offenbar nicht begreifen, *daß er am Zins überhaupt nichts ändern kann,* ihn ergo auch nicht in seiner Höhe manipulieren kann. Denn der Zins ist nichts anderes als das Resultat der zeitlichen Begrenztheit des Menschen und seines Fühlens dieser Begrenztheit in der Zeit. Alle »Politik«, die den Zins manipulieren will, die etwas mit »Geld« und »Kredit« im Sinne hat, ist vollständiger Unfug und von vorneherein ebenso zum Scheitern verurteilt, wie der Versuch der Politik, am Eigentum Änderungsversuche vorzunehmen. *Es kann nicht funktionieren.*

Die sozialistischen Staaten sind heute definiert als Wirtschaftsbereiche, in denen privates Eigentum mehr oder weniger verboten ist. Verboten heißt nicht: das Eigentum ist weg oder gar »Gemeineigentum« geworden; es hat nur ein anderer, der Staat. Da der Mensch aber Eigentum nur in privater Form besitzen möchte, kann der »Sozialismus« nicht funktionieren.

Die kapitalistischen Staaten lassen zwar privates Eigentum in einem erheblich größeren Umfange zu als die sozialistischen. Aber auch dort wird das Eigentum immer mehr begrenzt und es wird – als privates

Eigentum – über kurz oder lang verschwinden. Was die kapitalistischen Staaten überdies falsch machen – und womit sie den Prozeß der vollständigen Sozialisierung nur beschleunigen und damit den Untergang ihrer Staaten, Sozialstrukturen und Völker – ist die »Beeinflussung« des Zinses.

Verstaatlichte Notenbanken mit Notenmonopol, Diskontpolitik, Offen-Markt-Politik, Festsetzung fester Wechselkurse und vor allem die »neue Politik« des Monetarismus: alles nichts als Mittel, den unausweichlichen Zusammenbruch *noch zu beschleunigen.*

Es gehört zu den großen Tragödien unserer Zeit, daß ein so eminenter Kopf wie der amerikanische Nobelpreisträger Milton Friedman, der als einer der großen Promotoren der kapitalistischen (ergo freien) Wirtschaft gilt, mit seinem monetaristischen Wahn diesen von ihm so geschätzten Kapitalismus dem Untergange preisgegeben hat.

Monetarismus = Zinsmanipulation = Faschismus

Wenn der Zins politisch manipuliert wird, indem man am »Geld« herummanipuliert, *dann verändert man den Menschen, weil man ihm eine andere Zeitlichkeit aufzwingt,* als die ihm natürlich vorgegebene und die von ihm gewollte, bzw. *freiwillig* bewertete. *Monetarismus ist daher genauso Diktatur, wie Sozialismus.* Und Milton Friedman hat das selbst erkannt. Denn in seinem grundlegenden Aufsatz »Defining

Monetarism« im US-Magazin »Newsweek« (Juli 1982) schreibt er wörtlich:

> »In a scientific sense Karl Marx was a monetarist, and so are Russia's central bankers today.«

Man muß es nur *umdrehen*, um die Wahrheit zu sehen: Nicht Marx war Monetarist (dazu war er zu dumm, das Problem »Geld« hat er überhaupt nicht begriffen), sondern Marx wollte die Diktatur (des Proletariats) und die russischen Top-Funktionäre, die jetzt diese Diktatur ausüben, *sind Monetaristen, wie Monetaristen definitionsgemäß Diktatoren sind.* Und wenn wir oben schon feststellen konnten, daß Luther ein *Nazi* war. Dann können wir jetzt konstatieren: Der Nobelpreisträger Milton Friedman ist ein *Faschist.* *

Welchen Zins hat wohl Methusalem genommen?

Da der Zins Ausfluß unserer zeitlichen Endlichkeit ist, muß es einen Zusammenhang zwischen Zinshöhe und Zeitlichkeit geben.
Nehmen wir eine völlig freie Eigentümer-Gesellschaft, in der die ersten Schulden gemacht werden müssen. **Welcher** Zinssatz wird denn da festgesetzt?

---

* Die merkwürdige Affinität Friedmans zur chilenischen Junta, einer in Diktatur auftretenden Generals-Clique, erscheint so in einem verständlichen Lichte.

Warum fünf Prozent, warum zehn, warum nicht hundert?
Lassen wir Nebenaspekte weg, wie Risikoaufschlag, und nehmen wir an, die Schuld wird bestimmt zurückgezahlt: wie hoch ist dann der Zins? Daß die Menschen sich auf einen *ganz bestimmten Zinssatz* einigen – wo haben sie das denn *her*? Das konnten sie nicht den Tieren abschauen, und es stand auch nicht in den Sternen.
Und bleiben wir in unserer freien Eigentümer-Gesellschaft mit dem Erstauftritt von Schuldnern bei gesicherter Rückzahlung: Macht es dann einen Unterschied, ob die Menschen 80 Jahre alt werden oder 800 Jahre – wobei jeweils ein bestimmter Teil der Lebenszeit für Arbeit (im Fall des Schuldners: für die **Ab**arbeit der Schuld) zur Verfügung stehen würde?
Nehmen wir doch noch einmal das Buch der Bücher her. Da liest man von geradezu sensationellen Lebensdauern. Adam wird 930 Jahre alt, sein dritter Sohn Seth bringt es auf 912, sein Sohn Enos macht es 815 Jahre lang, Kenan geht noch einmal auf 910. Und den Rekord hält der sprichwörtliche Methusalem mit 969 Jahren.
Nehmen wir einmal an, unter diesen zeitlichen Giganten kommt es nun zur Schuldenmacherei. Der Kenan sagt zum Methusalem: »Junge, ich brauch' mal hundert Sack Getreide.« *Auf welchen Zins wird man sich verständigen?*
Der Kenan braucht das Getreide *sofort*, weil ihm seine Ernte verhagelt ist. Der Methusalem, der das Getreide übrig hatte, braucht es – da er vom laufenden Ertrag seiner Felder leben kann – erst zurück, wenn

er nicht mehr in der Lage ist, aufs Feld zu gehen, um zu säen und zu ernten. Das wird in etwa 700 Jahren sein. So lange kann sich Kenan eigentlich Zeit zum Zahlen lassen. Wenn nun ein Kredit mit einer so *langen Laufzeit* vereinbart wird: Was für ein Zins wird sich da wohl ergeben?*

---

* Daß und wie der Zinssatz mit dem Lebens- bzw. Arbeitalter zusammenhängt, beweist folgende Überlegung: Nehmen wir an, alle Menschen haben ein 30jähriges Arbeitsleben zur Verfügung. Danach sterben sie nicht sofort, sondern wollen noch ihren *Lebensabend genießen.* Da nicht feststeht, wie lange sie nach Ende der aktiven Zeit noch leben können, müssen sie am Ende des Arbeitslebens ein Vermögen haben, von dem sie leben können. Um dieses Vermögen zu bilden, bzw. zu ersetzen (also ein zweites Mal zu bilden, wenn es verloren ging), hat der Mensch 30 Jahre Zeit. Nehmen wir also an, daß ein solches Lebens-Vermögen existiert, allgemein als *ausreichend* anerkannt ist, und nehmen wir an, es müsse in genau der gleichen Form *noch einmal* angehäuft werden, und zwar mit Hilfe des ersten Vermögens. *Dann muß der Inhaber des ersten Vermögens das so einsetzen, daß nach 30 Jahren ein gleiches Vermögen noch einmal vorhanden ist.* Daraus ergibt sich also eine Verdoppelung in 30 Jahren, was einem Zinssatz (für den Fall der Ausleihe des ersten Vermögens oder seines Ersatzes bei Verlust o. ä.) von rund 2,5 Prozent entspricht. Damit erklärt sich, daß der langfristige Zinssatz (real, also ohne inflationäre Überhöhung) immer so um 3 Prozent gelegen hat, wie die Untersuchungen des amerikanischen Zinshistorikers Sidney Homer prompt gezeigt haben.
Dauert das Arbeitsleben länger, *sinkt* der Zins, bei einem Arbeitsleben von 700 Jahren, wie bei Methusalem, hätte der Zins nur etwa 0,1 Prozent p. a. betragen können. Im 19. Jahrhundert stand im Brockhaus-Lexikon der Satz »Mit dem Steigen der Kultur pflegt der Zinssatz zu sinken«. Völlig richtig, denn mehr Kultur (Zivilisation) brachte längere Lebens- und damit tendenziell längere Lebensarbeitszeiten. *Wenn jetzt wieder die Lebensarbeitszeit verkürzt wird, kann dies nur Zinstreiberei bedeuten.*

Der Pfennig Karls des Großen

Oder, um es noch spannender zu machen: Nehmen wir eine andere Größe der Weltgeschichte, nehmen wir Karl den Großen. Der hat sich bekanntlich etwas ganz besonders Tolles einfallen lassen, ein neues Geldsystem. In seiner »Deutschen Geldgeschichte« schreibt der Geld-Historiker Herbert Rittmann dazu:

> »In den Jahren 780 und 781 kommt es zur endgültigen Reform. Der Schilling (»solidus«) wird der Wertbegriff für 12 Pfennige (»denarii«); 20 Schillinge bilden ein Pfund (»libra«). Es ist die Einteilung, die sich bis in die Revolution in Frankreich und *bis zum 15. Februar 1971 in Großbritannien hält«.*

Wir haben also vom Jahre 781 bis zum Jahre 1971 ein *durchgehendes Geldsystem:* 1 Pfund = 20 Schillinge = 240 Pfennige. Nun nimmt Karl der Große einen solchen Pfennig und verleiht ihn. Zu einem bescheidenen Zinssatz von 4 Prozent. Karl der Große vergißt dann aber diesen winzigen Pfennig, der immer weiter vererbt wird (irgend jemand erbt bekanntlich immer in einer Eigentümergesellschaft, und sei es der Staat). Und der Pfennig wird auch immer mehr, weil zu dem karolingischen Guthaben die Zinsen kommen und dann die Zinsen von den Zinsen und so weiter.

Was wäre aus Karls Pfennig wohl bis zum Jahre 1971 geworden?

Eine Summe mit so vielen Nullen, daß wir sie auf einer Zeile dieses Buches kaum hätten unterbringen können. Aus Karls Pfennig wäre bis zum Jahr 1971

ziemlich genau dasselbe geworden, wie mit dem einen Weizenkorn, das man auf das erste Feld eines *Schachbretts* legt, um die sich dann ergebende Getreide-Menge von Feld zu Feld zu verdoppeln.
Ein Guthaben von 4 Prozent angelegt, verdoppelt sich ziemlich genau alle 18 Jahre. Der Zeitraum zwischen 781 und 1971 umfaßt 1190 Jahre. Dieses geteilt durch 18 ergibt 66 mal eine Verdopplung (ein Schachbrett hat 64 Felder).
Wenn wir Karls Pfennig aufzinsen und 66 mal verdoppeln, bekommen wir (Sie können es jederzeit nachrechnen) eine Summe von über 300 Billiarden Pfund. Das sind 1,2 Trillionen Deutsche Mark. Eine 12 mit 17 Nullen!

1200 000 000 000 000 000
Deutsche Mark!

Diese Summe, dieser Betrag ist so ungeheuerlich und unvorstellbar, daß man sich fragt, **ob** so etwas überhaupt möglich sein kann. An der Berechnung kann es nicht liegen, die stimmt. Der Zinseffekt ist eines der staunenswertesten Ergebnisse der menschlichen Begrenztheit in der Zeit. Und daß der Zinseszinseffekt voll gültig ist, kann nicht bestritten werden. Denn jede Bank wird Ihr Sparguthaben so behandeln: *sie schreibt Ihnen die Zinsen gut*, das ist dann das *neue* Sparguthaben, mit dem Sie ins neue Jahr streben, und am Ende dieses Jahres wird der Zins *wieder vom ursprünglichen Guthaben und den inzwischen aufgelaufenen Zinsen berechnet*. Jede Anlage-Tabelle jeder Bank oder Sparkasse ist mit diesem Zinseszinseffekt berechnet.

Aber: Der Zinseszins gilt nicht nur für den **Sparer**, also für Karl den Großen vor 1 200 Jahren, genauso wie für Karl Groß heute. Sondern er gilt auch für den **Schuldner**, für denjenigen also, der das Geld von Karl dem Großen und/oder Karl Groß ausgeliehen hat.
Nehmen wir an, bei Karl dem Großen wäre es die allgemeine karolingische Großsparkasse gewesen: könnte diese Sparkasse heute den oben errechneten Betrag überhaupt darstellen? Gefühlsmäßig würden wir sagen: Nein.
Die karolingische Staatssparkasse wäre irgendwann unter der Last der aufgelaufenen Schuld zusammengebrochen. Und das, obwohl ursprünglich nur ein einziger, winziger Pfennig gespart bzw. geschuldet wurde. Aber wann bricht die karolingische Staatssparkasse zusammen? Und wenn die Karolinger-Bank zusammenbrechen mußte – warum brechen dann unsere heutigen Banken nicht zusammen? Brechen sie nur *noch nicht* zusammen? Oder brechen sie *nie mehr* zusammen?

Zins heißt noch längst nicht Zahlung

Nun nimmt aber kein Kredit-Institut eine Einlage an und legt sie in den Keller und schaut dann hilflos zu, bis eines Tages eine Summe daraus geworden ist, die sie nicht mehr darstellen kann, um Konkurs zu machen.
Jedes Kredit-Institut *leiht das Geld sofort aus*, das es bekommt. Es ist dann Gläubiger, und es muß dann

schauen, daß der Schuldner, den *es* wiederum hat, jedes Jahr die Zinsen verdient, die den Sparkonten von Karl Groß bzw. Karls des Großen gutgeschrieben werden können.

Fehlt der Schuldner, kann es also sein Geld nicht zinsbringend anlegen, wird es die Einlage sofort wieder *zurückzahlen*. Braucht kein Mensch mehr »Kredit«, kann es auch keinen Menschen mehr geben, der Schulden macht. *Der Zins verschwindet wieder aus der Welt.*

Genauer gesagt: der zu zahlende Zins! Der Zins bleibt natürlich immer vorhanden, sozusagen als latente Größe, weil er sich aus der zeitlichen Endlichkeit zwangsläufig ergibt, und die Menschen lieber *jetzt* etwas haben als *später*.

Jetzt aber wird es absolut entscheidend, und wir sind mitten drin im Problem der Gegenwart: Daß aus dem latenten Zins ein aktueller wird, daß also Verpflichtungen, aus denen Zinszahlungen resultieren, eingegangen werden – das sagt noch gar nichts darüber aus, **ob diese Zinszahlungen auch geleistet werden.**

Und zwar **geleistet** im buchstäblichen Sinne des Wortes!

Leisten heißt nicht nur **bezahlen**, sondern in Form von **zusätzlicher Produktion** zur Verfügung stellen.

Sagen Sie jetzt nicht: Das sei doch selbstverständlich. *Denn das Problem, vor dem wir heute stehen, ist ein Problem geworden, das wir niemals mehr lösen können:*

Aus den inzwischen weltweit aufgelaufenen Schulden ergeben sich Zinsverpflichtungen, die nicht

mehr geleistet werden und die auch nie mehr geleistet werden können.
Das Problem wird gegenwärtig nur verdrängt, um eines Tages mit aller Wucht über die Menschen hereinzubrechen. Denn gegenwärtig wird nur so »getan«, als ob noch geleistet werden könnte: die aufgelaufenen Zinsen werden zur Schuld geschlagen, was diese nach dem Zinseszinseffekt über alles vorstellbare Maß hinaus steigert. Bis dann der Tag der Wahrheit kommt, an dem alle Schulden, das heißt: alle Kredite, das heißt: alle Forderungen mit den inzwischen draufgeschriebenen Zinsen und Zinseszinsen sämtlich und total für null und nichtig erklärt werden müssen.

Armageddon & Apokalypse

Diese Stunde der Wahrheit wird das Tor zum Inferno öffnen und alle jene hineinstoßen, die dann mit ihren vollständig entwerteten Forderungen, mit ihrem Geld, ihren Sparbüchern, ihren Anleihen untergehen.
Alle endzeitlichen Vorstellungen, Armageddon und Apokalypse, sind ein Saitenspiel gegen das, was vor uns liegt. Frühere, historische Forderungs-Vernichtungen waren – wir kommen darauf zurück – immer nur ein Minderheiten-Problem. Volkshelden, die zur Forderungsvernichtung aufgerufen haben, von Moses über Solon, Nehemia und Caesar bis Lenin und dem heutigen brasilianischen Planungsminister Delfim Netto, hatten es leicht: entweder die Gläubi-

ger waren eine Minderheit (die »Reichen«) oder sie wohnten weit weg: Lenin enteignete über die Wertloserklärung der zaristischen Anleihen französische und englische Kapitalisten, die so dumm gewesen waren, ihr Vermögen aus der Hand zu geben. Und wenn die Südamerikaner endlich den offiziellen Staatsbankrott erklären, schädigen sie sich nicht selbst, sondern leichtsinnige US-Banken und Kreditinstitute in Europa und deren Kundschaft.
Auch die nachhaltigste Form der Entschuldung über den Gläubigermord, wie ihn Luther gepredigt und Hitler vollstreckt hat, ging gegen einen verschwindend kleinen Teil des Volkes: 1933 gab es im Deutschen Reich kaum ein Prozent der Bevölkerung, die »jüdisch« war, die man also zu Zwecken der Verschuldung vernichten konnte, ohne in der Bevölkerung Nachdenklichkeit zu erwecken.

Heute sind alle Gläubiger und alle Schuldner

Doch diesmal wird es anders sein. Diesmal sind – zumal in den Industrienationen, deren Bevölkerung durch die magische Formel vom »Wohlfahrtsstaat« eingelullt wurde, praktisch *nur noch Gläubiger.* Oder gibt es eine Familie, in der es kein Sparbuch gibt?
Und alle sind auch *Schuldner.* Denn wem anders haben sie – auf dem Umweg über den »Staat« – das Geld geliehen, wenn nicht *sich selbst?* Und was nun?

Was geschieht, wenn alle Forderungen wertlos werden, alle und zwar weltweit?
Es wird zu einem Kampf jeder gegen jeden kommen. Denn jeder wird versuchen, seine Forderung noch zu retten, gegen irgendeinen »durchzusetzen« – was nichts anderes heißt als: jeder wird versuchen, in jedem Nächsten einen Schuldner zu sehen, den er zwingen kann, ihm sein »Geld« zurückzugeben, für ihn das nachzuleisten, was er vorgeleistet und dann weggegeben hat. Irgendeiner muß dann dafür büßen – aber wer? Der Nachbar? Die Großeltern? Die Kinder?
Es wird ein Hauen und Stechen beginnen, die sozialen Strukturen werden sich auflösen, *der nackte Kampf ums Dasein und ums Überleben wird anheben.* Es wird nur noch Zorn und Rache geben gegen jedermann und Mitleid mehr mit niemand.
Dies um so mehr, als die »traditionellen« Begründungen für den Forderungsverlust nicht mehr ins Feld zu führen sind: wo ist der »verlorene Krieg«, der als Erklärung herhalten konnte, als den Deutschen zweimal in diesem Jahrhundert alle »Guthaben« genommen wurden?
Diesmal wird es ein Tag im tiefsten Frieden sein, der uns die Wahrheit bringt. Ein Tag wie jeder andere. Und doch wird es der Tag sein, an dem sich die Pforten der Hölle öffnen.

Der Schuldnerzwang ist weggefallen!

Kehren wir noch einmal zum Pfennig Karls zurück. Wenn die karolingische Staatssparkasse keinen mehr findet, der ihr sicher genug ist, einen Kredit zu erhalten, wird sie das Ersparte dem Kaiser zurückzahlen. Und wenn der Schuldner ausfällt, weil er nicht (oder aufgrund der schieren Höhe seiner Schuld nicht mehr) zurückzahlen kann, wird die Sparkasse schließen und der Kaiser wird sein Sparbuch in das Feuer werfen können.

Der allerwichtigste Gesichtspunkt ist nicht so sehr die Anlagemöglichkeit oder die Sicherheit der Rückzahlung. Sondern es ist die Frage: Kann der Schuldner **gezwungen** werden, zurückzuzahlen?

Und wie sehen solche Schuldner aus, die man noch zwingen kann, zurückzuzahlen?

Seit Ceasar ist die *Versklavung* des bankrotten Schuldners abgeschafft. Ob sie zurückkehrt, als letzte Konsequenz aus der menschlichen Existenz, *ist heute völlig offen.* Wenn sich die Hölle öffnet, herrscht auch wieder Faustrecht. Ob die Geprellten, wenn sie nur stark genug sind, nicht neue Formen der Zinsknechtschaft entwickeln, weiß niemand. Und wer kann heute sagen, ob die Industrienationen ihre Kredite, die sie an die »Dritte Welt« gegeben haben und die vollständig verloren sind, nicht mit militärischer Gewalt »zurückerobern«. Dann müssen Mexikaner und Brasilianer, dann müssen Polen und auch Russen *hier* beim Gläubiger antanzen und das abarbeiten, was sie schuldig sind. Vielleicht wird es in ein paar Jahren in Europa und Nordamerika

mexikanische Haus-Sklavinnen geben und russische Landarbeiter?
Sie werden einwenden: Das verhindert doch das Militär! (Nicht das Militär Mexikos, aber gewiß doch die Rote Armee). *Und damit sind wir vollends im Auge des Zyklons.*
Gegenwärtig ist es nur der Staat, sind es nur bewaffnete Armeen, die verhindern, daß der Schuldner gezwungen werden kann, zu leisten. Denn die 200 Milliarden, die der Ostblock schuldig ist, können wir uns nicht einfach drüben abholen, indem wir russisches Land auf uns überschreiben lassen oder die Einwohner des Ostblocks zur Feldarbeit in Oberbayern zwingen. Und wenn wir ähnliches mit Südamerika versuchen, werden sich die dortigen Staaten sofort dem Ostblock anschließen und dann wird die Rote Flotte vor Caracas verhindern, daß wir das bekommen, was unser gutes Recht nun einmal ist.

»Staats«-»Kredit«: Die tödliche Verwechslung

Der Staat ist es aber nicht nur international, der verhindert (noch verhindert?), daß Zins und Schuldnerzwang zur Geltung kommen. Der Staat – und diesmal national! – war es auch, der überhaupt dafür verantwortlich ist, *daß diese ausweglose Lage erst entstanden ist.*
Der Staat war es, der *Schulden* machte!
Der Staat ist nichts als Macht. Er hat Armeen, hat die Polizei. Macht suggeriert »vollstrecken können«.

Wenn wir als Gläubiger die Wahl haben zwischen einem Schuldner, der nur *aus eigener Kraft* die Schuld zurückzahlen kann, und einem Schuldner, der das, was er schuldig ist, letztlich bei »Unterschuldnern« *mit der Waffe in der Hand* eintreiben kann: Wir werden immer den sichereren Schuldner wählen – den Schuldner, der bewaffnet ist.
Daher gibt es überhaupt den »Staatskredit«.
Nur ist das ganze ein grotesker Irrtum, eine Verwechslungs-Kommödie mit tödlichem Ausgang.
Der Sparer hat die Wahl, Geld der Bank oder dem Staat zu leihen. Die *Bank* sagt: »Ich bin eine sichere Adresse, denn ich werde dein Geld nur jemand geben, von dem ich weiß, daß er zurückzahlt. Außerdem gebe ich den Kredit nur gegen Sicherheiten. Wenn also der Schuldner ausfallen sollte, halte ich mich an sein Vermögen und zahle mit dem Gegenwert dieses sicherheitsübereigneten Vermögens zurück.«
Doch was sagt der *Staat*? Er sagt: »Ich bin eine sichere Adresse, denn ich habe Männer unter Waffen. Ich leihe dein Geld nicht wieder aus, sondern verplempere es. Aber wenn du dein Geld wiederhaben willst, dann schicke ich meine bewaffneten Männer los und hole mir Geld, und das kriegst du dann zurück.«
Die *Bank* setzt durch ihr Geld-Weitergeben *einen Schuldner unter Druck.* Damit initiiert sie zugleich den kapitalistischen Prozeß, den Zwang nämlich für den Schuldner (der Bank), letztlich für Mehr-Produkt zu sorgen. *Es entsteht Wirtschaftswachstum.*
Der *Staat* setzt aber genau den gegenteiligen Prozess in Gang. Um das Geld, das er ausgegeben hat, »zu-

rück« zu holen, muß er *besteuern,* das heißt er muß die geschuldete Summe *letztlich mit Waffengewalt eintreiben.* Und zwar **ohne** daß derjenige, der sie schuldet, **vorher** weiß, daß er was bezahlen muß. Der Schuldner der Bank weiß das bekanntlich.

Staatskredit = Selbstenteignung

Der Steuerzahler ahnt nichts von dem, *was* auf ihn zukommt und schon gar nicht, *in welcher Höhe* das was auf ihn zukommt. Eigentlich müßte der Staat ehrlich sein und sagen: »Leih' mir Geld. Das gebe ich dann aus, Du kriegst es sogar gleich wieder – abzüglich der Verwaltungskosten – selbst zurück. Denn ich gebe Dir Kindergeld, Wohngeld, Arbeitslosengeld und andere soziale Wohltaten. Aber wenn du das Geld jemals zurückhaben willst, dann sage ich dir schon jetzt, daß ich dann in gleicher Höhe eine Steuer einführen werde, die du bezahlen mußt.«
Damit haben wir auch sofort erkannt, was Kredite, die wir dem Staat geben, in Wirklichkeit sind: **Anweisungen, uns in Höhe der Kredite zu enteignen.**
Da die Empfänger der Gelder des Staates, im Gegensatz zu den Empfängern der Gelder einer Bank, ihrerseits nicht den Mehrprodukt-Prozeß einleiten – sie glauben ja, das Geld hätten sie irgenwie »verdient«, sie hätten es zu recht aufgrund eines »sozialen« Anspruchs erworben –, *erlischt der Zwang zum Wachstum vollends.*
Je weiter dieser Prozeß der Geldvergabe über den Staat fortschreitet, um so weniger Wirtschaftswachs-

tum kann es logischerweise geben. Der Staat ist also nicht nur über den oben, im Abschnitt STAAT und EIGENTUM beschriebenen Eigentums-Entzugs- und Eigentums-Vorenthaltungs- bzw. Eigentums-Zerstörungsprozeß der Wachstums-Killer schlechthin, sondern auch über den Prozeß, den er einleitet, *indem er Schulden macht.* Denn im Umfang der gewährten, genommenen, aufgelaufenen und ausgegebenen Staatskredite verschwindet der Schulden- und der Mehrprodukts-Zwang, und damit auch das Wirtschaftswachstum.

Schaffen wir die Steuern ab?

Am deutlichsten erkennt man soziale Prozesse immer, wenn man sie vollends zu Ende denkt: Nehmen wir also an, eine Partei kommt an die Regierung, die die *Abschaffung aller Steuern* im Programm getragen hat. Dies ist sehr populär, also wird diese Partei vermutlich gewählt (wie heute immer jene Partei die größten Chancen besitzt, die den Bürgern möglichst *viele* Ausgaben und Segnungen bei möglichst *wenig* Ärger, das heißt Steuererhebung versprochen hat). Die Steuern werden also abgeschafft. Aber weil nun nicht auch die sozialen Segnungen abgeschafft werden können, denn davon war im Wahlprogramm keine Rede, nimmt der Staat zur »Deckung« dieser Ausgaben Kredite auf. Die Bürger bekommen jetzt Geld, das heißt, sie bekommen zunächst ihr eigenes Erspartes vom Staate ausgezahlt. Arbeiten muß ja nun keiner mehr, denn man hat ja den Staat, der je-

dem Menschen das gibt, was er zum Leben braucht. Und da es keine Steuern mehr gibt, muß auch niemand arbeiten, um das Geld für die Steuerzahlung zu verdienen.
Nach wenigen Monaten aber ist alles schon vorbei. Denn der Staat *hat jetzt niemand mehr, der ihm Geld leiht.* Denn da niemand mehr arbeitet (arbeiten muß), werden auch keine Löhne und Gehälter mehr gezahlt. Und ergo kann auch nichts mehr gespart werden, und *wenn nichts mehr gespart wird, kann auch der Staat keine Kredite mehr aufnehmen.* Warum sollte man überhaupt noch sparen? Der Staat, sagt er, »sorgt« doch jetzt für jeden! Die neue Regierung muß zurücktreten und sagen: Weil der Kapitalmarkt ausgetrocknet ist, ergeben sich keine Finanzierungsmöglichkeiten mehr für unsere »Programme«. Und Ende.
Um zu erkennen, was der Staat wirklich mit der Bevölkerung anstellt, wie er sie und ihre »Ansprüche« und/oder Geldwertforderungen vollständig ruiniert, wäre es eigentlich am besten, der Staat würde einmal diese totale Beglückung – Staatsausgaben ohne Steuern – durchexerzieren: die Menschen wären ein für alle Mal geheilt.

Der Staat ist un-menschlich

Nach allem ist es jetzt ganz einfach, eine richtige und immer gültige Definition des Staats zu geben. (Um der »Staatsidee« gegenüber fair zu bleiben, muß man einschränkend sagen: eine Definition des »moder-

nen« Staates, also des öffentlich-rechtlichen Gebildes, das **Schulden** macht, wenngleich Staaten ohne Staatsschulden heute undenkbar sind, wie die Sahara ohne Sand.)
Die Definition des Staates lautet:

Der Staat ist der Versuch, eine menschliche Gesellschaft ohne die Folgen der jedem einzelnen Menschen innewohnende Zeitpräferenz zu konstruieren. Der Staat ist der Versuch, den Menschen alles sofort oder doch wenigstens möglichst schnell zu geben, ohne daß dabei Zins- und Rückzahlungszwang entstehen. Der Staat ist daher un-menschlich schlechthin.

Durch das Schuldenmachen ist es überdeutlich, daß der Staat *gegen die menschliche Natur operiert* und dem Menschen eine Welt vorgaukelt, in der es letztlich keinen Zwang mehr gibt, wobei Zwang bedeutet: Arbeiten zu müssen, um die Zinsen (vom Staat aus gesehen: **Steuern**) zu bezahlen (denn der Staat ersetzt ja in immer größerem Maße die Steuererhebung durch das Schuldenmachen!)
So liegt nun alles offen da. Auch der »Staat« ist enträtselt und wir können jetzt in aller Ruhe anschauen, wie weit es der Staat inzwischen schon getrieben hat, wie sich die Staatsschulden entwickelt haben und wie sie sich entwickeln werden, *und wann der Staat zu Ende geht,* weil weder Schulden noch Zinsen der aufgelaufenen Staatschulden darstellbar sind.
Darstellbar im wortwörtlichen Sinne: *Wann also reicht alle bewaffnete Macht des Staates nicht mehr*

aus, um die geschuldeten Zinsen der aufgelaufenen Staatsschulen einzutreiben?

Ich habe in meinem Buch »Wann kommt der Staatsbankrott« die Details und die einzelnen Nationen abgehandelt, so daß wir uns jetzt auf die Gesamtzahlen beschränken können. Zunächst einmal schauen wir uns die Entwicklung der Welt-Staatsschulden an.

Die große Totale:

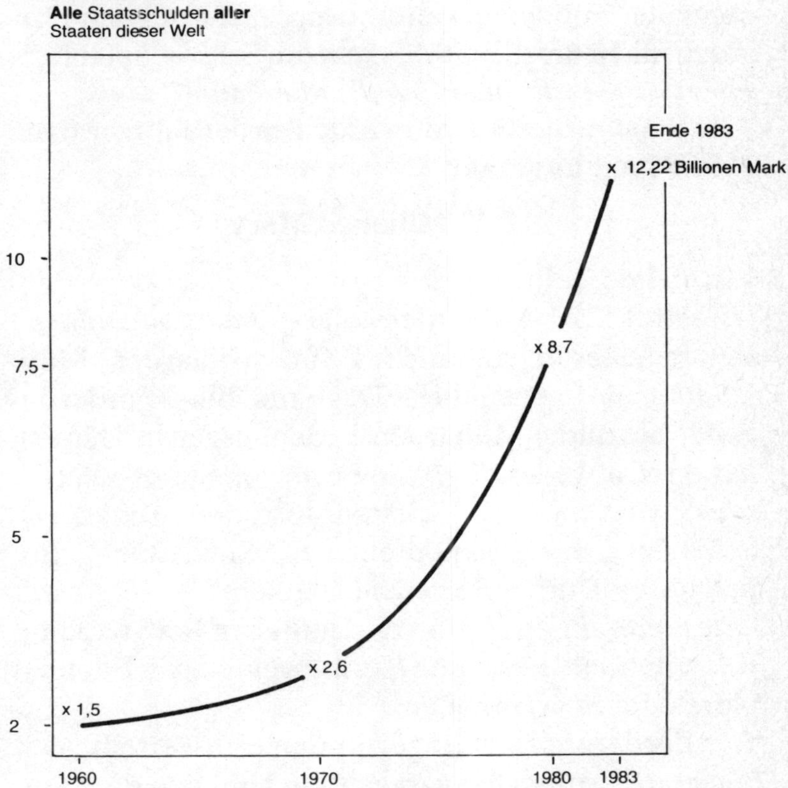

Abb. 10: Zum ersten Mal gezeigt: Die ungeheuerliche, kaum noch faßbare Entwicklung aller Schulden aller Staaten dieser Erde.

Was Sie in Abbildung 10 erblicken, hat vor Ihnen noch nie ein Mensch geschaut. Zum ersten Mal in der Geschichte wird dort der »Staat« in seiner Gänze vorgeführt. Mit allen seinen Schulden.
In Abbildung 10 geht es nicht mehr um irgendein einzelnes Land, weder um Burundi, noch Brasilien, noch den deutschen Stadtstaat Bremen. Es geht nicht um Ländergruppen, nicht um Industrienationen oder halbentwickeltes Zeug, nicht um den Ostblock, nicht um die USA, nicht um Schwellenländer.
Dies ist die erste Staats-Totale überhaupt!
Alle Staaten dieser Erde werden an der Jahreswende 1983/84 mit insgesamt

12,22 Billionen Mark

verschuldet sein.
Diesen 12220 Milliarden Mark *Staats-»Schulden«* stehen selbstverständlich 12220 Milliarden Mark *»Guthaben«* gegenüber. Das sind die »Forderungen«, die alle 4 Milliarden Erdenbürger in Händen halten. Entweder *direkt,* in Form von Staats-»Papieren«, wie Anleihen, Schatz-(!)-Briefen, Schatz-(!)-Scheinen, Staats-Schuldscheinen, Staats-Obligationen und wie diese Fetzen alle heißen.
Oder *indirekt,* in Form von Guthaben bei »Kredit«-Instituten, als Fest- und Termingelder, als Bankpapiere oder Sparguthaben.
Die Forderungen sind gewiß ungleich verteilt. Der Neger in Burundi hat gar nichts in Händen, der Steuerflüchtling aus Brasilien hält seine Forderung über ein Nummernkonto in der Schweiz, von wo aus sein »Geld« im Euro-Markt versickert ist, der Rechtsan-

walt aus Bremen hat die Forderung in Form von »Wert-Papieren« in seinem Bank-Safe eingeschlossen.

Allen 12,22 Billionen Mark Forderungen ist nur eines gemeinsam: *Sie sind schon heute samt und sonders wertlos.* Sie werden daher über kurz oder lang auf Null gestellt werden müssen.

Zunächst zur Addition der Zahl: Da es bis heute keine »amtliche« oder »offizielle« Weltschulden-Statistik gibt, mußten die Zahlen aus vielen Teil-Veröffentlichungen nationaler und internationaler Stellen zusammengetragen werden. Besonders hilfreich waren dabei die Statistiken des Internationalen Währungsfonds IWF in Washington sowie die Schulden-Statistiken der wichtigsten Notenbanken.

Um die Zahlen für die Jahreswende 1983/84 auszurechnen, mußten auch Dutzende von Haushaltsplänen einzelner Staaten herangezogen werden. Vieles war nur unter größten Schwierigkeiten zu ermitteln.* Die internationalen Schulden-Statistiken sind so recht erst aussagefähig geworden, nachdem das große Schulden-Problem ins Bewußtsein der Menschen gerückt wurde – seit dem Staatsbankrott Mexikos im August 1982. Die Angaben für frühere Jahre *können daher nicht exakt sein,* bei aller Sorgfalt, die

* Selbst unter den Industrienationen, die als »zivilisiert« gelten können, unterliegen Staatsschulden-Statistiken *größter Geheimhaltung.* So veröffentlicht *Kanada* keine aussagefähigen Gesamtzahlen und *Frankreich,* das nach wie vor am geringsten verschuldet ist, rückt keine Zahlen über seine explosionsartige Schuldenaufnahme im Ausland unter den Sozialisten heraus, die »zum Schutze der französischen Währung« am Euro-Markt über die Bühne ging.

auf Rückrechnungen und statistische Interpretationen verwendet wurde.
Auch die aktuellen Zahlen *stimmen nicht in jedem Einzelfall,* da sich die Staaten und vor allem auch die kreditgebenden Banken aus naheliegenden Gründen immer wieder weigern, alle Hüllen fallen zu lassen und den Menschen klar auf Mark und Pfennig vorzurechnen, was denn nun letztlich los ist.
Ich möchte dennoch die Abweichungen, die sich zwischen den tatsächlichen und den von mir errechneten Zahlen ergeben können, *auf – 5 und + 20 Prozent begrenzen.* Daß sich nachweisbar vorhandene Staatsschulden plötzlich auflösen bzw. die für 1983 avisierte Zusatzverschuldung plötzlich wunderbarerweise mindert, ist höchst unwahrscheinlich (5 Prozent). Ich glaube im Gegenteil, daß es noch erheblich mehr *»unentdeckte« Schulden* gibt, vor allem interne Schulden der Staaten gegenüber ihren Bürgern, die gut getarnt wurden, z.B. durch Kredit-Aufnahme von staatseigenen oder staatsnahen Unternehmen und auch internationale Kredite, über die bisher kein Wort verloren wurde, z. B. weil sie sehr diskret in den Bilanzen der staatseigenen Notenbanken versteckt gehalten sind. (Abweichung nach oben also: 20 Prozent.)
Wegen der ständigen Währungs-Verschiebungen sind die Staatsschulden, zumal die »internen«, die also in »eigener« Währung gegenüber der eigenen Bevölkerung existieren, letztlich nur *variabel zu bewerten.* Desgleichen schwankt der Dollar-Kurs auch gegenüber der D-Mark, in die alle Beträge umgerechnet wurden, und zwar zum Kurs, der sich am 15. Juli

1983 als Mittelkurs zum Börsen-Schluß ergeben hat: 1 US-Dollar = 2,60 D-Mark.*

Kommen wir nun zur Zusammenstellung der erkenn- und bewertbaren Staatsschulden im einzelnen:

Diese Ländergruppen:	haben per Ende 1983 Schulden in dieser Höhe aufgehäuft:
Industrienationen (16 Staaten)	9500 Milliarden DM
Schwellenländer (21 Staaten)	2100 Milliarden DM
Entwicklungsländer (96 Staaten)	410 Milliarden DM
Ostblock und Alliierte (14 Staaten)	210 Milliarden DM
SUMME	12.220 Milliarden DM

Bei diesen Zahlen sind noch folgende Anmerkungen von Wert:

* Der 15. Juli 1983 ist im übrigen ein *Datum von besonderer historischer Relevanz*. An diesem Tag verzichtete die Bank für Internationalen Zahlungsausgleich in Basel, die BIZ, einen der Welt-Hauptschuldner, nämlich Brasilien, offiziell für zahlungsunfähig (»in default«) zu erklären, obwohl ein zweimal bereits verlängerter, und für diesen 15. Juli 1983 »endgültig« fällig gestellter 400 Millionen-Dollar-Kredit der BIZ an Brasilia nicht zurückgezahlt wurde, womit die BIZ wesentlich den Startschuß für einen Crash-Ablauf in Form einer Welt-Hyper-Inflation abgefeuert hat.

1. Die 9,5 Billionen Staatsschulden der 16 großen **Industrie-Nationen** bedeuten eine Pro-Kopf-Verschuldung von durchschnittlich 14.500,– Mark. Diese Zahl ist keinesfalls sensationell, berücksichtigt man die Tatsache, daß allein die Einwohner der USA 1983/4 pro Kopf über 19.000 Mark Staatsschulden haben werden, in der Bundesrepublik Deutschland werden es 12.000 Mark sein. Die 14.500-Mark-Grenze hatten nach der offiziellen Finanz-Statistik der Bundesregierung die USA bereits 1981 mit 13.600 Mark (Dollar-Kurs damals 2,25!) fast erreicht (Finanzbericht der Bundesregierung 1983, Seite 291). Das sozialistische Schweden hatte 1981 eine Pro-Kopf-Staatsschuld von 18.500 Mark, das (damals) sozialistische Belgien schon 1980 von 15.300 Mark. Und seitdem lief die Schuldenmacherei mit Volldampf weiter.
2. Die **Schwellenländer** sind derzeit die »kritischen«, und besonders die beiden südamerikanischen Hauptschuldner, Mexiko und Brasilien, die – gegenüber dem Ausland, also in nicht fabrizierbarer Währung – mit jeweils über 250 Milliarden Mark in der Kreide stehen, sorgen in regelmäßigen Abständen für neue Schlagzeilen. 1.700 Milliarden Mark der Schwellenländer-Schulden sind übrigens reine *Bankschulden,* also nicht über den Kapital- oder Euromarkt placiert und nicht als Staat-zu-Staat-Kredit vergeben.
   Daß die hier angeführten 2,1 Billionen Schwellenländer-Schulden *über* den in den internationalen Bank-Publikationen (z.B. der sehr gut infor-

mierten Morgan Guaranty, New York) liegen, erklärt sich leicht: in meiner Statistik der Gesamtverschuldung sind *auch die internen Schulden* der Schwellenländer, gegenüber ihren eigenen Einwohnern also, aufgezählt (bewertet jeweils zum *freien*, nicht zum »offiziellen« Wechselkurs per 15. Juli 1983).

3. Die Schulden der Armseligen, also der wahrlich **unterentwickelten Länder,** sind nur mit dem Betrag aufgeführt, zu dem sie noch – nach den diversen »Erlaß-Aktionen« der jüngsten Zeit – als »einbringlich« geführt werden. Die 410 Milliarden Mark sind im Grunde nur ein Mitleids-Posten, und sie werden über kurz oder lang ohnehin (nicht etwa verschwinden! Nein, wo denken Sie hin!) in den Staatsschulden *der Industrienationen* erscheinen. Diese haben nämlich »Garantien« für diese Gelder übernommen, bzw. sie direkt von Staat zu Staat verliehen und müssen, wenn sie das Geld »ausbuchen«, in gleicher Höhe ihre eigenen Steuerzahler zur Kasse bitten, und da solches nicht geht, sich in gleicher Höhe zusätzlich verschulden – am bequemsten bei den jeweiligen Notenbanken oder anderen »Staatsbanken«, die den wertlosen Krempel letztlich an die Notenbanken weiterschieben.
4. Die Schulden des **Ostblocks** sind erfreulich gering, nichtsdestotrotz *bereits jetzt vollständig abzuschreiben*. Wie das Beispiel des im Juli 1983 überraschend vergebenen Kredits der CSU an die »DDR« zeigt, können die Ostblock-Länder die Kredit-Illusion nur noch dadurch aufrecht erhal-

ten, daß sie sich zum Zwecke der Zinszahlung für die Alt-Schulden mit Neu-Schulden im Westen »eindecken«. Über die längst gelaufenen De-facto-Bankrotte der Volksrepubliken Polen oder Rumänien brauchen wir in diesem Zusammenhang kein Wort mehr zu verlieren.

Also Summa 12,22 Billionen Mark Staatsschulden.

Und die Frage, die man sich angesichts dieser Ungeheuerlichkeit stellen muß, lautet: Wie geht es weiter?

Trotz aller weltweiten »Schulden-Probleme« sind die Menschen ja immer noch von einer geradezu stoischen Ruhe. Sobald man das Staatsschulden-Problem anspricht, wird immer so getan, als sei das alles »furchtbar weit weg«. Südamerika und so, und sicher werden die New Yorker Großbanken »eines Tages« noch »eine böse Überraschung« erleben. Aber das wird »sicher noch einige Zeit dauern«.

Und was für irgendwelche Bamperl-Staaten gilt oder für die Amis, die dann ihre gerechte Strafe kriegen, das ist in Europa zumindest »unvorstellbar«. Dort ist auf jeden Fall noch »heile Welt«.

Der Tag der Wahrheit rückt jedoch unerbittlich näher. Und eines Tages werden wir im Radio hören, daß der erste europäische Staat nun »ernsthaft« in Schwierigkeiten geraten ist.

Und einen dieser europäischen Erst-Bankrott-Staaten wollen wir uns nunmehr etwas näher anschauen. Es ist nur ein *Beispiel,* aber ein typisches, und da es unser direkter Nachbar ist, werden dann vielleicht einige doch langsam aufmerksam werden.

Der Staatsbankrott in Dänemark

Eingangs der 70er Jahre hatte das Königreich Dänemark überhaupt keine Schulden, die letzte Anleihe, noch aus der ersten Hälfte des 19. Jahrhunderts, war endlich getilgt worden. Dann beschloß das Land, *den Wohlfahrtsstaat zu vollenden und nahm Schulden auf.* Am 31. März 1978 betrugen diese Schulden 56,4 Milliarden Kronen. Bis Ende 1982 waren sie auf 283 Milliarden Kronen gestiegen. Im Frühjahr 1983 war die Zahl von 330 Milliarden überschritten, so daß sich die Staatsschulden dieses herzigen kleinen Ländchens in 5 Jahren (!) versechsfacht (!) haben.
Die Auslandsschulden Dänemarks, also das Geld, das in nicht im Lande fabrizierbarer Währung geschuldet wird, belaufen sich auf 80 Milliarden Kronen. Dabei ist wirklich überall Geld gepumpt worden, wo man es nur kriegen konnte, vollständig skrupellos und ohne jede Rücksicht auf die todsicher stattfindende Enteignung jener armen Tröpfe, die solche dänischen Anleihen mit ihren Ersparnissen gekauft haben: 51 Milliarden US-Dollar, 12 Milliarden D-Mark, 6 Milliarden Schweizerfranken, 5,6 Milliarden Yen, 2,3 Milliarden holländische Gulden, usw. (Milliarden = jeweils Milliarden Kronen zum Kurs per 31.12.82). Dazu hat Dänemark noch die Schuldenaufnahme von sonstigen Dänen, Privatleuten, Firmen oder öffentlichen Körperschaften im Ausland in Höhe von knapp 20 Milliarden Kronen »garantiert«.
Dänemark schuldet also seinen *eigenen Bürgern* rund 250 Milliarden Kronen (330 minus 80) und dem

Ausland, also Sparern zwischen Osaka und Ohio 100 Milliarden Kronen (80 plus 20).

Beide Schuldsummen erhöhen sich automatisch nach dem bekannten Zinseszins-Effekt, da Dänemark *weder Steuermehreinnahmen* hat, um die Zinsen intern abzugelten, *noch Zahlungsbilanzüberschüsse,* um die Devisen für die ausländischen Schulden zu erwirtschaften. Die »Währungsreserven« einschließlich des bereits zu Marktpreisen »aufgewerteten« Goldbestandes betragen im ganzen Land (Zentralbank und Privatbanken) gerade 25 Milliarden Kronen, was gegenüber den ausländischen Gläubigern schon per se eine Unterdeckung in Höhe von 75 Milliarden Kronen hervorruft (80 plus 20 minus 25). Eigentlich müßte das Land wegen Überschuldung längst Konkurs angemeldet haben. *Jeder Privatmann käme, wenn er so wirtschaften würde, sofort ins Gefängnis.* Aber die dänische Regierung läuft noch frei herum.

Die direkten Steuern Dänemarks sind 1979 bis 1983 (Plan) von 41 auf 59 Milliarden Kronen gestiegen, die indirekten Steuern von 61 auf 79 Milliarden und die sonstigen Einnahmen von 2 auf 15 Milliarden. Daraus errechnet sich ein durchschnittlicher Einnahmenanstieg von etwas über 12 Milliarden Kronen mit leicht steigender Tendenz, so daß man dem dänischen Staat Mitte der 80er Jahre Steuer**mehr**einnahmen von 15 bis 18 Milliarden im Jahr zubilligen könnte. Allerbestenfalls.

Diesen Steuermehreinnahmen steht nun ein *Kassen-Defizit* gegenüber, das sich so entwickelt hat: 1979 waren es 37 Milliarden, im Plan 1983 stehen 121 Milliarden Kronen (wobei in diesem Kassendefizit sogar bereits die Mehreinnahmen aus den Steuern usw. eingerechnet sind). *Man kann also diesem Staat das schnelle Ende prophezeien* und letztlich den armen Dänen nur wünschen, daß es bald zu Ende geht mit ihrem »Königreich«, damit sie endlich wieder frei, und das bedeutet in hohen Wachstumsraten resultierend, wirtschaften können.

Ei, und die Zinsen aus der Staatsschuld?

Betrachten wir jetzt in Ruhe die nächste Kurve, die uns den Weg ins Inferno markiert: Es ist eine simple Hochrechnung der *Zins-Verpflichtungen,* die sich

Der große Zwang:

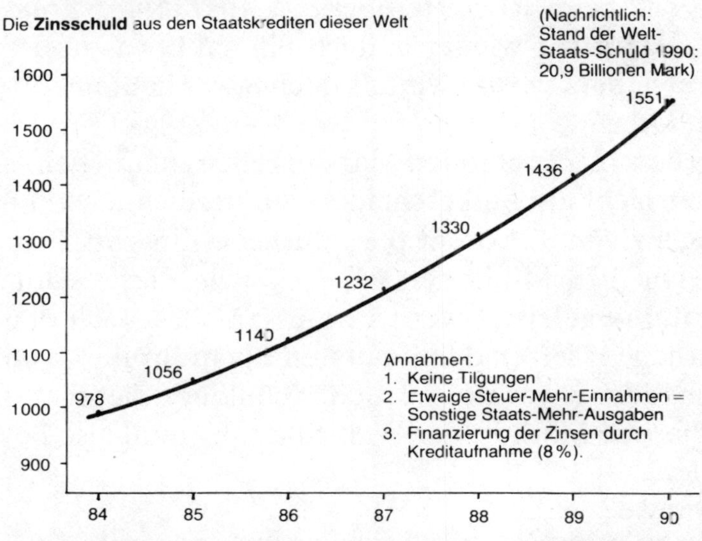

Abb. 11: Der nicht minder unfaßbare Anstieg der Zins-Verpflichtungen, die sich aus der angehäuften Welt-Staats-Schuld ergeben.

aus den inzwischen aufgelaufenen Welt-Staats-Schulden zwanghaft ergeben.
Es geht um den Zeitraum bis 1990, also um etwas, worüber nachzudenken sich doch lohnen sollte, weil das Jahr 1990 – so kein Atom-Krieg dazwischen kommt – 90 Prozent aller heute existierenden Menschen noch erleben werden.
Vergessen wir einmal die Schuld als solche. Konzentrieren wir uns nicht auf die 12,22 Billionen Mark, auf die wir »Anspruch« haben, sondern schauen wir nur mal rein, was es denn für diesen *Grund*-Anspruch an *Folge*-Ansprüchen gibt. Das sind die Zinszahlungen, die alle Staaten dieser Erde bis zum Jahre 1990 zu leisten haben. Und diese Zinsen werden uns doch »gutgeschrieben«, wir dürfen also damit machen, was wir wollen: das Geld entweder stehen lassen, wie beim Roulette *oder auf Auszahlung drängen,* damit wir wieder endlich einmal etwas in der Hand haben, wovon wir uns doch etwas kaufen können. Oder?
Aus den 12,22 Billionen Mark ergeben sich zu dem – sicher nicht als »unbescheiden« zu bezeichnenden – Zinssatz von 8 Prozent p.a. jährliche Zinsgutschriften von 978 Milliarden Mark. Sowie diese »Gutschriften« geleistet werden, müssen sie – nach den ehernen Gesetzen der doppelten Buchführung – von jemandem »bezahlt« werden. Schuldner dieser 978 Milliarden Mark ist der Welt-Staat. Er muß also bezahlen.
Aber wie?
Dem Welt-Staat geht es nicht anders als jedem von uns: *er muß sich das Geld besorgen, das er schuldet.*

Er muß es entweder durch den normalen Lauf der Dinge in der Kasse klingeln hören – oder er muß es sich borgen.
Was aber klingelt in der welt-staatlichen Kasse? Das können nach der Natur der Dinge nur die Steuer-*Mehr*-Einnahmen sein. Denn die normalen, die sozusagen »laufenden« Staats-Einnahmen sind bekanntlich bereits längst für die »laufenden« Ausgaben der Staaten verplant und ausgegeben.
Um im Jahre 1984 die 8 Prozent Zinsen aus den 12,22 Billionen Schulden zu bezahlen, müßten die Steuer-*Mehr*-Einnahmen aller Staaten dieser Erde um genau diesen Betrag ansteigen. Doch was wird sein? Bekanntlich befindet sich die Weltwirtschaft derzeit in einer »Krise«. Krise ist ein anderes Wort für: Null- oder Nahe-Null-Wachstum, wenn nicht das Sozialprodukt, also die gesamte Wirtschaftsleistung, eines Jahres sogar zurückgeht.
Staatseinnahmen sind aber bekanntlich Steuern, die ihrerseits *in engstem Zusammenhang mit der Entwicklung des Sozialprodukts stehen.* Bei Null-Wachstum können die Steuern nur steigen, wenn die Steuersätze erhöht werden – oder wenn die Preise steigen, weil die Steuern dann entsprechend den »nominellen« Größen mehr einkommen.
Beispiel: Angenommen es gäbe nur eine Umsatzsteuer von 20 Prozent. Es herrscht Nullwachstum, also die Produktion und der Umsatz haben sich gegenüber dem Vorjahr mengenmäßig nicht verändert, aber die Preise sind um 10 Prozent gestiegen. Wenn die Umsatzsteuer alle Transaktionen einer Volkswirtschaft umfaßt, dann sind 20 Prozent von 10 Pro-

zent zusätzlich in die Staatskasse gekommen: die Steuereinahmen sind um 2 Prozent gestiegen.

Die Wachstums-Prognosen für die Weltwirtschaft kann man aber drehen und wenden wie man will: *in den Jahren 1984 und folgende werden wir* – gemessen in der zur Zeit relativ stabilen D-Mark, die sich daher als Maßstab gut eignet – *kaum mehr als 3 Prozent Wirtschaftswachstum haben.* Und da wir bereits eine durchschnittliche Staats-Quote von etwa 50 Prozent haben,* können wir also *bestenfalls eine Zunahme der Steuereinnahmen um 3 Prozent p.a. prognostizieren.*

Da uns aber durchschnittlich 8 Prozent Zinsen auf die Staatsschulden geläufig sind, *müssen die Staaten selbst beim besten Willen jedes Jahr 5 Prozent der Zinsen, die sie schuldig sind, »finanzieren«, sich also durch zusätzliches Schuldenmachen besorgen.*

Bei dieser Betrachtung sind wir im übrigen davon ausgegangen, daß sich die »sonstigen« Staats-Ausgaben natürlich *nicht* vermehren dürfen!

Wenn die Staaten nämlich schon die 3 Prozent zusätzlichen Steuereinnahmen (in D-Mark gerechnet, um Verzerrungen durch Wechselkurs-Schwankungen auszuschließen) brauchen, um wenigstens einen Teil ihrer Zinsverpflichtungen abzudecken, dann bleibt natürlich *keine müde Mark* übrig, um Beamtengehälter zu erhöhen, die Armee zusätzlich zu bestücken, den Wohlfahrtsstaat voranzutreiben.

Dies sind jedoch absolut wirklichkeitsfremde Annahmen. In Wirklichkeit werden die Staaten schon

---

* Vgl. dazu »Staatsbankrott«, 6. Auflage, Seite 114/115.

von vorneherein die Staatsausgaben stärker erhöhen als die Einnahmen steigen (und zwar in absoluten Beträgen!), wodurch sich per se ein »Nettokreditbedarf« ergibt. Und dann kommen auch noch die »Zinsverpflichtungen« obendrauf, die man ebenfalls über das Schuldenmachen abzustreifen sucht. Das wiederum bedeutet: der Zug ist abgefahren. Die Staaten **müssen Schulden machen, weil sie Schulden haben.**

Der kumulative Prozeß ist weltweit nicht anders als in den einzelnen Ländern, die ergo mit unterschiedlichem Tempo ihrem Untergang zustreben. (Siehe dazu nochmals meinen »Staatsbankrott«, vor allem die Tabellen).

Zinsen sind in Form von »Geld« absolut witzlos. Denn auf Dauer will kein Mensch *immer nur Geld* in der Tasche haben, er will sich endlich auch einmal *etwas dafür kaufen können.* Was die Menschen, die einen Kredit vergeben, in Wirklichkeit wollen, ist Ware.

In einer freien Wirtschaft gibt es keine Schuldengrenze!

In einer *freien* Privat-Eigentümer-Gesellschaft ist alles kein Problem: Wer Schulden hat, muß dafür sorgen, daß der Gläubiger nicht nur *die Zinsen* erhält, sondern daß der Gläubiger *auch die Waren* zur Verfügung hat, um mit seinem Geld etwas zu kaufen. *Im freien Kapitalismus kann der Schuldner seine Zinsen nicht etwa durch die zusätzliche Aufnahme von weite-*

*ren Schulden bezahlen.** *Sondern nur durch die Aufnahme von zusätzlicher Produktion.* Damit schafft er das letztlich geschuldete Mehr-Produkt. Und alles ist im *Gleichgewicht.*

In einer freien Privateigentümer-Gesellschaft kann es daher auch *nie eine Schere* geben, die sich zwischen Forderungen und Leistungen öffnet: **Was gefordert wird, muß auch geleistet werden.**

Die *absolute* Höhe der Schulden in einer kapitalistischen Gesellschaft ist völlig belanglos. Entscheidend ist nur, ob die Schuldner die Zinsen, die sich aus ihrer Verschuldung ergeben, auch darstellen können, durch Mehr-Produkt, Mehr-Arbeit, Nach-Arbeit – wie man es auch immer bezeichnen will.

Insofern ist auch der mit Zinseszinseffekt angelegte Pfennig Karls des Großen ohne jeden Schrecken: Hätte Karl der Große *zugleich* den freien Eigentümer-Kapitalismus eingeführt (und nicht nur ein neues Geldsystem), hätten die Schuldner schon von sich aus dafür gesorgt, daß die wachsende Schuld bzw. die immer wieder zum Kapital geschlagenen Zinsverpflichtungen auch **erfüllbar bleiben.** (Und wo die Schuldner nicht von sich aus dafür sorgen, macht es das »System« – eben der den individuellen Schuldner immer unter **Druck** setzende *Kapitalismus*, der dafür sorgt, daß der Schuldner letztlich leisten **muß,** wenn er nicht untergehen will – er als einziger. Und der deshalb leistet.)

---

* Stellen Sie sich vor, Sie kommen zu Ihrer Bank und sagen auf die Frage, wie das denn mit der Zinszahlung sei: »Ach, schreiben Sie das Geld doch einfach auf meinem Konto dazu, ich habe doch sowieso schon Schulden!«

Nicht zur Leistung zu zwingen aber ist der Staat. Und der Staat ist es, der zugleich verhindert, daß es in einer Volkswirtschaft überhaupt noch zur Leistung kommt, weil er den leistungsfähigen, den leistungsbereiten und *letztlich zur Leistung zwingbaren Bereich immer mehr verkleinert.*

Die Spannung wächst

Nun schauen wir uns die Schere an, die sich *jetzt immer weiter öffnet.*

Die **Schere** öffnet sich immer weiter

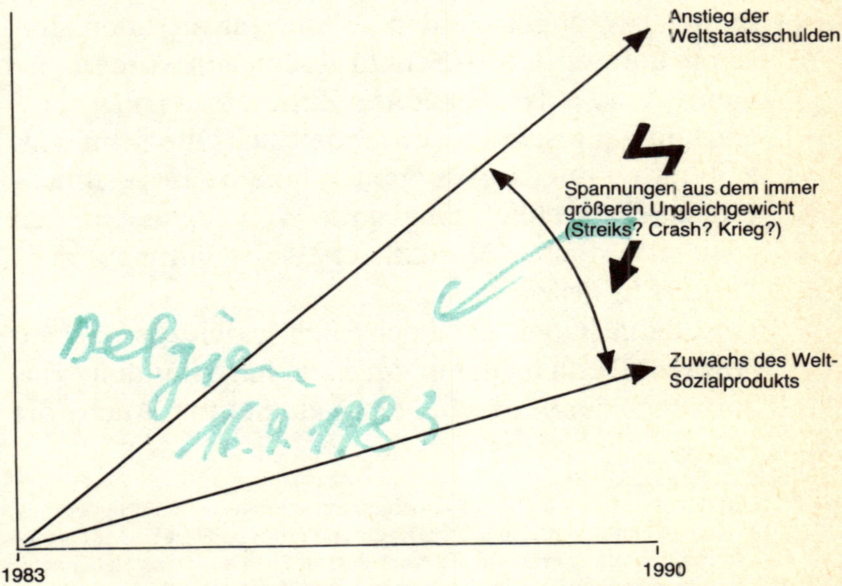

Abb. 12: Wie sich die Weltstaatsschulden und wie sich das Welt-Sozialprodukt vermehren.

Die eine Kurve stellt die aufgrund der bestmöglichen Hochrechnungen in den nächsten Jahren zu erwartende volkswirtschaftliche Zusatz-Leistung der ganzen Welt dar, das Welt-Wirtschftswachstum sozusagen. Wir sehen, daß es kaum noch steigen wird und tatsächlich auch kaum noch steigen kann. Bis zum Ende dieses Jahrzehnts wird bestenfalls *ein durchschnittliches reales Wirtschaftswachstum von weltweit 5 Prozent p.a. prophezeit.* Es wird mit Sicherheit nicht erreicht werden, aber selbst wenn – am fatalen Ergebnis ändert sich nichts.
Denn die andere Kurve, das sind die gleichzeitig auflaufenden Welt-Staatsschulden, die nicht getilgt und verzinst, sondern durch *zusätzliches* Schuldenmachen, also Verschiebung des Leistungszeitpunktes, immer gewaltiger werden. Wenn nur die alten Zinsen immer wieder zur Schuld geschlagen würden, begänne schon der bekannte *Zinseszinseffekt:* bei 8 Prozent Zinseszinsen verdoppelt sich eine Schuld alle 9 Jahre – mit dann doppelt so hohen Zinsverpflichtungen! Tatsächlich steigen die Welt-Staatsschulden auch im restlichen Verlauf der 1980er Jahre mit mindestens 15 Prozent p.a.*
Und dann haben wir noch auch gleich die nächste Ansicht. Denn nicht nur der Staat hat Schulden, sondern auch der verbliebene private Sektor. Auch dort

---

* In der Bundesrepublik, also noch einem »stabilen« Land, haben sich die Staatsschulden in den letzten 6 Jahren verdoppelt, was einer Durchschnitts-Erhöhung von 16,6 Prozent entspricht. Der *Trend* der Staatsschulden-Erhöhung lag in der Bundesrepublik im Jahr 1982 bereits so, daß sich hinfort die Staatsschulden bereits alle 4,5 Jahre verdoppeln würden.

sind Zinsen fällig. Ergo muß zur Bewältigung der Zinsen auch Mehr-Produkt erstellt werden. Nun aber beginnt die eigentliche Fahrt in den Orkus. Dazu stellen wir – mangels vorhandener brauchbarer Statistiken – folgende Überlegungen an:

1. Die Welt-Staats-Schulden ließen sich per Ende mit 12,22 Milliarden Mark innerhalb erträglicher Toleranzen exakt ermitteln. *Zahlen für das Welt-Sozialprodukt existieren nicht;* Hilfs- oder Näherungs-Statistiken sind völlig unbrauchbar, was sich auch aus der natürlichen Entwicklung der Statistik ergibt: zuerst werden immer Schulden bzw. Forderungen fixiert, so weiß man sehr wohl, welche Schulden und Zinssätze in der Antike, im Mittelalter, in der frühen Neuzeit existiert hatten, aber Sozialprodukts-Rechnungen aufgrund von Erhebungs-Statistiken sind nicht vorhanden.
2. Also müssen wir aus den Welt-Staats-Schulden *Rückrechnungen* anstellen, wobei wir der Einfachheit halber (und sogar noch zu Gunsten des Staates und zur Verniedlichung des Problems) nur angenommen haben, alle Staaten hätten gerade jenen Punkt erreicht, an dem gilt:

   Staatsschulden = Staatsausgaben

   In Wirklichkeit sind die meisten Staaten über diesen Punkt längst hinaus, zum Beispiel hatte die Bundesrepublik Deutschland in Form des »Bundes« (Bonn) Mitte 1983 Staatsschulden in Höhe von 330 Milliarden Mark (ohne Bahn und Post!) bei einem für 1983 geplanten Haushaltsvolumen von 260 Milliarden Mark.

Doch wenn wir Staatsschulden = Staatsausgaben sagen, läßt es sich leichter rechnen, weil andererseits die Staatsausgaben im Weltdurchschnitt bei etwa 50 Prozent des Sozialprodukts liegen, so daß man sagen kann:

Welt-Sozialprodukt = 2 x Weltstaatsschulden.

Die Staaten, in denen die Staatsquote noch unter 50 Prozent liegt, machen dies im Durchschnitt dann wieder wett, weil in ihnen die Staatsschulden *erheblich über* den Staatsausgaben liegen, usw. Das gilt zum Beispiel auch für die größte Volkswirtschaft der Welt, die USA, wo die per Ende 1983 zu erwartenden Staatsschulden von ca. 1.750 Milliarden Dollar dann doch ziemlich genau die Hälfte des Sozialprodukts ausmachen (BSP zu Marktpreisen), obwohl dieStaatsquote unter 50 Prozent liegt.*

Wir sind also nun so frei und setzen das Welt-Sozialprodukt auf (aufgerundet) 25 Billionen D-Mark fest. Diese schöne Größe lassen wir nun »wachsen«, wie sich das gehört, und wie es uns die Politiker immer wieder versprechen. Und zwar um 5 Prozent im Jahr, weil kein Mensch für den Rest der 80er Jahre höhere Wachstumsraten erwarten wird. In der Bundesrepu-

---

* Es gäbe noch eine simple Gegenrechnung, die sich zum Beispiel aus dem Finanzbericht der Bundesregierung ableiten ließe: Dort wird der Zinsendienst in Prozent der Staatsausgaben geführt. Entspricht diese Prozentzahl dem landesüblichen durchschnittlichen Zinssatz, sind Staatsschulden und Staatsausgaben gleich hoch. Im Mittel liegen die Zinsendienst-Prozentsätze der wichtigsten Industrienationen danach für 1981 bei 8,7 Prozent, etwa eben so hoch wie die Staatsschuldenzinsen.

blik wird für 1983 etwas von »1 bis 2 Prozent« gefaselt.

Das Ende 1987 oder 1993?

Schon haben wir alles, was wir jetzt noch brauchen, *um die Endzeit anzuschauen:* Die sich aus dem Zinseszins ergebende automatische Erhöhung der Welt-Staatsschulden, die zu entsprechenden Zins-Ansprüchen (= Ansprüchen an das gesamte Welt-Mehr-Produkt) führen. Und zwar in zwei Varianten, damit man auch ein bißchen Luft zum Diskutieren hat, ob »es« nun schneller kommt oder ob es noch ein bißchen dauert.

Variante A: Die Welt-Staats-Schulden steigen, indem *nur die Zinsen jeweils zur Schuld geschlagen werden,* woraus sich in den jeweiligen Folgejahren, immer nach dem Zinseszinseffekt, ansteigende höhere Zinsverpflichtungen ergeben. Dies ist das Ergebnis der Abbildung 11.

Variante B: Die Welt-Staats-Schulden steigen wie bisher, also um durchschnittlich 15 Prozent p.a., woraus sich dann entsprechend höhere Verzinsungs-Zwänge ergeben, vgl. Abbildung 12. Die Variante B beinhaltet, daß der Staat nicht nur die Zinsen zur Schuld schlägt, sondern daß er *auch noch »sonstige« Defizite macht,* im Rahmen seiner üblichen Volksbeglückungspolitik.

Diesen beiden Entwicklungen stellen wir dann die verfügbare, im Rahmen des oben beschriebenen normalen 5prozentigen Wachstumsprozesses gebildete »Masse« gegenüber: das weltweite Mehr-Produkt.

Was von diesem Mehr-Produkt übrig bleibt, nachdem die sich jeweils aus den staatlichen Schuldzinsenzahlungen ergebenden »Ansprüche« befriedigt wurden, entnehmen Sie bitte der Abbildung 13.

Das **Ende** kommt **so** oder **so**

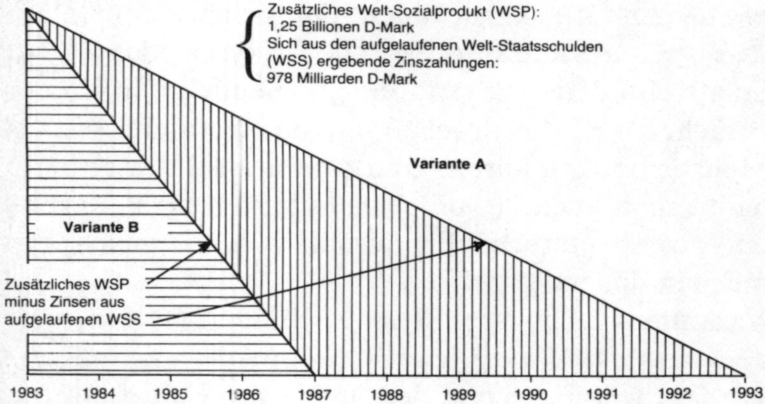

Abb. 13: Was vom Weltwirtschafts-Wachstum übrig bleibt, nachdem die Ansprüche aus den staatlichen Schuldzinsen-Zahlungen abgezogen wurden.

Mit anderen Worten: **In sehr absehbarer Zeit müßten alle Menschen nur noch arbeiten, um das zusätzlich zu produzieren, was produziert werden muß, um die Zins-Ansprüche aus der aufgelaufenen Weltstaatsschuld »darzustellen«. Damit aber wird »Arbeiten« sinnlos. Die Weltproduktion wird eingestellt.**

Als Termin für die Weltarbeits-Niederlegung bieten sich – je nach Tempo der weiteren Weltstaatsverschuldung – an: 1993 oder 1987. Oder gar noch früher?

Hochzins, Investition, Konjunktur

Wir wiederholen die Definition des »Staates«: Eine Einrichtung, mit deren Hilfe möglichst viele alles sofort haben können, *ohne dafür bezahlen zu müssen.* Der Staat holt also Güter, die erst *später* fällig oder darstellbar wären, in die *Gegenwart.* Dabei aber muß er sich genauso verhalten, wie jeder andere auch, der dieses Kunststück vollbringen möchte: Er muß für die Sofort-Darstellung einen Preis bezahlen – eben den Zins.

Und so kommt es zu jener Posse, daß auf dem »Kapitalmarkt«, wo also jedermann »Kredit« bekommt, neben dem freien Eigentümer (Unternehmer) plötzlich eine Figur erscheint, die dort absolut nichts zu suchen hat: der Finanzminister.

Der *Unternehmer* muß Schulden machen, um die Produktion in Gang zu setzen. Resultat unternehmerischer Schuldenmacherei: *Mehr-Produkt und Wachstumsraten.*

Der *Finanzminister* aber macht Schulden, um den Bereich, in dem Unternehmer mit ihrem Mehr-Produkt-Prozeß antreten, zu verkleinern. Resultat staatlicher Schuldenmacherei: *Null-Produkt und Minus-Wachstum.*

Nun fehlt leider Christus, der die Finanzminister aus den (Börsen-)Tempeln treiben könnte. Im Gegenteil: In Banken und Börsen sind die Finanzminister hoch willkommen. »Erste Adressen« dürfen sie sich nennen. Weil das Geld bei ihnen sicher scheint. Nur ergibt sich diese Sicherheit leider nicht aus den Markterfolgen unternehmerischer Mehr-Produk-

tion mit daraus stammendem Zins- und Rückzahlungs-Potential.
Sondern die Sicherheit, die der Finanzminister bieten kann, kommt aus einem kleinen schwarzen Loch: es ist die Mündung der Pistole, die der Steuerfahnder präsentiert, wenn er sich Einlaß dort verschaffen muß, wo das Geld ruht, das der Steuerzahler »schuldig« ist, aber abzuführen übersehen hat.
Der Zwang, Steuern mit der Waffe in der Hand eintreiben zu müssen, wächst nicht nur mit der Höhe der Steuern, die schon »fällig« sind. *Sondern er wächst auch und vor allem, mit der Höhe der Steuern, die erst noch kommen werden,* wenn nämlich die Staatsschulden zur Rückzahlung anstehen und der Finanzminister diese Rückzahlung nie und nimmer anders bewerkstelligen kann als durch die Anwendung des staatlichen Gewalt- und Enteignungsmonopols.
Denken Sie sich doch nur mal folgendes durch: Wir bezahlen beim nächsten Steuertermin nicht mit Geld, also Scheck oder Banküberweisung, sondern wir geben dem Finanzminister statt dessen seine Bundesanleihen, Bundesschatzbriefe, Obligationen usw. zurück. Der Staat *muß* das als Zahlung annehmen, klar, auch wenn Bundesschatzbriefe keine gesetzlichen Zahlungsmittel sind. Aber der Staat kann schlecht sagen: mit meinen Bundesschatzbriefen können Sie nicht bezahlen, denn das sind ja seine Schulden, die wir mit unsern (Steuer-)Schulden aufrechnen.
In den Finanzämtern stapeln sich diese Bundes-Schuld-Titel. Der Finanzminister braucht aber Geld,

um die Beamten zu bezahlen, Wohngeld, Kindergeld usw. Also wird er sich diese »Staatspapiere« unter den Arm klemmen und zur nächsten Bank radeln, um sie dort in Geld umzutauschen. Die Bank wird ihm aber sagen: »Lieber Herr, *damit* haben wir doch gerade selbst gezahlt, unsere Steuern, Sie erinnern sich doch noch?« Die Banken lehnen also ab, dem Staat seine Papiere abzukaufen, und sie beleihen sie auch nicht.

Der Finanzminister gerät in Panik. Denn sein schöner Sozial- und Beamten-Staat beginnt zu wackeln. Niemand will seine Papiere haben, auch nicht die Beamten, auch nicht die Mütter und Mieter. Er legt seine Papiere also erst mal in den Aktenschrank und erläßt ein »Not-Gesetz«: Um die Aufrechterhaltung der Zahlungsfähigkeit und so weiter zu gewährleisten wird beschlossen und so weiter, die Mehrwertsteuer um 5 Prozentpunkte zu erhöhen!

Sie sehen also ganz klar: *wenn es tatsächlich Ernst wird, kann der Staat nie etwas anderes tun, als die Steuern zu erhöhen,* und da es ständig ein Problem gibt, das der Staat nicht nur mit der Aufnahme neuer Schulden lösen kann, *müssen die Steuern ständig steigen.*

Karl Marx wollte dem Staat einmal ein Schnippchen schlagen, und so druckte er in der »Rheinischen Zeitung« in Köln, deren Chefredakteur er war, die Schlagzeile: »Keine Steuern mehr!« Das war natürlich kindisch. Denn mit solchen Aufforderungen macht man sich nur strafbar.

Wenn man den Staat aushebeln will, und das geht ganz leicht, muß man sich nur einen Aufkleber an den Kofferraum machen: »Keine Bundesanleihen mehr!« Anleihen sind absolut freiwillig, *also kann jeder jeden dazu auffordern,* dem Staat kein Geld mehr zu leihen. Auf jeden Fall tut er dem Nächsten einen persönlichen Gefallen: er hindert ihn daran, *sein Vermögen zu verlieren.*

Immerhin wäre der Vorgang »Keine Staatsanleihen mehr!« der größte gesamtwirtschaftliche Segen, der sich vorstellen ließe. Sollte nämlich heute der Staatskredit verschwinden, würden uns morgen die Banken anrufen und sagen: »Kommen Sie bitte vorbei. Wir haben ein attraktives Angebot zu neuen Konditionen.«

Und Sie werden fragen: »Sie meinen den Millionenkredit, den ich gerne haben wollte? Was soll der denn jetzt kosten?«

Und Ihre Bank wird ins Telefon flöten: »Zwei Prozent, mein Lieber, und das auf 30 Jahre fest.«

Nur der Staat und die vom Staat bereits der öffentlich-rechtlichen Gehirnwäsche unterzogenen Publizisten, vor allem in Funk und Fernsehen, bestreiten bis heute, daß der *Staat* die Zinsen *nach oben treibt.* Wer aber sonst? Dann heißt es: die Amerikaner! Aber haben die denn einen ausgeglichenen Haushalt? Nimmt der US-Staat nicht gerade *die gewaltigsten »Kredite« aller Zeiten auf?*

Es gibt nur einen Zinstreiber: den Staat

Das ist aus zwei Gründen unwiderlegbar: 1. Bei der **Kreditaufnahme** tritt der Staat in Konkurrenz zu anderen Kreditwilligen. Er bietet solange einen *höhe-*

ren Zins, bis er mit seinem *gesamten* Kreditwunsch zum Zuge kommt. Der Staat bezahlt **jeden** Zins, weil er – im Gegensatz zum privaten Kreditnehmer – niemals »rechnen« muß. Auch gar nicht rechnen kann. Der Staat braucht immer einen bestimmten, *von vorneherein feststehenden Betrag,* der sich bei schwacher Konjunktur (= weniger Steuereinnahmen) automatisch vergrößert. Und das Geld holt er sich. Und wenn er die Zinsen in den Himmel schickt. Denn der Staat ist ja der Meinung, er müsse sein »politisches Programm« erfüllen, seine »Aufgaben« (!). Außerdem würden die Menschen, die vom Staat »abhängig« (!) sind, auf das Geld warten …

2. Bei der **Kreditverwendung** wird noch deutlicher, daß der Staat allein die Zinsen treibt. »Theoretischer« Beweis: Ein privater Schuldner würde in dem Augenblick, da er einen privaten Kredit aufnimmt, gezwungen, diesen zu bedienen und abzuarbeiten. Das kann er aber nur, indem er *zusätzliche* Produktion aufnimmt, indem er, wie es ganz richtig heißt: »investiert«. Das Ergebnis der privaten Investition ist Mehr-Produkt und ergo Schulden-Tilgung. *Der Staat aber tut nichts, was zu Mehr-Produktion führen könnte.*

»Praktischer« Beweis: Die sogenannten »öffentlichen Investitionen«, die – wie wir oben gesehen haben – ohnehin kein meßbares, weil nicht unter Marktkontrolle und nicht über den Markt bewertbares Sozialprodukt erwirtschaften, werden *von Jahr zu Jahr weniger.*

- Der **Bund** hat 1977 für »Baumaßnahmen« 5,84 Milliarden ausgegeben. 1981 absolut weniger: 5,77

Milliarden. Außerdem sind bei den Straßen, Häusern und Kanälen, die der Bund in diesen fünf Jahren erstellte, die Preissteigerungen abzuziehen. Tatsächlich haben sich die Bundes-Bau-»Leistungen« um etwa 30 Prozent *vermindert.*

• Bei den **Gemeinden** stiegen die »Baumaßnahmen« von 21,8 auf 31,4 Milliarden, also um 44 Prozent. Diese 44 Prozent sind in Wahrheit aber »Überraschungs-Prozente«. Denn wir kennen doch die Geschichten mit den berühmten, den plötzlichen und »völlig überraschend« auf die Stadt- und Gemeinde-Väter niederkommenden »Kosten-Überschreitungen« nur allzu gut. Nimmt man die großen Gemeinde-Vorhaben, wie Schwimmbäder, Stadt-Paläste, Volkshäuser usw.: Da wurden die *Kostenvoranschläge* in der Mehrzahl der Fälle nicht nur um 44, sondern gleich um 440 Prozent überzogen. Nur weil man mit dem Bau des Wunder-Vorhabens nicht mehr aufhören konnte (Bauruinen stören den Geschmack auch des dümmsten Wählers), wurde eben weitergemacht. Nicht per überlegter *Planung,* sondern unter *Zwang.*

So haben wir Städte, wie Düsseldorf, Hannover und Frankfurt, die pro Kopf ihrer Einwohner inzwischen mit 4000 und 5000 Mark verschuldet sind. Das Schulden-Plus der Kommune *Frankfurt* zwischen 1975 und 1982 liegt bei 88 Prozent. Für diese neuen Super-Schulden dürfen die Frankfurter sich in ihre herrlich erstandene, neue alte Oper setzen. Aber daß Frankfurt mit dem *Verkauf der Opern-Karten* irgendeinen Beitrag zur Rettung aus der Finanz-Katastrophe leisten würde, kann wohl niemand behaupten.

Nie zahlt der Staat seine Schulden *mit verdientem Geld,* also dem Verkauf von Opernkarten, zurück, sondern mit der Aufnahme zusätzlicher *Kredite.* Die Gegenüberstellung von Geldkapitalbildung (Spareinlagen, Terminkonten, Bankschuldverschreibungen) und staatlicher Defizite wird immer abenteuerlicher. 1979 bildeten die Deutschen 76 Milliarden Mark Geldkapital; die öffentliche Mißwirtschaft endete mit einem Defizit von knapp unter 50 Milliarden. Es war also sozusagen noch »was übrig«.
1981 und 1982 brachte die Geldkapitalbildung zusammen 133 Milliarden Mark ein, das Defizit der öffentlichen Hände aber lag addiert bei über 150 Milliarden.
Und nun?
Wer jetzt noch behauptet, daß dieser staatliche Kredit-Wahn keinen »Einfluß auf die Zinsen« ausübt, den Zins also nicht nach oben treibt, dem ist nicht mehr zu helfen. Denn er muß dann auch sagen: Der Preis für eine Ware bleibt immer gleich – egal wie viele Menschen diese Ware kaufen wollen.
Nur wenn der Staat *gezwungen* werden könnte, auf die Schuldenmacherei zu verzichten, könnte noch einmal der Zins für Geld und Kredite sinken. Wie es allerdings jetzt aussieht, *wird der Zins für Geld und Kredit immer weiter steigen,* weil der Staat über den Zinzeszins-Effekt gezwungen ist, zu immer gigantischeren Kredit-Operationen zu schreiten. Zins-»Senkungen«, wie sie immer wieder in der Presse hochgespielt werden, können in Zukunft nur noch eines sein: Winzige Verschnaufpausen auf dem Weg in den Untergang.

Sind denn die Zinsen überhaupt gesunken?

Den Zins muß man nämlich netto sehen, als das, was er wirklich »kostet«, als die Mehr-Leistung, zu der er uns wirklich zwingt. Schauen Sie sich doch nur die Abbildung 14 an!

Die Mär von den »gesunkenen« **Zinsen**

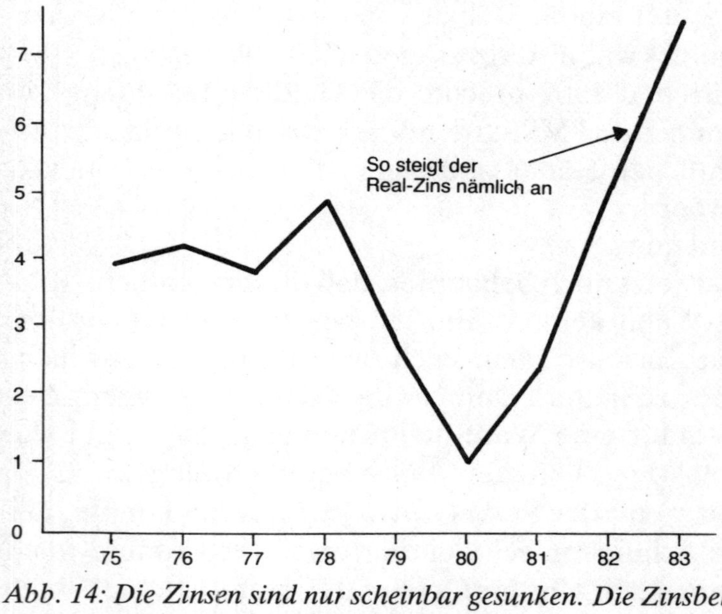

Abb. 14: Die Zinsen sind nur scheinbar gesunken. Die Zinsbelastung ist in Wirklichkeit gestiegen.

In Abbildung 14 sind die sogenannten »Emissions-Renditen« der erstmalig im jeweiligen Zeitraum abgesetzten *Anleihen der öffentlichen Hand,* so wie wir sie am Bankschalter kaufen »dürfen«, den industriellen *Erzeuger-Preisen* gegenübergestellt, also jener »Inflation«, die die Unternehmer brauchen, um nicht – wegen Kostenunterdeckung – sofort vom Markte zu verschwinden. *Seit Beginn dieses Jahrzehnts steigt der Real-Zins kräftig an.* Jetzt (Mitte 1983) liegt er bei über 7 Prozent – und selbst wenn man die Renditen (= Staatszinsen) gegen die Verbraucherpreise rechnet, sind es noch über 5 Prozent. Wenn die Kreditzinsen überhaupt noch einmal »sinken«, dann immer nur in dem Ausmaß, in dem die private Kreditnachfrage sinkt. Diese wird jedoch *immer weiter* und *immer schneller* zurückgehen, weil ein normal kalkulierender Unternehmer bei den staatlich erzwungenen hohen und auch bei Wegfall sämtlicher privater Kreditnachfrage noch hohen, wenn nicht sogar steigenden Zinsen überhaupt nicht mehr marktgerecht produzieren kann. Letztlich kann er eben die Kredit-Kosten nicht mehr über den Preis an die Verbraucher überwälzen.

Das Eigenkapital ist futsch

Dieser Effekt wird noch durch den *Zusammenbruch der Eigenkapital-Bildung* in den deutschen Unternehmen beschleunigt. Wie die Bundesbank anhand der ihr vorliegenden 40000 Bilanzen ermittelt hat, ist der Anteil der eigenen Mittel von Mitte der 60er Jahre, als die Bilanzauswertungen begannen, von 30 Prozent auf inzwischen (1981) 20,5 Prozent gefallen – also um die Hälfte. Von fünf müssen vier Mark in den deutschen Unternehmen also »fremd« finanziert werden: und das bedeutet im Klartext: zu den geltenden unerträglich hohen realen Zinsen.

So wird die private deutsche Unternehmenswirtschaft über kurz oder lang verschwinden. Die Produzenten geben auf oder werden per Konkurs vom Markt gefegt. Als Schlußbild prägen Sie sich bitte noch die Zahl der Insolvenzen ein.

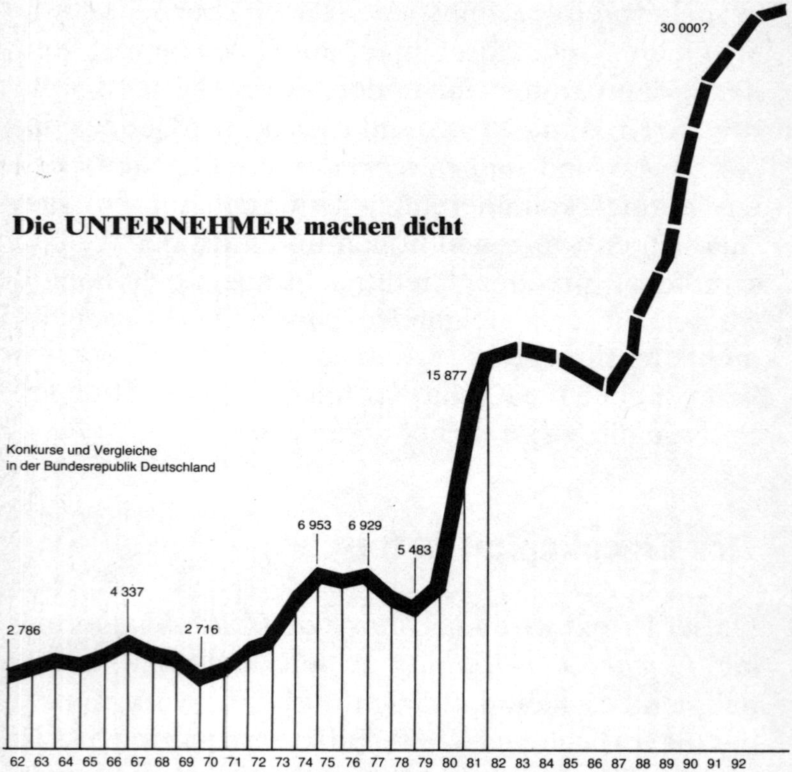

Abb. 15: Zahl und Projektierung der deutschen Insolvenzen 1962 bis 1992.

Die Wellenbewegung mit den Höhepunkten in den »Krisen«-Jahren 1967 und 1975/77 muß man nur in etwa weiterzeichnen. Denn es gibt überhaupt keinen

Grund, anzunehmen, daß die private deutsche Wirtschaft besseren Zeiten entgegengeht.
Sie kann es nicht, der Staat verhindert das!
Nachdem der Staat in seinem Schuldenwahn über absolut indiskutable Zinsen verhindert, daß Unternehmer den *einzigen Ausweg* aus der Katastrophe finden, nämlich die eigene, private Verschuldung zum Zwecke von Produktion und Investition und ergo der Mehrprodukts-Erstellung, ist auch von den Unternehmern aus betrachtet, der Untergang nur eine Frage noch der Zeit.
Die nächste Insolvenz-Welle wird den Rest der Produktionsstätten vernichten. Die bankrotten Firmen-Chefs werden sich im Klo erhängen und die Rufe der Belegschaften nach »Arbeit!« verhallen ungehört.
Der Staat hat dann endlich erreicht, was seines Wesens war: *Massenelend, Bürgerkrieg und Exitus*.

Wie rette ich mein Geld? Denn: Diesmal kommt zuerst der Crash – und dann auch noch: Revolution?

»Weh, weh, die große Stadt, die bekleidet war mit köstlicher Leinwand und Purpur und Scharlach und übergoldet war mit Gold und Edelgestein und Perlen!
Denn in **einer** Stunde ist verwüstet solcher Reichtum ...«

Die Offenbarung des Johannes

Kommt gleich der große Doppelschlag?

Die Geschichte des Menschen verläuft, wie wir wissen, nicht stetig. Sie wird immer wieder von Kriegen, *Revolutionen* und finanziellen Groß-Katastrophen unterbrochen, die wir *»Crashs«* zu nennen pflegen. Der »Crash« ist eine Welle von Zahlungseinstellungen, oder, vom Gläubiger aus betrachtet: er verliert sein ganzes Geld, oder korrekter ausgedrückt: die Forderungen, die er hat, werden auf einmal wertlos. Krieg ist nicht unser Thema, wohl aber Revolution und Crash. Revolution ergibt sich aus dem *Eigentums*-Problem, Crash aus dem *Zins*-Problem. Beidemal wird »umverteilt«, beidemal wird dem genommen, der was hat: ein Sachwert oder eine Forderung. Zur Einstimmung in das, was jetzt kommt, sollten Sie einen Blick auf die Zusammenstellung der bisher in der Geschichte gelaufenen (wichtigsten) Revolutionen und Crashs werfen. Sie werden erstaunt sein und feststellen, daß *beides,* Revolution und Crash, ständige Begleiter des Menschen in seiner Geschichte sind.

Beides sind gewaltige Vorgänge, zumal, wenn sie *zeitgleich ablaufen* oder nur mit minimaler Zeitverschiebung.

Der erste extragroße, eine Volkswirtschaft unseres Kalibers umfassende Doppelschlag war das Ereignis, was unter dem Namen »Französische Revolution« bekannt geworden ist, auch wenn die Bezeichnung für den historischen Vorgang 1789 ff. in Frankreich etwas schmal gewählt ist. Erst war da nämlich *einmal* eine »Revolution« – das vorhandene

(Grund-)Eigentum wurde den Alt-Eigentümern (Adel, Kirche) weggenommen und neu verteilt. Dann aber kam der *zweite Teil* des Dramas – die Enteignung der Geldwertforderungsbesitzer. In der Assignaten-Inflation, die 1790 anhebt und 1797 endet, als der Wert des Papiergeldes endlich seine Herstellkosten erreicht hat, nämlich 1 Prozent des aufgedruckten Nominals.

Ganze Batterien von Doppelschlägen gingen nach dem Ersten Weltkrieg los. Typisch war die *bolschewistische Revolution,* die alles Eigentum enteignete und dann auch noch die Forderungsbesitzer leer ausgehen ließ. Das waren zunächst nur die ausländischen Gläubiger, aber über kurz oder lang auch die im Inneren, weil sich Geldwertforderungen nur darstellen und letztlich »eintreiben« lassen (egal, um wieviel sie in einer gleichzeitig laufenden Inflation schon gegen die Sachwerte abgewertet wurden), wenn *privates* Eigentum vorhanden bleibt. *Sozialismus bedeutet insofern nicht nur Revolution, sondern zugleich immer auch noch Crash.*

Die Deutschen hatten ihren letzten Doppelschlag nach Weltkrieg Nummer Zwo. Und zwar getrennt nach Ost und West. In beiden Teilen Deutschlands gab es zwar einen Crash: überall wurden die Geldwertforderungen auf oder nahe Null gestellt. Einiges wurde im Verhältnis 1:10 dann anschließend noch einmal »aufgewertet«. Im Osten war aber auch der Geldwert, der noch gerettet werden konnte, alsbald witzlos. Weil man ihn *nicht mehr in Sachwert* umtauschen konnte: bis heute ist in der DDR privater Grundbesitz außerhalb von minimaler Erbschaft oder des kleinstnutzbaren Wohungseigentums beseitigt, sprich verstaatlicht. Der Besitz von Gold oder anderen Sachwerten ist auf Reste beschränkt (Eheringe), Industriebeteiligungen sind vollständig verboten, usw.

In der Bundesrepublik beschränkte sich die den Crash von 1948 begleitende Revolution auf eine Besteuerung der Sachwert-Besitzer in Form des *»Lastenausgleichsverfahrens«*.

Bei Revolution und Crash gibt es die gleichen Unterschiede, wie bei den beiden menschlichen Grundelementen: Zins und Eigentum.

Nur das Eigentum liegt offen zutage, Forderungen sind versteckt. Insofern waren die Eigentümer-Enteignungen einfacher: man nimmt einfach weg, was da ist. Die Gläubiger-Enteignungen sind schon etwas diffiziler. Wenn sich nämlich die Schuldner nicht melden und ihrerseits nicht die Rückzahlung verweigern, etwa, weil sie sonst in Knechtschaft müssen (siehe oben Nehemia!), weiß eigentlich niemand, ob und wer wem und wieviel eigentlich etwas schuldet.

Die vollständige Gläubiger-Enteignung ist so richtig erst möglich, wenn man Statistiken hat: wer muß jetzt eigentlich was bezahlen? Insofern haben die alliierten Siegermächte nach dem Ersten Weltkrieg einen schweren Fehler gemacht, als sie nicht nur Eigentum (Landabtretung) kassierten, sondern auch noch »Entschädigungen« haben wollten, die Deutschen also tatsächlich plötzlich Schuldner waren. Was wäre wohl aus einem Mann wie Hitler geworden, wenn es keine deutschen Schulden nach Versailles gegeben hätte, wenn die Sieger statt dessen

die Saar, Helgoland und Ostpreußen eingestrichen hätten?
Hitler hätte seinen Spruch von der »Zinsknechtschaft« vergessen können, seine ganze Juden-Theorie wäre gar nicht erst entstanden. Denn es waren bekanntlich nicht die Juden, die Elsaß-Lothringen genommen haben, sondern die Franzosen. Und nun machen Sie mal eine »Rassen-Theorie« gegen Monsieur Dupont!

Typologie von Revolution und Crash

1. Revolution ohne Crash. Dieser Typ ist extrem selten. Denn er setzt auf der einen Seite voraus, daß sich beim Eigentum ein starkes »vorrevolutionäres« Ungleichgewicht bildet, ohne daß dies die Zins-Spähre berührt.
Danach müßte sich im Laufe der Jahre eine Eigentumsverteilung ergeben, die als »ungerecht« empfunden wird (Eigentum hier und im folgenden immer = *Sachwert,* das heißt zunächst vor allem *Grundbesitz*). Bei diesem Prozeß dürfen nicht gleichzeitig so hohe Foderungen gegen die Nicht-Eigentümer entstehen, daß die in der Revolution gleich mit »erledigt« werden. Das ist schon deshalb unwahrscheinlich, weil Revolutionen nicht freiwillig über die Bühne gehen, sondern in Form von *Bürgerkriegen* (Eigentümer gegen Nichteigentümer), was Geld kostet, wobei dieses »Geld« durch militärisches Schuldenmachen kommt – in der Hoffnung, es dann mit der »Beute« abzudecken.

Wenn die Eigentümer siegen, bestrafen sie die unterlegenen (Nach-wie-vor)Nicht-Eigentümer indem sie diese zwingen, diese »Schulden« abzuarbeiten. So ging zum Beispiel der deutsche *Bauernkrieg* im 16. Jahrhundert aus, als die unterlegenen Bauern anschließend unter »erschwerten Bedingungen« wieder zurück auf die den Feudalherren gehörenden Felder mußten.

Wenn die Nicht-Eigentümer siegen, werden sie versuchen, ihre »Schulden« über den Verkauf des errungenen Eigentums abzuzahlen. Da es aber dann niemand gibt, der diesen Kauf bewerkstelligen könnte, sind die Schulden bestenfalls in dem Sinne »getilgt«, daß man nun das Eigentum hat – aber wie *nun* weiter? In der französischen Revolution wurde prompt nach Enteignung von Kirche und Adel deren Eigentum zu »Nationalgütern« erklärt, und auf dieses »Eigentum« wurden dann neue Schulden gemacht: das »neue« Geld war aber kein Geld in dem Sinne, daß es den Entschuldungsvorgang via Mehr-Produkt eingeleitet hätte. *Ergo war die Hyperinflation unvermeidlich.*

Revolution ohne Crash, d. h. Geldwertforderungsenteignung, müßte kampflos über die Bühne gehen, in einer, wie es so schön heißt »Revolution von oben«. Die wiederum ist nur in straff regierten Gemeinwesen möglich – einer Monarchie mit weitgehender Vollmacht beim Staatsoberhaupt. So kamen die Bauernbefreiungen im 19. Jahrhundert zustande (gegen Entschädigung selbstverständlich, nicht gegen inflationär gedrucktes Geld), und so ist es auch bei den »Landreformen«, die bis in die Gegenwart reichen, zuletzt im großen Stil vom persischen Alleinherrscher Reza Pahlevi durchexerziert.

2. Crash ohne Revolution. Dieser Typ ist häufig. Denn Forderungsvernichtung gehört schon fast zum Alltag. Laufend gibt es irgendwo auf der Welt solche Gläubiger-Enteignungen ohne daß die Schuldner oder auch die Gläubiger anschließend einen Prozeß des großen Eigentumswechsels in Szene setzen.

Die *Schuldner* tun dies nicht, weil sie zumeist damit zufrieden sind, daß sie jetzt *keine* Schulden mehr haben. Und es wäre auch wirklich etwas viel verlangt, wenn die Entwicklungs- und die Schwellenländer, nachdem sie alle unsere gegen sie gerichteten Forderungen für wertlos erklären (was sie de facto längst schon sind), auch noch damit tönen: Jetzt Daimler-Benz enteignen, her mit den Fabriken in den USA, in Japan und im perfiden Engeland!

Die *Gläubiger* tun das nicht, weil sie es längst *nicht mehr können*. In früheren Jahrhunderten wurde noch enteignet, und zwar Eigentum (= Sachwert jetzt) enteignet, wenn die Zahlung offen blieb. Und zwar auch zwischenstaatlich. So wurden im Mittelalter Städte und Länder an »Zahlungsstatt« erst *verpfändet,* dann vergeben, wobei die Grenzen zwischen »normalen« Staatsschulden und »Kriegsschulden« immer fließend blieben. Die größte Landverschiebung seit der Antike, der Vertrag von Brétigny vom 8. Mai 1360 zwischen England und Frankreich reguliert mit den beidseitigen Schuldenzahlungen gleich noch territoriale Umschichtungen der Guienne und von Calais, von einem Drittel Frankreichs.

In und zwischen Frankreich und England entstanden damals Staatsschulden vornehmlich infolge kriegerischer Verwicklungen, aber sehr eindeutig nach einem Crash bzw. zur Vermeidung desselben waren dann 150 Jahre später die Übertragungen von (Staats-)Eigentum in Form von Bergwerken und Bergwerks-Regalien (= Königsrechten) an das Bankhaus der Fugger durch die immer überschuldeten Habsburger.

Als aber dann die Habsburger und danach in schneller Reihenfolge die anderen europäischen Potentaten ab Mitte des 16. Jahrhunderts reihum krachten und Staatsbankrott erklärten, da war es freilich schon zu spät. Die Gläubiger hatten nichts mehr in der Hand, was sich in ein Recht auf (oder Eigentum an) Sachwert hätte interpretieren lassen. So machten die *dummen Gläubiger,* wie die Tucher und die Welser, gleich nach ihren Schuldnern bankrott.

Der letzte große Crash, bei dem Staatsschulden noch in Sachwert, also »revolutionär«, da den Eigentümer *unfreiwillig* wechselnd,* umgewidmet werden konnte, war die Geschichte mit dem Suez-Kanal. Mitte der 1870er Jahre war der ägyptische Staat, repräsentiert durch den damaligen Chef, genannt »Khedive« pleite und mußte zur Schuldendeckung seine Suez-Aktien nach England verkaufen, Aktien, die er natürlich nicht gezeichnet und eingezahlt hatte, sondern die ursprünglich nichts waren als die Einbringung von ägyptischem Wüstenland in das Projekt.

* In der CRASH/REVOLUTIONS-Tabelle sind solche Detail-Ereignisse übergangen.

Seitdem fehlt den Gläubigern bedauerlicherweise die Möglichkeit, *in den (oder in einen) Staat zu vollstrecken.* Der Staat macht pleite – und aus. Dabei wäre es ein leichtes, dem Staat zu sagen: »Du kriegst zwar Geld, aber nur gegen Sicherheiten!« So hätte Polen eben seine Kohlengruben zur Sicherheit an die Dresdner Bank überschreiben sollen und Mexiko seine Ölfelder an die New Yorker Citibank. Die dummen Banken haben das nur leider übersehen, und jetzt gehen sie auch völlig zu Recht unter. Nur was machen die enteigneten Bank-Gläubiger, die Sparer? Sich an die Bank und ihr Vermögen (Eigenkapitalanteil an der Bilanzsumme im besten Fall weltweit 5 Prozent!) zu halten, ist ein Witz. Hundert Mark verliehen, und zurück-»gezahlt« wird mit einem Schnaps!

Die per Crash enteigneten Forderungs-Besitzer greifen so oder so ins Leere. Oder was werden die Gläubiger der Bayerischen Landesbank wohl kriegen, wenn die DDR die Zahlungen einstellt, das heißt auch die berühmte »Strauß«-Milliarde nicht mehr bedient und nie zurückzahlt, die im Sommer 1983 mit großem Pomp »verliehen« wurde? Als Sicherheit steht zwar in den Kreditvereinbarungen: Die Autobahn-Gebühren. Welch ein Witz!

Die DDR darf also die Bundesbürger, die über die Transit-Strecken fahren, ausnehmen und das auch noch mit dem Argument, sonst könne man den Strauß-Kredit nicht zurückzahlen. Aber wie wäre es denn mit der Autobahn selbst? Nachdem wir sie schon gebaut bzw. finanziert haben und für die Unterhaltung aufkommen – warum dürfen wir – die

Gläubiger! – sie nicht an uns nehmen, wenn die DDR sich streckt?
Der Crash ohne Revolution, der häufigste und landläufigste Prozeß der (Gläubiger-)Enteignung wird mehr und mehr die Regel, weil die Forderungs-Inhaber keine **Macht** mehr haben, zu vollstrecken.
Da die meisten Schulden heute *Staats*schulden sind, kann man ihre absolute Wertlosigkeit auch auf diesem Wege kurz enthüllen: Geld, das man ausländischen Staaten gibt, sind entweder **Tribute** (Ostblock, damit sich der ruhig verhält und die Rote Armee nicht einmarschieren läßt oder ein paar SS-20 zündet) oder **Geschenke** (Dritte Welt, weil man für sein Geld, das man verliehen hat, keinen echten, das heißt *vollstreckbaren* Titel erhält: das Zugriffsrecht auf einen Sachwert, auf Staatsvermögen oder Staatsland aller Art).

3. Revolution plus Crash. Dies ist der standardisierte Doppelschlag in der Geschichte: Erst wird das Eigentum revolutioniert, dann jede Forderung vernichtet. Die Forderungsvernichtung ist im wesentlichen zwanghaft, da die meisten Eigentümer auch Schuldner waren (wegen der Sicherheit ihres Eigentums). Und wenn das Eigentum genommen ist, gibt es niemand mehr, der noch vollstrecken könnte – in den neuen Eigentümer, die revolutionären Volkshelden oder gar den Staat schon gar nicht.
Zur Eigentumsrevolution kommt es bei wachsender Weltbevölkerung immer häufiger, weil *immer mehr* Menschen *immer weniger* besitzen. Daß die derzeit laufende Menschen-Produktion »unblutig« über die

Bühne gehen würde, hat sich vermutlich nur die katholische Kirche eingebildet, die als letzte große, geschichtsbestimmende Macht noch immer an der Menschen-Maximierung festhält. Alles was wir derzeit in Mittelamerika erleben, in Nikaragua, El Salvador, was in Kuba war und was auf anderen Karibik-Inseln läuft: *Revolution als unmittelbare Folge der Menschen-Produktion.* Karl Marx hätte besser die Geschichte der Latifundistas (z. B. in Mexiko) studiert als die Industriegeschichte Englands: er hätte eine viel simplere Revolutionstheorie entwickeln können, ohne den Krampf mit seinem »Kapital«: wenn in einer Agrargesellschaft immer mehr Menschen auf einem Haufen hocken, das Land aber monopolisiert bleibt und weder übers Vererben noch über Teilverkäufe unter die Leute kommt, dann ist Revolution nur eine Frage der Zeit. Irgendwann werden die Campesinos den Latifundista im Bett erschlagen.

Je volkreicher die Staaten heute, um so sicherer deren Weg in den Sozialismus, weshalb auch der Kolonialismus in Afrika und Asien dort am schnellsten vom Sozialismus abgelöst wurde, wo eigentlich die ältesten und »gerechtesten« Eigentümer-Ansprüche bestanden. Die Portugiesen hatten sich in Angola und Mocambique Eigentum geschaffen, lange bevor es dort auch nur einen einzigen Neger gegeben hat. Aber nach 500 Jahren waren eben *sehr viele* Neger da – und Ende. Südafrika wird genau dasselbe Los erleiden, man muß nur warten, bis das Verhältnis Schwarz zu Weiß 10 zu 1 geworden ist.

Daß die Revolution in Rußland kam, war nichts als

ein Witz. Zwar war das Eigentum – trotz der ein halbes Jahrhundert zuvor gelaufenen Bauernbefreiung – nicht gerade »gerecht« verteilt. Aber es gab viel zu wenig Menschen für den großen Raum, um revolutionäre Stimmung aufkommen zu lassen. So war denn die Revolution in Rußland nichts weiter als ein Staatsstreich, den der geniale Trotzky eingefädelt hatte und dessen Ablauf er in seinen Memoiren so unbeschwert beschreibt.

Eine Revolution, so wie sie Marx vorschwebte, hat es in der Weltgeschichte bis heute *nicht* gegeben. Marx hatte die fixe Idee von »Kapital«, das nur die ausgebeuteten Arbeiter schaffen und das auch immer nur dem »Kapitalisten« allein gehört. Was die Arbeiter dann mürrisch macht und die Revolution hervorruft. Aber eine Revolution gegen das Eigentum *in Form von industriellem Kapital* ist bisher nicht gelaufen – schon gar nicht in den Staaten, wo der Kapitalismus am »schamlosesten« sein Haupt erhebt, wo also das meiste industrielle Kapital als Eigentum gebildet wurde: USA, Schweiz, Bundesrepublik, Großbritannien, Belgien, Japan.

So einen Scherz wie die »Revolution« gegen den marasmatisch darniederliegenden Zaren mit ein bißchen Peng-Peng vor dem Winterpalast – das können ein paar entschlossene Machtmenschen inszenieren. Doch wo bleibt der Sozialismus in den hochkapitalistischen Staaten? Die Kommunistische Partei hat in den erwähnten sechs top-industriellen Staaten zusammengenommen keine halbe Million Mitglieder. Warum?

Nicht etwa, weil der Arbeiter das industrielle Kapital

nicht sieht oder nicht empfindet. Kapital ist Eigentum, und ergo liegt es offen (nicht versteckt, wie eine Geldwertforderung). Und der Arbeiter muß immer zu Schichtbeginn auf der Matte stehen. Aber der Arbeiter spürt ganz genau, daß das »Kapital« kein »Eigentum« ist im Sinne von Karl Marx (also ein einmal geschaffenes und dann immer weiter vermehrtes monolithisches »Ding an sich«), sondern daß es jeden Tag in Gefahr ist, unterzugehen.

Das Risiko! Man kann es im kapitalistischsten Kapital, in den Industriebetrieben der Top-Nationen förmlich riechen. Und Risiko bedeutet Gefahr des vollständigen Verlustes. Deshalb läßt es sich der Arbeiter gefallen, daß Gewerkschaften gegründet werden, die genau das verhindern, was der Marx'sche Prozeß gewesen wäre: das Beschäftigen des Arbeiters ohne Lohnerhöhungen am Rande des Existenzminimums, solange bis der reiche, fette Kerl von Unternehmer soviel Kapital angehäuft hat, daß man es ihm jetzt aber endlich abnehmen kann. Deshalb sind die Kommunisten auch so erbittert gegen freie Gewerkschaften. Weil diese eben verhindern, daß die Proletarier endlich »ihre Ketten sprengen«, das heißt: die Fabrik besetzen.

Die Revolutionen des 20. Jahrhunderts unterscheiden sich – dank Marx! – allerdings in einem entscheidenden Punkt von den Revolutionen früherer Zeiten von Gajus Gracchus bis Gracchus Babeuf: Sie schaffen das Eigentum nicht ab, was sie immer behaupten, denn Eigentum kann – einmal in der Welt – nicht mehr beseitigt werden, es sei denn, man tötet 99,99 Prozent der Weltbevölkerung. Sie verteilen das Eigentum auch nicht »um«, machen also Landreform oder geben die Firma des bisherigen Alleineigentümers den Belegschaftsaktionären.

Sondern sie **verstaatlichen.**

Statt *vieler* Privateigentümer, die den unvermeidlichen kapitalistischen Prozeß in Gang setzen und für Wirtschaftswachstum sorgen (und damit nebenbei auch einen Spielraum für Bevölkerungsvermehrung schaffen), gibt es nur noch *einen* Eigentümer: »Vater« Staat.*

Da der Staat aber nicht unter Schuldnerzwang gesetzt werden kann, weil ihn niemand zwingen kann, die gegen ihn gerichteten »Forderungen« in Form von Mehr-Produkt (= Wirtschaftswachstum) zu leisten gehen alle Staaten unter, die »sozialen« zuerst. Im »sozialsten Sozialstaat«, im Sozialismus (= Eigentumsmonopol des Staates) kann es daher nie und nimmer Wirtschaftswachstum geben und letztlich auch überhaupt keine Produktion, so daß sozialistische Systeme, sofern man sie nur sich selbst überläßt, wie Professor F. A. von Hayek dies völlig richtig formuliert hat, »sehr schnell aussterben werden, weil die Bevölkerung verhungert«.

4. Crash mit Revolution. Dieses Setting ist mit allergrößter Wahrscheinlichkeit die Zunkunft, die jetzt vor uns liegt!

---

* Warum heißt es eigentlich nicht »Mutter« Staat? Wo doch die Mutter die Ur-Ernährerin ist? Ganz einfach: Mütter spielen in der Geschichte nur eine Rolle *vor* dem Eigentum, in den matrilinearen Stammesgesellschaften. Mit dem Eigentum aber beginnt das »Patriarchat«. Eigentum ist »männlich«. Dazu mehr in den mehrfach zitierten Untersuchungen von Gunnar Heinsohn.

Um dies zu verdeutlichen, machen wir uns noch einmal klar, warum es zum Crash, das heißt zur weltweiten vollständigen Forderungsvernichtung kommen wird. Wir sehen aus den Abbildungen, daß sich die Forderungen automatisch über den Zinseszinseffekt vermehren. *Schulden werden nicht mehr bezahlt,* das heißt sie werden nicht mehr »dargestellt«, also in Form von zusätzlich erbrachter wirtschaftlicher Leistung.

Das Mehr-Produkt dagegen, die *zusätzliche volkswirtschaftliche Leistung* nimmt immer mehr ab, je mehr »Staat« wir in der Wirtschaft haben. Weil die »Forderungen« gegen den Staat nur *Schein*-Forderungen sind, da der Staat nicht gezwungen werden kann, *selbst* zu leisten. Wenn er – überhaupt – zurückzahlen würde, dann immer nur aus dem Mehr-Produkt, dessen Herstellung aufgrund der Privatschulden initiiert wurde.

Aus der Existenz des Staates als des Gewalt-Monopolisten folgt zwangsläufig das bekannte »Vorgriffs-Verfahren«: der Staat macht Schulden mit dem Versprechen, diese mit Mehr-Produkt zurückzuzahlen. **Allerdings nicht mit selbst produziertem, sondern mit – über die Steuern – angeeignetem, fremd geleisteten Mehr-Produkt!**

Daraus die logische Folge: Minimierung des privaten Sektors (= »schleichende Sozialisierung«). Und je kleiner der private Sektor, desto geringer die Möglichkeit, **das zu erstellen, wogegen sich die weltweit bestehenden Forderungen letztlich richten: Sozialprodukt.**

Dieses Mißverhältnis wird jedes Jahr größer, weil

überdies die Erstellung von Sozialprodukt immer schwieriger wird (Bürokratismus!) und daraus die allgemeine, laut bejammerte »fehlende wirtschaftliche Dynamik« resultiert. Das Welt-Wirtschafts-Wachstum wird immer kleiner, wird schließlich übers Null – zum Minuswachstum.
Auf der anderen Seite steigen die Forderungen aber unerbittlich an. Denn die Forderungs-Vermehrung ist – im Gegensatz zur Sozialprodukts-Vermehrung – ein Kinderspiel. Jeder Banklehrling, der die Prozent-Rechnung beherrscht, kann am Ende eines Jahres innerhalb weniger Minuten ausrechnen, um wieviel sich »Guthaben« (immer = Schulden) vermehrt haben.
Die *Forderungs-Kurve* läuft also *von selbst,* eine im Nu gebuchte Zinseszinsrechnung. Die *Produktions-Kurve* aber ist nur noch unter größten Mühen eine Zeitlang noch über Null zu halten und *bricht dann eines Tages ab,* weil das Produzieren von Gütern und Dienstleistungen mit Arbeit, Streß, Zeit, Ärger, Sorgen, und all den bekannten Bresthaftigkeiten des »Alltags« verbunden ist.
Die Spannung, die so entsteht, muß sich über kurz oder lang entladen: im CRASH.

Weimar und New Deal

Einen Vorgeschmack auf solche Nach-Crash-Revolutionen haben wir bereits anläßlich der großen Crashs der unmittelbaren Vergangenheit erhalten.

Die ersten Versuche waren tastend. So kam es nach dem deutschen Crash von 1923, als in der Hyperinflation alle Forderungen vernichtet wurden, zu einer immer stärkeren politischen Radikalisierung, die nur eine kurze Zeitlang durch die wirtschaftliche Scheinblüte der Jahre 1924 bis 1929 überdeckt wurde.

Diese Scheinblüte war im wesentlichen durch amerikanisches Kapital finanziert. Es wurden Schulden (zumeist Staatsschulden!) in Wall Street noch und noch gemacht, der eigentliche kapitalistische, sich selbst tragende dynamische Prozeß der Eigentümergesellschaft kam nicht in Gang, und die Blüte war zu Ende, als die Gläubiger jenseits des Atlantiks ihr Geld wiedersehen wollten. Deutschland erklärte Staatsbankrott und die politische Radikalisierung brach voll aus.

Hätte es nicht Hitler mit seiner Trouvaille von der »Zinsknechtschaft« und der daraus ableitbaren Präsentation eines »Alleinschuldigen« (Juden) gegeben, *wäre Deutschland selbstverständlich kommunistisch-sozialistisch geworden.* Die Weimarer Republik war so oder so mausetot. Die enteigneten Forderungsbesitzer, vor allem Sparer, Rentner, Mittelstand, Bürgertum, liefen nur nicht zu den Sozialisten/Kommunisten über, weil sie sich von Hitler leichter »Ersatz« für das Verlorene erhofften als durch die von den Kommunisten/Sozialisten versprochene Vollstreckung in das Eigentum (= Sachwerte), zumal sie es waren, die diese Sachwerte selbst besaßen. Und wer ist schon für *Selbstenteignung?*

Ein Folgebeispiel war die Geschichte in Amerika, als nach dem Börsenkrach von 1929 und durch die europäischen Staatsbankrotte des Jahres 1931 ebenfalls ein gigantischer Forderungsverzicht entstanden war: An die Macht kam der »Umverteiler« Roosevelt, der die Wahlen mit dem schönen Spruch vom »New Deal« gewann. Wobei »New Deal« nichts anderes bedeutet, als die *Karten neu verteilen,* was im Unterbewußtsein der enteigneten Forderungs-Besitzer die Vorstellung nährt, es würden nicht etwa Karten neu verteilt, sondern die wirtschaftlichen Chancen, sprich das **Eigentum.**

In der deutschen Währungsreform von 1948 rückte dann die *Enteignung der Geldwertbesitzer* mit der *Enteignung der Forderungsbesitzer* noch enger zusammen: ersteren hatte der vom Staat per Kriegsführung initiierte Zinseszins-Effekt alles genommen, den letzteren erlegte man dann eine »Strafe« auf, weil sie so gut davon gekommen waren: sie mußten einen »Lastenausgleich« bezahlen.

Schon das Wort »Lastenausgleich« war eine Unverschämtheit. Denn die Eigentümer der Sachwerte, Haus- und Fabrikbesitzer waren doch nun wahrlich nicht daran schuld, daß da »Lasten« entstanden waren! Und vor allem: was denn für »Lasten«? Daß die Geldwert-Besitzer leer ausgingen, war doch *ihre* ureigenste Schuld. Und wenn »Lasten« entstanden sind, weil ein Krieg verloren wurde, dann muß man sich an die *Verursacher* dieses Krieges halten.

Da der Zweite Weltkrieg von Hitler und der Hitler tragenden Nazi-Partei begonnen wurde, waren doch eigentlich auch diejenigen schnell auszumachen, die

für die »Lasten« verantwortlich waren: alle Mitglieder der NSDAP. *Die* hätte man mit ihrem Vermögen (Sachwerten) und ihrer Arbeitskraft zum »Lastenausgleich« heranziehen müssen. Aber die NSDAP-Mitglieder mußten in der Bundesrepublik Deutschland nicht etwa ihre Schulden (= Kriegsfolgelasten) abarbeiten, sondern sie wurden sogar Bundeskanzler, wie Kurt-Georg Kiesinger oder Staatsoberhäupter, wie Karl Carstens.
Im Umweltschutz wird immer groß vom *Verursacher-Prinzip* gesprochen – wo aber bleibt das Verursacher-Prinzip in der Politik? Wenn die deutschen Sparer demnächst wieder alles verlieren, sollten sie doch endlich klüger werden, und sich an die Sachwerte derjenigen Politiker halten, die durch das *kriminelle Staatsschulden-Machen* den Crash herbeigezwungen haben. Der ehemalige Bundeskanzler Helmut Schmidt, der für 250 Milliarden Mark neue Staatsschulden verantwortlich ist, hat ein Haus in Hamburg-Langenhorn und ein Feriendomizil am holsteinischen Bramsee. Der Ex-Bundesfinanzminister Manfred Lahnstein, bezieht bei Bertelsmann ein Millionen-Gehalt, das man ohne weiteres pfänden kann, und an die Ferienhäuser von Walter Scheel im Salzburgischen und von Herbert Wehner in Schweden wird doch auch noch ranzukommen sein!

Das Modell der nächsten Währungsreform

Nach dem Crash, der täglich näherrückt, werden sich die geprellten Geldwert-Besitzer fragen, wie sie sich schadlos halten können. Das kann nicht anders sein.

Selbst wenn die Sachwerte aller deutschen Politiker, der Ministerial- und der Bundesbank-Beamten enteignet und umverteilt sein werden, reicht das nicht aus, um das Volk zu befriedigen. Selbst wenn sich die Enteigneten in einen Blutrausch steigern, löst das nicht das Problem, wer nach der Währungsreform hat und wer nicht.

Die nächste Währungsreform wird daher nicht nur Stichtag für die Forderungs-Enteignung sein, sondern auch für das Offenlegen all des Vermögens, das dann noch vorhanden ist. Es werden also »Sachwert-Protokolle« aufgenommen. Es kommt im wahrsten Sinn des Wortes zu einer Bestandsaufnahme des »Volksvermögens«. Und da Vermögen in Gestalt von *Forderungen* nicht mehr existiert, geht es um die *Sachen*. Die Frage wird also lauten: Wer hat Sachwert, wer hat keinen. Und da wird es so spannend, wie noch nie!

Die Analyse, die jetzt beginnt, ist die wichtigste überhaupt. Denn es geht um Alles oder Nichts!

Die Deutungshilfen, die wir aus der Geschichte gewonnen haben, reichen gottseidank aus, um alle von jetzt an denkbaren Szenarien zu bewältigen. Niemand kann wissen, wie es jetzt weitergeht, was als nächstes geschieht. Die vor uns liegende Geschichte

bleibt dunkel, wie das Ende des Stollens vor der Hacke des Bergmanns.
Aber: Aus der unbezwingbaren Logik des menschlichen Daseins mit seiner Begrenzung in Raum und Zeit können wir logische **Kausalketten** bilden: Wenn **das** geschieht, wird es **diese** Folgen haben, und wenn etwas **anderes** geschieht, **jene** Folgen.
Und vor allem: Je nach Ereignis und logischem Folge-Ereignis können wir die **optimale Strategie** aufbauen, um uns zu retten.
Alle zu retten, wird nicht möglich sein. Oder doch? Was müßte eigentlich geschehen, um den unvermeidlichen Zusammenbruch noch aufzuhalten? Und: Könnte das geschehen?
Unser erstes Modell muß also sein: Wie sähe denn die Rettung aus?

A. VERMEIDUNGS-MODELLE

Die derzeit weltweit laufenden politischen Bemühungen sind selbstredend auf die »Vermeidung« der Katastrophen Crash und Revolution gerichtet. Da die Politiker indes den ökonomischen Prozeß nicht begriffen haben, wird aber alle noch so schöne Politik umsonst sein, sie wird im Gegenteil den Untergang nur noch beschleunigen.
Der grundlegende Konstruktionsfehler ergibt sich aus der Existenz des Staates und der Politik als solcher. Staat und Politik versuchen nämlich, die sich immer höher auftürmenden Probleme durch *noch mehr Staat und noch mehr Politik zu lösen.* Die sich

springflutartig über die Welt ergießenden Gesetze und Verordnungen sind das Symptom, daß es nie besser werden kann, sondern *immer schlechter werden muß.* Denn der erste Eingriff von Staat und Politik in den freien Ablauf des Geschehens, wie es der menschlichen Natur durch ihre Endlichkeit in Zeit und Raum nun einmal aufgebürdet ist, führt zwangsläufig zum zweiten, dritten, vierten Eingriff.
Bis zum Schluß alles reglementiert ist, und das bedeutet: *wider die menschliche Natur* reglementiert ist, woraufhin sich der Mensch aus dieser Welt verabschiedet. Er wird dazu gezwungen, auszusterben. Oder zumindest soweit auszusterben, bis Zins und Eigentum nicht mehr als »Problem« gespürt werden, für das die »Lösung« heißt: Der Staat.

Warum ging Rom unter?

Der »Untergang« des Römischen Reiches ist dafür ein beredtes Beispiel. Die Einwohner des Römischen Reiches sind nicht etwa »untergegangen«, sondern schlicht ausgestorben. Die römische Politik setzte Höchstpreise fest, zuerst für Nahrungsmittel, schließlich für alles, das gehandelt wurde. Gleichzeitig begann der römische Staat zu wuchern. Diese Wucherung wurde erst mit Staatsschulden, dann mit Inflation (Münzverschlechterung) »finanziert«.
Staatlich fixierte Preise und Staats-Inflation passen aber nicht zusammen. Da kein Produzent mehr auf seine Kosten kommt, verringert er erst sein Angebot, danach stellt er die Produktion überhaupt ein.

Die Einstellung erst der Waren-, dann der Menschen-Produktion zog sich nur deshalb solange hin, weil der römische Produzent die denkbar niedrigsten Lohnkosten hatte, die man haben kann: er mußte über den Preis nur gerade soviel erwirtschaften, wie er benötigte, um seine Sklaven noch am Leben zu erhalten. Und Sklaven sind genügsam.

Was muß das für eine Politik gewesen sein, die noch nicht einmal einer Sklavenhalter-Wirtschaft eine Chance zum Überleben läßt! Als im 5. Jahrhundert die Germanen kamen, war Italien längst entvölkert. Selbst die Sklaven-Wirtschaft hatte aufgehört. Im ganzen Land, wo in der Blütezeit mindestens 20 Millionen existieren konnten, weil es eine Privateigentümer-Gesellschaft mit freien Preisen gegeben hatte, lebten kaum noch 200000 Menschen. Alle verteilt auf einzelne Gutswirtschaften (die sogenannten »Villen«), in denen ohne jeden Austausch mit anderen Gutswirtschaften (was die Preis-»Politik« unterbunden hatte) buchstäblich *von der Hand in den Mund* gelebt wurde.

Diese Villen-Wirtschaft (karolingisch: Meierhof-Wirtschaft, der Name »Meier« bedeutet: Der auf seinem eigenen Bauernhof Selbstversorgungs-Wirtschaft betreibt) konnte im Mittelalter wieder neu starten, weil die Preisgesetze vergessen und nicht mehr vollstreckbar waren, Bevölkerungsvermehrung, Mehrproduktion und wieder Bevölkerungsvermehrung, und so weiter, in die Gänge kamen.

Was den hochbedeutenden römischen Staatenlenkern, wie Diokletian, nicht gelang, wird freilich auch den heutigen Epigonen nicht glücken. Alles was die zeitgenössischen Politiker seit Beginn der 80er Jahre machen, ist *a) hilflos dem sich selbst beschleunigenden Verschuldungsprozeß zuzuschauen und b) auf den »Aufschwung« warten.* Dabei gilt dann, daß b) irgendwie a) »erledigt«. Konkret: Daß sich ein so großes Wirtschaftswachstum einstellt, daß daraus so hohe Steuereinnahmen resultieren, daß der Staat endlich wieder eine »solide« Finanzpolitik betreiben kann. Das heißt: Die fälligen Zinsen wieder aus den Mehr-Einnahmen zahlen und zur Tilgung der Staatsschulden überzugehen.

Sicher, es wird in einzelnen Staaten immer wieder kleine Wachstums-Schübe geben, *letztes Aufbäumen* der zum Untergang verurteilten Privateigentümer-Gesellschaft, prälethale Euphorie. Aber das gesamte weltweite Mehr-Produkt müßte ja mindestens die Wachstumsrate der durch den Zinseszinseffekt lautlos davoneilenden Forderungen erreichen, um den Crash vielleicht noch zu vermeiden.

Daß wir aber weltweit nocheinmal ein dauerhaftes zweistelliges Wirtschaftswachstum haben werden – das glaubt im Ernst doch niemand mehr!

Geht's nicht doch?

Beherzte Politik könnte freilich den Crash vermeiden:

- *Entweder das Wachstum frei geben:* alle wirtschaftsbeschränkenden Gesetze sofort kassieren, alle staatlichen und »öffentlich-rechtlichen« Bereiche sofort privatisieren und alle Märkte, von der Milch bis zur Mansarden-Wohnung in die knüppelharte

Welt der freien Konkurrenz entlassen. Sofort hätten wir natürlich ein Wirtschafts-»Wunder« wie nach dem Übergang zur freien Wirtschaft unter Ludwig Erhard.

- *Oder den Staat finanziell zusammenstutzen,* daß nicht nur das Budget ausgeglichen ist, also auch die Zinsen der Staatsschuld aus den Steuern gezahlt werden, sondern auch die Staatsschuld vollständig getilgt wird. Damit wäre der finanzielle Zusammenbruch vermieden.

Ob das aber gelingen würde – abgesehen von den befürchteten, und in den meisten Staaten bereits zu beobachtenden »sozialen« Unruhen – ist allerdings sehr fraglich. Denn es würde eine gigantische Steuerlast zunächst verbleiben. Und wie wirken Steuern?

Auch durch den Zwang, Steuern bezahlen zu müssen, setzt man den Privateigentümer unter »Druck«, dem er sich nur entziehen kann, indem er Mehr-Produkt erstellt.

Aber der Unterschied zwischen diesem »Druck« und dem sich aus der Konstruktion der freien Privateigentümer-Gesellschaft ergebenden Druck, der aus der **Vor**finanzierung der Produktion entsteht, liegt klar zutage: Steuer-Druck führt eben *nicht automatisch zur Aufnahme von Produktion,* sondern zur Vermeidung dieses Drucks, zum Ausweichen.

Man kann die Steuern zwar »bezahlen«, indem man produziert und mit Hilfe der Produktion Einkommen erzielt, das dann vom Staat enteignet wird. Aber man kann die Steuern *auch bezahlen,* indem man sie vermeidet, und das geschieht am einfachsten dadurch, daß man *kein Einkommen erzielt!*

Der Privat-Schuldner kann sich der Schuld nicht entziehen. Wenn er nicht produziert, geht er wirtschaftlich (und sozial) unter, weil er seine Schulden eben nicht bezahlt. Er ist bankrott.
Der Steuer-Schuldner aber hat die Wahl: sich steuerschuldenfrei zu stellen, indem er produziert. *Oder indem er* **nicht** *produziert,* bzw. unentdeckt produziert – als *Schwarzarbeiter,* der sich ebenfalls (steuer-)schuldenfrei stellt.
Wenn die Steuer-Schuld als »unverhältnismäßig« als »zu hoch« oder als »ungerecht« empfunden wird, entscheidet der Steuer-Schuldner, lieber gar nicht erst schuldig zu werden. Wozu er sich um so leichter und skrupelloser entscheiden wird, wenn sein Nicht-Produzieren nicht etwa durch Einkommenslosigkeit bestraft, sondern über staatliche »Unterstützungszahlungen« *auch noch belohnt wird.*
Der ach so schöne Wohlfahrtsstaat und das als letzte Errungenschaft der Politik gefeierte »soziale Netz« sind daher *absolut tödlich wirkende Rezepturen:* sie vernichten über die Zerrüttung der Staatsfinanzen über kurz oder lang jede menschliche Gemeinschaft. *Unsere Sozialpolitiker sind daher im wahrsten Sinn des Wortes a-sozial.*

B. NICHT-VERMEIDUNGS-ABLÄUFE

So wie die Dinge liegen, wie der Staat konstruiert ist und die Politiker »Politik« betreiben, geht es jetzt dahin.

1. Das unentdeckte Weiterwursteln. Bis der kleine Sparer merkt, das ihm die Enteignung droht, vergeht noch einiges an Zeit. Zu stark sind die herkömmlichen Verhaltensmuster eingeschliffen, zu lange ist es gut gegangen. Außerdem hat der normale Bürger, der heute die gesamte Forderungs-Pyramide trägt, immer noch großes Vertrauen, wenn nicht in die Politiker als solche, so doch immer in *bestimmte* Politiker, die es schon machen werden.

Als die Deutschen spürten, daß es mit der Schuldenwirtschaft der sozialistischen Kanzler schief gehen würde, wählten sie einen bürgerlichen. Ganz langsam wird man merken, daß die Bürgerlichen aber genauso, wenn auch mit etwas langsamerem Tempo auf den Abgrund zufahren, und es wird ein »starker Mann« verlangt werden, der endlich mal »Kassensturz« macht oder »reinen Tisch« oder wie immer man das nennt. Franz-Josef Strauß wird immer genannt, wenn man fragt, wer denn die Finanz-Probleme *wirklich* lösen solle.

Auch ist der Kredit des Kredit-Gewerbes ungebrochen. Obwohl die Großbanken Milliarden in fernen Ländern verloren haben, rechnet doch niemand gleich mit einer *Schließung*. »Das könnte sich der Staat nicht leisten« hört man. Oder: »Dann wird eben Geld gedruckt, und damit kann dann doch zurückgezahlt werden«.

In dieser Zeit des Weiterwurstelns droht also keine unmittelbare Gefahr. Jeder kann noch ruhig schlafen, und: Was soll denn sein?

Jedem, dem die Zinseszinsrechnung kein Buch mit sieben Siegeln ist, wird sich zwar ausrechnen, daß es

irgendwann einmal »doch kritisch wird«. Aber wann? Und bis dahin hat man Zeit.
Das ist absolut korrekt. Daher gibt es in der Phase des Weiterwurstelns keine bessere und sicherere (!) Geldanlage, als just dort, wo der Prozeß des Untergangs initiiert wurde und vorangetrieben wird: beim Staat. Dieser Schuldner kann (zunächst) nicht ausfallen, er wird also seine Zinsen immer pünktlich zahlen. Die Zinssätze sind zwar hoch. Sie werden auch immer wieder ein bißchen sinken, aber schubweise dann immer weiter steigen. Insofern schafft sich jeder Geldanleger die optimale Grundlage (= Kraft zum gewinnbringendsten Um- und Übersteigen), wenn er möglichst **lange** die hohen Zinsen, die ihm der *sicherste Schuldner* bietet, mitnimmt.

Aber wie lange ist möglichst lange?

»Niemand kennt den Tag, niemand kennt die Stunde«, weiß schon die Bibel über den Tod eines einzelnen Menschen zu berichten. Beim Tod des Staates, seinem Bankrott ist es nicht anders. Kein Mensch – buchstäblich! – hat außerhalb Mexikos gewußt, daß dieser »Staat« am 18. August 1982 seine Zahlungen einstellen würde, womit der Prozeß der weltweiten, *nie mehr abreißenden* Staatsbankrott-Welle ins Rollen kam.
Das Phänomen der Zahlungs-Einstellung ist in der Geschichte seit eh und je das **kürzeste und dabei doch am schwersten zu terminierende** überhaupt.
Ob ein Krieg verloren geht und wann – wer kann das

jemals wissen? Ob ein Mensch noch lebt oder schon gestorben ist – wer die Mittel der modernen Medizin gesehen hat weiß, daß der Übergang beliebig lang zu strecken ist.
Bei Zahlungen, die gegen fällige Forderungen indes zu leisten sind, ist es eine Sache von *unendlich kurzer Zeit!* Der eine Scheck wurde noch eingelöst, der nächste, eine hundertstel Sekunde später in den Computer gegeben, schon nicht mehr. Weil die Deckung fehlte.
Die Pleite, die Illiquidität, der Bankrott ist eine Sache, die wir nie in Griff bekommen können. *Es kann keinen Gläubiger geben, der immer genau als letzter ausgezahlt wird,* während alle anderen, die hinter ihm in der Schlange warten, leer ausgehen. Das Buch der Bücher hat das optimal umschrieben. Im fünftletzten Teil der Offenbarung steht das Motto dieses Kapitels, das Sie gerade lesen, unter dem Stichwort »Der Fall Babylons«. *Babylon sind wir.* Und es wird in der Tat alles in **einer** Stunde vorüber sein, in dem für die Alten denkbar kürzesten Zeitraum. Die Bibel, die sonst in Jahrzenten und Jahrhunderten schwelgt, bringt nur ein einziges Mal das Gespräch auf **eine** Stunde. Jesus starb stundenlang am Kreuz, die Sintflut dauerte Wochen, Sodom und Gomorrha brannten einen ganzen Tag, selbst als es wirklich spannend wurde, beim Durchzug durch das Rote Meer, ließ Gott sich eine ganze Nacht lang Zeit, um die Wasser zu teilen und alle Juden durchzulotsen. Und erst nach der Morgenwache gingen die Ägypter unter.

Verdacht und Telefon

Die **eine** Stunde in der Apokalypse ist aber auch nicht eine merkwürdige Naturkatastrophe, sondern das jähe Hereinbrechen der Illiquidität:

> »... denn in **einer** Stunde ist verwüstet solcher Reichtum.«

In der Tat. So schnell wird's gehen. Und wehe dem Anleger, der diese Stunde verpaßt! Als der letzte Crash die Deutschen überraschte, schrieb man den 13. Juli 1931. Es war ein Montag und an diesem Tag blieben die Filialen des damals zweitgrößten deutschen Kreditinstituts, der Danatbank, geschlossen. Der Crash-Historiker Rolf E. Lüke schreibt in seinem Buch »Der 13. Juli 1931 – Das Geheimnis der deutschen Bankenkrise«:

> »Als am frühen Morgen Staatssekretär Schäffer (vom Reichsfinanzministerium) ins Hotel Kaiserhof fuhr, ... nahm er bewußt den Weg an einer Reihe von Depositenkassen der Danatbank vorbei. Er stellte fest, daß nur wenige Menschen vor den Anschlägen standen. Er stellte sich in einigen Fällen daneben und bemerkte, *daß irgendwelche weitgreifende Unruhe nicht vorhanden war.*«

Doch Lüke fährt fort:

> »Das sollte sich bei allen Banken und Sparkassen *in wenigen Stunden* ändern ... Eine wilde Panik erfaßte die Menschen. Das Vertrauen zu **allen** Banken war erschüttert.

Und **alle** Banken wurden geschlossen. Wer also die Nerven hat, die jener Hans Schäffer bewies, kann tatsächlich bis zum allerletzten Moment warten, be-

vor er seine Forderungen einlöst und in Sachwert wandelt. Haben **Sie** die Nerven?
Heute gibt es Telex und Standleitungen rund um den Globus. Und wenn der große Crash beginnt, dann wird kaum Zeit noch bleiben, »in aller Ruhe zu disponieren«. Wir kennen die Berichte aus der jüngsten Zeit, z. B. wenn sich am Goldmarkt crash-artige Situationen zeigen. Alle Telefonleitungen sind besetzt, alle Schalter in allen Schalterhallen von Menschenmassen voll umlagert.
Lesen Sie nach, was der Erforscher der Massen-Seele, der französische Arzt Gustave Le Bon in seiner »Psychologie der Massen« schreibt:

> »Alle Gefühle, gute und schlechte, die eine Masse äußert, haben zwei Eigentümlichkeiten; sie sind sehr einfach und sehr *überschwenglich.* Der Überschwang der Gefühle in der Masse wird noch dadurch *verstärkt,* daß er sich durch Suggestion und Übertragung *sehr rasch* ausbreitet ... Die Einseitigkeit und Überschwenglichkeit der Gefühle der Massen bewahren sie vor Zweifel und Ungewißheit ... *Ein ausgesprochener Verdacht wird sogleich zu unumstößlicher Gewißheit* ... Der Keim von Abneigung und Mißbilligung, den der einzelne kaum beachten würde, wächst beim Einzelwesen der Masse sofort zum wilden Haß.«

Wer also kann mit Bestimmheit sagen, wann die Masse *Masse* wird? Denn daß es sich bei den Forderungsbesitzern weltweit um große Massen handelt, kann nicht bestritten werden.
Was wird geschehen, wenn der – egel von wem, und sei es von diesem Buch (?) – »ausgesprochene Verdacht«, daß nämlich der Crash sich nicht vermeiden läßt, bei den Massen »sogleich (!) zu unumstößlicher Gewißheit« wird?

Es hat doch keinen Sinn, die Augen zu verschließen! Ob man sofort in den SACHWERT steigt oder ob man noch etwas im GELDWERT wartet, um den Betrag, mit dem man in den SACHWERT steigen wird, noch etwas zu erhöhen – was soll's?
Wer spielen möchte, nimmt noch hohe Zinsen mit. Er muß aber wissen, daß die Zinsen schon im Augenblick der Gutschrift de facto gar nicht existieren: denn **alle** Zinsgutschriften sind nicht mehr in Mehr-Produkt zu tauschen (und in Sachwerte nur zu schnell steigenden Preisen). Und kein Mensch kann wissen, ob die Zinsgutschrift, die er erhält, *gerade noch* oder schon *gerade nicht mehr* realisierbar ist!
Schon beim **unentdeckten Weiterwursteln** gibt es nur eine Strategie: SACHWERT, und zwar sofort!

2. Weiterwursteln inclusive Inflation. Weiterwursteln ist natürlich nicht so einfach Weiterwursteln. Das setzt nämlich einen wunderschönen Idealverlauf just bis zum Crash voraus: daß **alle Zinsen, die fällig sind, die aber nicht bezahlt werden können, durch neues Schuldenmachen erledigt sind.**
Das Kredit-System, das solches ermöglicht, müßte *unendlich flexibel* sein – bis zum Knall. Die Wirklichkeit sieht aber anders aus: Nicht **alle** Staaten haben gleichermaßen **gleiche** Bonität.
Das heißt: es gibt Staaten, die – wie die Bundesrepublik Deutschland – selbstverständlich jederzeit die schuldigen Zinsen durch die Aufnahme neuer Kredite »bezahlen« können. Aber es gibt auch Staaten, bei denen diese Nummer schon nicht mehr läuft. Und

eines Tages wird sie selbstverständlich auch bei der Bundesrepublik Deutschland nicht mehr laufen!
Was tut sich da, was tut sich dann?
Genau das, was gegenwärtig, seit den Staatsbankrotten Mexikos und Polens im Jahre des Heils 1982 läuft: Eine »Prolongation« der ursprünglichen Schulden, des »Sockels« sozusagen. Diese Prolongation ist Sache der ursprünglich Kredit vergebenden Stellen, der internationalen Geschäftsbanken.*
Und die fälligen Zinsen?
Ganz einfach: Die werden durch zusätzliche »Kredite«, diesmal allerdings nicht der (erst-)kreditvergebenden Stellen, der Geschäftsbanken also, »bezahlt«. Sondern durch »internationale Organisationen«, wobei vor allem die »Bank für Internationalen Zahlungsausgleich« (BIZ) in Basel und der »Internationale Währungsfonds« (IWF) in Washington zu nennen sind.
BIZ und IWF sind nun aber nicht irgendwelche neuen »Kredit«-Geber, sozusagen »Retter in der Not« – da werden also nicht neue »Gläubiger« aufgetan, die man anpumpen kann, so nach dem Motto: Wenn mir die Deutsche Bank den Kredit nicht gibt, dann kriege ich ihn bei der Dresdner.
Sondern BIZ und IWF sind »Banken der Notenbanken«. Das heißt, sie kriegen das »Geld«, mit dem sie die Zinszahlung für die Pleite-Zahlen arrangieren,

---

* Details in meinem »Staatsbankrott«. Nochmals verweise ich auf das Urteil des Finanzgerichts Frankfurt, das in einem Streit um die »Wertberichtigung« von Forderungen an solche Staaten festgestellt hat: »Dadurch, daß Schulden prolongiert werden, sind sie **nicht** einbringlicher geworden.« Wie wahr!

nicht aus **vorher** gesparten Mitteln. Sondern sie erhalten die zur Stellvertreter-Zinsen-Zahlung notwendigen Beträge auf haargenau demselben Wege, auf dem sich auch nationale Staatskredit-Probleme am simpelsten lösen lassen: durch das »Schöpfen« neuen Geldes, sprich: *durch die Notenpresse*.
BIZ und IWF gehören de facto den Notenbanken dieser Welt. Und wenn BIZ und IWF neue »Mittel« brauchen, dann geben die Notenbanken eben »Kredit«. Das heißt, sie verlängern ihre Aktivseite. Die IWF- und BIZ-»Kredite« sind nur Buchungsvorgänge. Und wenn Sie sich noch an die Bilanz der Bundesbank erinnern, (siehe Seite 176 f.), dann folgt der Verlängerung der Aktivseite der Notenbank automatisch die Passivseite, und da auf der Passivseite letztlich das »Geld« erscheint, z.B. Banknoten-Umlauf, den die Notenbank schuldig ist, erhöht sich durch die Bilanzverlängerung automatisch der **Welt-Geldumlauf**!*
Und das bedeutet Inflation!
Allein die »Mittel« des Währungsfonds sind 1982/83 um die Hälfte »aufgestockt« worden: von 65 auf 98,5 Milliarden Dollar. Die magische 100-Milliarden-Grenze hat man sich gescheut, zu überschreiten.
Wie schnell sich nun die zusätzlichen Mittel in Form

---

* Einzig die Nationalbank der Schweiz, die nicht dem IWF angehört, die aber dennoch den allgemeinen Kreditvereinbarungen (AKV) beigetreten ist und ihr Scherflein zur »Entspannung« der internationalen Pleiten-Lage beiträgt, hat die Mittel für den IWF über einen Aktiv-*Tausch* in ihrer Bilanz bewerkstelligt. Die Nationalbank hat Devisen-Guthaben in New York auf den IWF umgeschrieben, und sich insofern »geldwertneutral« verhalten.

der offenen Inflation über das Erdenrund verbreiten werden, ist noch nicht völlig deutlich. Daß zusätzliches Notenbank-»Geld« Inflation bedeuten muß, ist sonnenklar.

Aber Inflation von wo und wie gemessen?

Wenn für alle Waren an einem bestimmten Stichtag ein Preis-Index von 100 gilt, und der Preisindex steigt auf 110, dann ist die Sache einfach: Jeder Bürobote im Statistischen Bundesamt kann sehen: das ist Inflation.

Wie ist es aber in der Krise? Nehmen wir an, es gäbe keine zusätzliche Geldschöpfung, die Notenbanken halten sich bedeckt. Weil eine Krise herrscht, müssen die Unternehmer versuchen, durch Preissenkungen den Absatz anzuregen. Ohne Absatz gehen sie bekanntlich unter. Und wir erleben solche Preissenkungen überreichlich: Benzin, Zigaretten, Heimcomputer – das alles kostet doch 1983 weniger als im Jahr zuvor.

»Eigentlich« müßte der Preisindex von 100 auf 90 Punkte (beispielsweise) fallen. In den wichtigsten Industriestaaten aber herrscht 1983 »nur« eine »Preisruhe«, jedenfalls am Preisindex gemessen, wie noch nie zuvor. Die Politiker jubeln. Denn es scheint, als ob *die Inflation endlich »besiegt« ist.*

Ist sie das wirklich?

Antwort: Nein! Obwohl der offizielle Preisindex »Preisruhe« signalisiert, leben wir schon wieder in der Inflation. Die zusätzlich über die Kredit-Tricks der Notenbanken via BIZ und IWF in den Welt-Umlauf gepumpten Gelder verhindern nämlich, daß die Preise **so sinken, wie sie gesunken wären, wenn es**

nicht die wunderbare Geldvermehrung durch die Notenbanken geben würde!
Auch totale Preisruhe, ja selbst sinkende Preise sind heute ein Zeichen der Inflation! Nur, daß kein Mensch von »Inflation« redet, weil man sich in der Vergangenheit angewöhnt hat, nur dann von Inflation zu sprechen, wenn die Preise steigen.
In Wirklichkeit aber haben wir **Inflation bei sinkenden Preisen**.
Da sich die Massen täuschen lassen, verwechselt man den **Index** mit dem **Zustand**. Der Index sagt: Preisruhe! Doch der Zustand ist längst wieder: Inflation! Es ist so wie beim Fieberkranken: Nehmen wir an, eines Nachts werden alle Fieber-Thermometer zurückgestellt. Einheitlich. Die Normaltemperatur liegt dann nicht bei 36,5, sondern bei 33,5. Der Fieberkranke wird gemessen: 36,5. Und gleich wird er »gesund« entlassen.
Die Weltwirtschaft ist krank, da gibt es keine Frage. Und was das Thermometer sagt, ist ganz egal. Es stimmt einfach nicht mehr.

Die weltweite Währungsreform ist unvermeidlich

Das machen wir uns am einfachsten am Beispiel der Bundesrepublik Deutschland klar.
Staatsschulden Mitte 1983: 650 Milliarden Mark. *Zinsen* daraus, die der Staat bezahlen muß: zwischen 55 und 60 Milliarden im Jahr. *Laufendes Defizit* von Bund, Ländern und Gemeinden: 70 bis 80 Milliar-

den, den famosen Bundesbankgewinn noch nicht berücksichtigt.

Es ist klar, was passiert, wenn der Staat sein Defizit – egal ob er es vorübergehend mal durch »Gürtelengerschnallen« (haha) ein wenig senkt oder nicht – immer weiter zu der Schuld schlägt. Die Zinsverpflichtungen steigen über kurz oder lang auf 100, dann 200, dann 500 Milliarden Mark – im Jahr und irgendwann haben sie die Staatseinnahmen insgesamt überflügelt: Der Vollbankrott ist da (den Formelkram dazu entnehmen Sie bitte meinem »Staatsbankrott«).

Um jetzt wenigstens noch zu retten, was zu retten ist, müßten sich Bund, Länder und Gemeinden auf eine Sofort-Operation verständigen:

Haushaltsausgleich!

Nur wenn nicht ständig *neue, zusätzliche Zinsverpflichtungen verursachende* Schulden gemacht werden, kann noch einmal Luft geholt werden. Das wird aber nicht geschehen, zumal sich alle »gesetzgebenden Körperschaften« und die sie »tragenden« politischen Parteien ihre Überlebens-Chancen gerade darin sehen, möglichst *nicht* zu kürzen. Und wenn irgendwo gekürzt wird, reißt man gleich anderswo wieder ein Loch. So hat der »Wende«-Kanzler Helmut Kohl in den ersten neun Monaten seiner Amtszeit mehr zusätzliche Zahlungsversprechungen abgegeben (Stahl-, Werften- und sonstige Subventionen, Milliarden-Kredite bzw. Kredit-Garantien für Frankreich, DDR usw.) als sein Finanzminister einsparen konnte,

Da also kein Geld für die Zinsenzahlungen der Staatsschuld übrig ist – was soll dann die Staatsschuld noch »wert« sein? Natürlich gar nichts! Denn ein Guthaben, das sich nicht verzinst, hat keinen »Ertragswert« mehr.

Hat es denn noch einen »Substanzwert«? Könnte denn die Staatsschuld, wenn sie schon nicht mehr verzinslich ist, wenigstens noch zurückgezahlt werden? Antwort: Natürlich nein! Die Banken werden den deutschen öffentlichen Händen bis Ende des Jahres 1983 um die 450 Milliarden Mark »direkt« geliehen haben. Nehmen wir an, die Banken wollten das Geld zurückhaben (vielleicht, weil *die Sparer* das Geld zurückhaben wollen, die es den Banken geliehen haben? Die deutsche Geldkapitalbildung – Sparkonten, Termineinlagen und Bankschuldverschreibungen – geht auf 1 000 Milliarden zu!): woher nähme der Finanzminister wohl die 430 Milliarden Mark, um die Banken auszuzahlen, damit *diese* die Sparer auszahlen könnten? Von den im Publikum direkt gehaltenen Forderungen gegen den Staat (Bundesschatzbriefe, Anleihen, Kommunalobligationen usw.) schweigen wir hier lieber still.

Aber das »Vermögen« des Staates!

Hören wir dazu den Bundesminister der Finanzen selbst, der unter Aktenzeichen VIII A 2 – FB 0731 – 10/83 am 31. März 1983 mitteilt:

> »(Zum) Vorschlag, durch den Verkauf von Grundvermögen und Beteiligungen des Bundes die Schuldenlast des

Bundeshaushalts zu verringern, ist zu bemerken: Auch nach meiner Auffassung muß – auch im Hinblick auf die schweren Probleme des Haushalts – immer wieder geprüft werden inwieweit Grundvermögen oder Beteiligungen des Bundes für die Erfüllung der Aufgaben des Bundes entbehrlich sind und veräußert werden können. Die Größenordnung des verwertbaren Bundesvermögens *liegt leider aber weit unter den Vorstellungen*, die in der Öffentlichkeit verbreitet sind.«

Der Bundesfinanzminister fährt alsdann fort:

»Die Verschuldung des Bundes hat ... eine Größenordnung erreicht, die allein durch eine Veräußerung von Grundbesitz und Beteiligungen des Bundes *nicht entscheidend zurückgeführt werden kann*. Dies verdeutlichen folgende Zahlen:
Nach den Statistiken ... betrug das gesamte Nennkapital der Unternehmen, an denen die öffentliche Hand in der Bundesrepublik Deutschland beteiligt war, Ende 1979 rd. 93,3 Mrd DM. Der öffentliche Anteil an diesem gesamten Nennkapital betrug rd. 88,6 Mrd DM. Davon entfielen auf Bahn und Post rd. 36,2 Mrd DM.
Der Anteil des Bundes am Nennkapital öffentlicher Unternehmen – ohne Bahn und Post – betrug 1979 rd. 5,7 Mrd DM, die verbleibenden rd. 46,7 Mrd DM verteilten sich auf andere öffentliche Träger (Länder und Kommunalebene). Von den rd. 5,7 Mrd DM, die auf den Bund entfallen, sind *allenfalls einige rentierliche Teile* des Unternehmensvermögens ... verwertbar.«

Bleiben letztlich nur die **Straßen** übrig, die als »Anlagevermögen im öffentlichen Tiefbau« vom Statistischen Bundesamt mit großartigen 828,4 Milliarden (geschätzt zu Wiederbeschaffungspreisen) angegeben werden.
Aber die Frage ist wirklich, ob die Sparer statt Bar-

geld lieber ein Stück Straße haben wollen. Und wieviel Straßen würden sie bekommen?
In der Bundesrepublik Deutschland hat das Straßennetz eine Länge von 173 000 Kilometern. Wenn wir das auf 58 Millionen Deutsche umlegen: Wieviel »private« Straße steht dann jedem Deutschen zu?

Es sind knapp 3 Meter!

Der »Schuldenschnitt« muß sein ...

Im Juli 1983 flog ein Mann namens F.T. Haner von New York nach Frankfurt. Von dort jagte er mit dem Auto nach Wiesbaden, wo er vor der S.U.P.-Societät für Unternehmensplanung einen Vortrag hielt zum Thema: »Auslandsgeschäfte trotz zunehmender Risiken?«
Haners Aussagen ließen den Kreis erlauchter Top-Manager, die ihm lauschten, erblassen: Nur ein weltweiter »Schuldennachlaß« können die Zahlungsverpflichtungen der überschuldeten Schwellenländer ihrem langfristigen Zahlungs-Potential anpassen (und dadurch den Industriestaaten die Fortsetzung des Handels mit diesen wichtigen Kunden ermöglichen).
Da der »Schuldennachlaß« nichts anderes bedeutet als einen gewaltigen Verlust auf der Aktivseite der internationalen Banken, müßte dann entsprechende Vorsorge getroffen werden, daß da nichts Gravierendes geschieht. Haner erwartet eine entsprechende *»Weltschuldenkonferenz« im Jahre 1985.*
Wer ist Haner?

Das ist der Mann, der es wirklich wissen muß: Gründer und Leiter des New Yorker Beri-Instituts, der wichtigsten internationalen Institution zu Ermittlung der internationalen Bonitäten von kreditnehmenden Ländern. Der »Beri-Index« ist tägliches Handwerkszeug für jeden Banker, der sich international betätigt. An der Spitze des »Beri-Index« standen zuletzt Staaten, wie USA und Schweiz, ganz unten liegen solche Schrottgebilde, wie Kuba oder Vietnam.

Über Haners Vortrag stand keine Zeile in der deutschen Presse. Einzig und allein die *Schweizerische Handelszeitung* brachte einen Bericht (14.7.1983), von dem Sie einen Ausriß sehen:

SCHWEIZERISCHE HANDELS ZEITUNG

BANKEN UND BÖRSE

Beri-Chef F.T. Haner:

Schuldenschnitt nötig

Dadurch Kapitalverluste bei Banken – Bis zur Weltschuldenkonferenz 1985 noch verschiedene Finanzkrisen

Ha. – Die internationalen Verschuldungsprobleme werden sich in den nächsten zwei Jahren verschärfen. Die bisherigen Umschuldungen und Liqui... waren nur Flickwerk. ... Zeit gewonn... das Grundpro... einnahmen vieler L... auch be...

durch den Industrieländern die Fortsetzung des Handels mit diesen wichtigen Kunden ermöglichen.

Der Schu... würde *bei den international tätigen Banken einen gewaltigen Kapitalverlust verursachen*

antragen. Haner rechnet damit, dass die Anfang 1984 neu gewählte *argentinische Zivilregierung die Schulden* ihrer Vor... der irrigen ..., die Amerikaner könnten es sich aus politischen und strategischen Gründen nicht leisten, lateinamerikanische Staaten

Abbildung 16: Der Chef des wichtigsten internationalen Bank-Beratungs-Institut sieht sonnenklar die Zukunft.

... aber von ganz anderem Kaliber

Das einzige, was an Haners ungeschminkter Darstellung der Lage nicht stimmt, ist das Volumen. Der tüchtige Banken-Berater glaubt nämlich, daß der

CRASH zwar sicher kommt (Mexiko, Brasilien, Argentinien und so weiter werden alsbald ihre Zahlungen einstellen oder die Schulden zurückweisen*, aber er denkt sich, daß man das mit einem »Schuldenschnitt« bereinigen könne: Die verlorene Aktiva der internationalen Großbanken werden dann einfach durch langlaufende Wertpapiere mit niedrigem Zinssatz, dafür aber mit »Staatsgarantie« ersetzt. Tatsächlich aber wird es weder diese Wertpapiere, noch Staatsgarantien geben. Auch alle anderen Vorschläge, die in den letzten Monaten zur »Lösung« der Schuldenkrise gemacht wurden, verfangen nicht, sei es ein weiteres Aufstocken der »Mittel« des Währungsfonds, sei es der »Verkauf« der Forderungen an die Weltbank und anderer Unfug mehr.

Selbst wenn man Teile dieser »Lösungen« in einem Einzelfall einmal durchexerzieren könnte: schon beim Anblick allein der uneinbringlichen südamerikanischen Forderungen versagt die Vorstellungskraft. *Wer will hunderte von Milliarden Dollar wie »aufstocken«, an wen »verkaufen«?*

Und dann haben alle, auch der schlaue Haner vom super-klugen Beri-Institut, leider den Knaller übersehen. Den eigentlichen Richtblock, das schwarz verhängte Mammut, die Super-Nova!

Das sind die 9,5 Billionen D-Mark Staats-Schulden der industrialisierten Staaten. 9 500 Milliarden, die ganz genauso uneinbringlich sind, wie der eine lä-

---

* Nach Haners Ansicht wird die erste demokratische Regierung *nach* den Militärs in Argentinien, die für Anfang 1984 terminiert ist, die »Schulden der Juntas« zurückweisen – just wie einst Lenin die Schulden der Zaren.

cherliche Dollar, den uns irgendein Pedrillo aus Santa Maria in der Sierra Madre schuldet.

Die optimale Strategie

Vorbemerkung

Die Schlüsse, die ich jetzt ziehe, haben Sie insgeheim schon selbst gezogen. Wir müssen sie jetzt nur noch gemeinsam formulieren:

1. **Das ganze Geld ist weg.** Alles, was den Staaten geliehen wurde, können Sie vergessen. Es wird über kurz oder lang auf Null gestellt.
2. **Noch aber zahlt der Staat hohe Zinsen.** Unsere Kunst besteht also darin, noch möglichst lange an dem **betrügerischen Bankrott aller Staaten** zu verdienen. Denn der Staat ist solange der **beste** (weil bewaffnete!) **Schuldner**, den es gibt, **solange er bezahlt**.
3. Der **SUPER-CRASH**, der auf uns zukommt, ist nicht in seiner **Qualität**, sondern nur in seiner **Quantität** ein **Novum**. Die Geschichte ist randvoll mit CRASHS, nur diesmal wird es der **Totale** sein.
4. Zur Zeit versucht der Staat noch die **Nummer mit der Inflation**. Geld wird gedruckt, weil man diesem Geld nicht ansieht, ob es **nur gedruckt** oder auch **verdient wurde**.

Warum es aber nicht zur Welt-Hyperinflation kommt

Die Nummer mit der Inflation hat einen Haken: Man kann sie *sehen*. Und wer sie sieht, wird alles tun, ihr zu entkommen.

Als es noch keine Statistik gab, merkten die Menschen, daß Inflation war, erst beim Kaufmann. Inzwischen gibt es Preis-Statistiken, sie werden jeden Monat ausgerechnet und verkündet. Wer also sieht, daß die Preise wieder nach oben streben, wird sich schnellstens darauf einstellen. Schließlich ist er gewitzt durch die zahlreichen Inflations-Erfahrungen dieses Jahrhunderts, vor allem durch die letzte große der 70er Jahre.

Wer die Inflation sieht, wird alle *die Anlagen meiden*, die unter der Inflation leiden (Geldwerte, auch Aktien) und *die Anlagen kaufen*, die von der Inflation profitieren (Sachwerte, vor allem Gold und Grundbesitz).

Neuerdings kann man die Inflation sogar schon sehen, bevor sie kommt! Wie die Monetaristen völlig richtig beobachtet haben, siehe oben das zu Friedman, geht eine »zu stark« ausgeweitete Geldmenge nach einem ziemlich genau bestimmbaren zeitlichen Abstand in die Preise. Jetzt muß man sich also nur noch die Geldmengen-Statistiken anschauen, und schon weiß man bescheid. Man hat also genau denselben Überblick wie der Drucker an der Druckmaschine, der am Rotationstempo genau erkennen kann, wie schnell neue Banknoten fabriziert werden. Die Geldmengen-Statistik, auf die es allein an-

kommt, ist die amerikanische. Die wird von der staatlichen Monopol-Notenbank, dem Federal Reserve System, »Fed«, jeden Freitag nach Börsenschluß bekanntgegeben. Warum nach Börsenschluß? Auch klar: Damit die Zahlen das Marktgeschehen nicht beeinflussen und sich die erregten Gemüter übers Wochenende abkühlen können.
Steigt nämlich die Geldmenge zu stark, bedeutet das entweder, der Zug fährt ab in Richtung Inflation oder: die Fed muß »gegensteuern«, d.h. die Zinsen anheben, um das Geld zu »verteuern« – in der Hoffnung, die Inflation doch noch zügeln zu können. Inflationserwartung und/oder die Aussicht auf steigende Zinsen sind aber bekanntlich Gift für die Börse. Die Anleger werden sich – so schnell es geht – von ihren Aktien und Anleihen zu trennen versuchen. Von den *Aktien*, weil Zinssteigerungen die Produktion verteuern und die Gewinnaussichten schmälern, und weil Inflation dazu führt, daß Scheingewinne ausgeschüttet werden, weil man die Wiederbeschaffungskosten für die Anlagen nicht kalkuliert und ergo nicht verdient und daher die Substanz aushöhlt. Von den *Anleihen*, weil die einen Zinssatz tragen, der bald überholt sein wird, und man lieber hohe Zinsen verdient als niedrige, man sich also von den niedrig verzinslichen Papieren trennt. Außerdem vernichtet die Inflation den Rückzahlwert der Anleihen: man bekommt in gleichem Geld weniger zurück, als man bezahlt hat.

Diesmal wird's ein Schwarzer Montag

In der Geschichte des CRASHS ist oft die Rede von »Schwarzen Freitagen«. Das ist zwar historisch nicht ganz richtig – so war der erste der vielen schwarzen Tage 1929 in New York ein Dienstag. Aber es drückte etwas Richtiges aus: Oft hatten die Anleger, zumal, wenn sie auf Kredit gekauft hatten, nicht die Nerven, das Wochenende auch noch durchzuhalten, da hat man lieber vorher »glattgestellt«.

Vorausgesetzt, daß die Bekanntgabe der amerikanischen Geldmenge nicht durch Indiskretion vorab bekannt wird (was im Sommer 1983 offenbar einige Male der Fall war, weshalb sich schon an der Freitagsbörse scharfe Reaktionen zeigten), werden die Anleger diesmal gerade das Wochenende Zeit haben, um nachzudenken: Soll ich bei dieser sich abzeichnenden Inflation (und/oder Zinssteigerung) noch durchhalten – oder gebe ich nicht besser ab. Und am Montag werden plötzlich alle abgeben wollen.

Dies wird der Schwarze Montag sein – vielleicht der letzte Börsentag für lange Zeit.

Die laufende offizielle Bekanntgabe der Geldmenge läßt sich nicht mehr rückgängig machen. Notenbanken versuchen ja des öfteren, die Statistik unterm Deckel zu halten. So hat die Deutsche Bundesbank im Frühjahr 1983 aufgehört, Zahlungsbilanz-Statistiken bekannt zu geben, angeblich, weil das die Devisenmärkte nur »nervös« machen würde. Aber die Fed kann das nicht. Sollte sie eines Freitags keine Geldmenge herausrücken, weiß jeder, was gespielt wird: am nächsten Montag käme garantiert das Ende.

So haben wir nun die Geldmenge, und damit etwas an sich Wunderbares: Es ist genau das Klingelzeichen an der Börse, das man sonst nicht hört. Das Bimbim zum AUSSTEIGEN.

Aber was bedeutet dieses Aussteigen?

An der Börse einen Schwarzen Montag (wenn nicht durch Indiskretion auf den Freitag vorverlegt). Und wenn alle Welt die festverzinslichen Titel fallen läßt – wo bleibt der STAAT? Womit soll er sich denn dann noch finanzieren, wenn die Anleger den Braten riechen und sagen: »Abfahrt! Bleiben Sie mir mit ihren Treasury Bills und Bonds, und wie das ganze Staatskreditzeug heißt, von der Pelle! Ich verabschiede mich in Richtung SACHWERT!«

Blitzschnell steigende Zinsen – und Sachwert-Preise

Diese Phase leitet nun die Katastrophe ein, und sie ist absolut entscheidend. Wer da nicht aufpaßt, für den gibt es keine Rettung mehr.

Wir setzen jetzt unsere – oben unterbrochenen – **Vorbemerkungen** fort:

5. Die Nummer mit der **Inflation** ist also schnell **durchschaut**. Der Staat wird sie **selbstverständlich bringen** – aber er bleibt **stecken**!

6. Sie müssen also, wenn Sie noch in einer Forderung stecken, in einem »Geldwert« (und dazu gehören zunächst leider auch die Aktien!) immer möglichst **am Donnerstag glatt sein**. Wenn ein

(geldmengenmäßig) Schwarzer Freitag kommt, ist es für Sie zu spät. Was dann noch »geschüttet« wird – entweder am Freitag oder am folgenden rabenschwarzen Montag – sind dann erstmals die großen **Blocks**. Millionen von Aktien der Banken und der institutionellen Anleger, der Fonds und Witwenkassen. Als kleiner Mann mit ein paar hundert oder tausend Stück werden sie gar nicht mehr bedient. Ganz abgesehen davon, daß die Telefonleitungen von und zu Banken und Börsen **blockiert sein werden**.

7. Ich höre Sie schon jammern: Aber die Gebühren, die das immer kostet, und die Zinsen, die man verliert. Und warum denn schon **jetzt** aussteigen und nicht noch ein bißchen warten? **So schnell** wird's doch nicht gleich **so dick kommen**. Falls Sie jetzt noch ernsthaft mit diesem Argument kommen, kann ich Ihnen nicht mehr helfen: **Sie sind ein Spieler!**

8. Da im kommenden WELT-CRASH sämtliche Geldwertforderungen vernichtet werden – denken Sie an die 12,22 Billionen Mark Welt-Staatsschulden! – wird jeder, der zu lange am Roulette-Tisch sitzen bleibt, todsicher all sein Geld verspielen. Wer jetzt noch **raffen will** (die schönen, hohen Zinsen!), setzt auf **absolut indiskutable Chancen.** Gewinnt er, kriegt er zehn Prozent dazu (vom Einsatz), dann kann er stehenlassen und dann gewinnt er nochmal und hat wieder zehn Prozent vom Einsatz und dem Erstgewinn. Kommt aber **nur ein einziges Mal** die andere Far-

be, zieht der Große Croupier alles ein: den Einsatz und den aufgelaufenen Gewinn.
Wer heute noch auf **Staatskredit** setzt, kann sich seine Chancen leicht ausrechnen: **1 : 10,** wenn Sie den Gewinn wegnehmen und **1 : 7,** wenn Sie ihn stehenlassen, wobei als durchschnittlicher Weltstaatsschuldenzins(schönes Wort) 10 Prozent angenommen wurde.

9. Wenn Sie also **kein** Spieler sind, werden Sie sich **sofort für den SACHWERT entscheiden.**

Dies ist schon allein deshalb dringend anzuraten, weil diese Entscheidung über kurz oder lang **alle Geldwert-Besitzer** treffen werden. Da die Sachwerte aber gar nicht oder nur sehr umständlich zu vermehren sind (Gold, Immobilien), kann das große Umsteigen nur bedeuten: die **Preise explodieren.**
Wer dann schon im Sachwert steckt, **spart** also Geldwert. Oder anders: Er bekommt für sein »Geld« um so **mehr, je früher er umsteigt.**

Die optimale Sachwert-Strategie

Der erste Einwand, der gegen ein Sachwert-Investment vorgebracht wird, lautet immer: Aber die Sachwert-**Preise** sind doch in den letzten Jahren *gefallen* und was ist, wenn die Sachwerte weiter nachgeben?
Dieser Einwand ist richtig und falsch zugleich. Richtig, was den Fall der Sachwert-Preise seit 1980 anbelangt. *Gold* ging fast auf ein Drittel zurück, deutsche

Einfamilienhäuser sind – wenn überhaupt – nur mit 20–25 Prozent Abschlag zu verkaufen, amerikanisches *Farmland* hat im Durchschnitt 1982 um die 6 Prozent verloren, *Kunstwerke* blieben bei den großen Auktionen oft liegen. *Einkaräter* hat es besonders schwer gebeutelt: sie sackten zum Teil bis 20 und 30 Prozent ihres einstigen Höchstpreises ab.

Falsch ist nun *erstens,* die *Korrektur* eines in der Inflationsspitze Ende der 70er Jahre erreichten absoluten Preisgipfels für eine *Trend-Wende* zu halten. Sie müssen nur den Betrachtungs-Zeitraum richtig wählen: wenn Sie 5 Jahre zurückgehen und die 83er mit den 78er Preisen vergleichen, werden Sie schnell feststellen, daß Sie kaum einen Sachwert finden, der sich nicht verteuert hat. Und wenn Sie 10 Jahre zurückgehen, bis 1973, stellen Sie fest, daß Sie nicht nur keinen Sachwert finden, der billiger geworden ist, sondern daß Sie auch in allen Sachwerten eine Rendite hatten, *die höher war als alle Renditen, die Sie über Geldwerte im gleichen Zeitraum erzielen konnten.* Die Sachwert-Rendite errechnet sich aus der Wertsteigerung plus der eventuellen Erträge geteilt durch die Anlagejahre.

Zweitens machen Sie einen *Fehler,* wenn Sie aus vergangenen Preisen auf *kommende* Preise schließen. Sie können zwar bei einigen Sachwerten Kosten ermitteln; so weiß man, was südafrikanische Minen ausgeben müssen, um eine Unze Gold zusätzlich zu gewinnen. Auch kennt man die Kosten eines Hausbaus oder der Arrondierung einer Farm in Texas? Und diese Kosten sind immer ein gewisser Preisbildungsfaktor.

Aber stets nur für *zusätzlich* erstellte oder erstellbare Sachwerte. Beim Cézanne-Aquarell scheitern Sie schon mit dieser Betrachtung, denn Papier und Farben sind nichts wert. Der ganz überwiegende Teil der Sachwerte ist – da es sich ja um dauerhafte Güter handelt – so weit dem Produktionszeitraum entrückt, daß sich »Kalkulationen« erübrigen. Man kann dann äußerstenfalls noch mit »Wiederbeschaffungskosten« oder »Versicherungswerten« operieren. Aus Preis- und Kostenentwicklungen der Vergangenheit sich ableitende Sachwert-Preis-Prognosen sind jedoch immer falsch.
Das ist auch der Grund für die immer wieder zu beobachtenden *jähen Sachwert-Schwankungen,* vom Silberpreis, der sich innerhalb von drei Jahren verzehnfacht hat, bis zum Preis für einen Satz postfrischer »Posthorn«-Briefmarken, der in zwei Jahren um 70 Prozent zusammenkrachte.
Alles, was man zur »Kostenseite« es Sachwerts sagt, sind immer nur nachgeschobene Argumente. Wenn man weiß, daß eine Gold-Unze in der Produktion nur um die 200 Dollar kostet und der Markt zahlt 800 Dollar dafür – das muß doch eines Tages schiefgehen. Gewiß, es geht eines Tages schief, aber nicht, weil sich der Preis nicht mehr aus den *Kosten* erklären läßt. Sondern weil die Preisbildung auf Sachwert-Märkten nie vom *Angebot,* sondern immer nur von der *Nachfrage* bestimmt wird. Wenn die Mona Lisa morgen aus dem Louvre versteigert würde, brächte sie vielleicht 50 Millionen Mark – aber warum 50 und nicht 5 und nicht 500?
Der dritte Fehler, der beim Sachwert-Betrachten ge-

macht wird: Man vergißt den eigentlichen *Zweck des Sachwerts*. Der Sachwert als solcher kann immer nur diese drei Funktionen haben:

- Ich kaufe ihn, weil ich ihn einfach *haben will*. Weil es mein *Hobby* ist, weil ich ihn sammle. Wenn jemand unbedingt ein ganz bestimmtes Stück besitzen will, dann zahlt er letztlich den Preis, den er sich äußerstenfalls noch leisten kann. Er gibt also im Extremfall alles Geld aus, das er hat, bis auf den Rest, der ihm bleiben muß, um davon zu leben. Die Geschichte ist sogar voller Irrer, die sich vollständig ruinierten, bloß weil sie auf ein ganz bestimmtes Stück scharf waren. Um eine »Two-Cent-Hawaii«, eine der größten Raritäten der Philatelie, zu besitzen, hat im 19. Jahrhundert ein Sammler einen anderen erschlagen.
- Ich kaufe einen Sachwert, weil ich davon *leben will*. Dies ist ein eher »ökonomisches« Argument. Viele Besserverdiener bauen Wohnungen und Häuser, nicht um darin zu leben, sondern um daraus Miete zu ziehen, die sie im Alter sichert. Das »Von meinem Sachwert leben« ist nicht auf »ertragbringende« Sachwerte beschränkt, also auf Sachwerte, die man »verrenten« kann, sondern auf Sachwerte, die man so nach und nach »abgeben« kann, ohne die Substanz anzugreifen, d. h. den Geldwert zu mindern, den der Sachwert immer gerade darstellt. So hat der große Schauspieler Charly Chaplin alle seine Gagen immer nur in Gold angelegt und in sonst gar nichts. Seinen Goldschatz konnte er im Alter dann bequem so in kleinen Stückchen verkaufen, daß der steigen-

de Geldwert seines Sachwerts den »Verlust« immer wieder mehr als wettgemacht hat.

- *Ich kaufe meinen Sachwert, weil ich mit Hilfe dieses Sachwerts »überleben« will.* Ich stelle also meinen »Geldwert« nur *vorübergehend* im Sachwert unter. Wenn die schlechte Zeit vorbei ist, tausche ich meinen Sachwert wieder zur Gänze (oder bis auf einen kleinen Rest) um in den Geldwert, d. h. in Forderungen, die nach dem CRASH wieder neu entstehen.

Das nenne ich den TRANS-CRASH-TRAIN.

Dies ist das Umsteigen von der (de facto längst wertlosen) Geldwertforderung in den Sachwert, um nach der De-jure-Entwertung des Geldwerts wieder in neue Forderungen, diesmal allerdings dann realisierbare *zurückzukehren!*
Der TRANS-CRASH-TRAIN ist das, was jetzt weltweit abfährt. Das *Hobby- und das Renten-Argument* für den Sachwert können wir als *vollständig bedeutungslos* derzeit beiseite lassen.
Jetzt gilt es wieder, zu den Anfängen des menschlichen Wirtschaftens zurückzufinden, zum EIGENTUM. Wer heute eine Geldwertforderung besitzt, hat noch die Chance, diese Forderung, die sich an nicht mehr darstellbares Sozial-Produkt richtet, *in Eigentum zu tauschen.* Mit Hilfe dieses Eigentums wird er immer vorne liegen, in der Zeit »danach«.
Denn CRASH bedeutet nicht das »Ende«! Es ist nur *das Ende der nicht mehr darstellbaren Forderungen.*

CRASH ist vielmehr ANFANG. Für alle, die dann Eigentum haben, mit dem sie wieder »etwas anfangen« können – die Sprache weist uns hier den Weg: Nur wer nach dem CRASH etwas hat, mit dem er etwas anfangen kann, kann dann eben auch wieder anfangen.
Daraus folgt nun dreierlei:

1. **Der Sachwert,** welcher es auch sei, **muß durchgehalten werden!** Es gibt zwei sehr, sehr ernstzunehmende Gefahren:
a) Sachwert-Verlust aufgrund von **Überschuldung.**
b) Sachwert-Verlust aufgrund von **Revolution**.
Den Trans-Crash-Train können Sie nur nehmen, wenn Sie sicher sind, daß Ihnen das Vehikel, *Ihre ganz persönliche Zeitmaschine* sozusagen, nicht abhanden kommt.
Wie Sie die *Überschuldung* vermeiden, können Sie nur selber wissen. Die meisten Sachwerte lassen sich beleihen, was dazu reizt, dies auszunutzen. Da rechnet man sich schneller »reich«. Wenn man nämlich nur 20 Prozent Eigengeld »eingeschossen« hat, und der Sachwert steigt um 20 Prozent im Wert, hat man schon 100 Prozent gewonnen.
Dieses Modell ist absolut richtig, nur gilt es immer nur unter der Voraussetzung, *daß eine entsprechende Inflation inszeniert wird,* damit der Sachwert auch »ins Laufen kommt«.
Da es eine Welt-Inflation – wie wir oben gesehen haben – nicht geben kann (es sei denn die ganze Welt gerät in die Hände einer Militär-Junta, die dann das Weltbank-Noten-Monopol ausnutzt, um an der

Macht zu bleiben), ist zu fragen: Wie steht es aber mit *nationalen* Inflationen?
Die sind natürlich weiter möglich. Denn ein Staat braucht nur seine Grenzen für Leben, Leiber, Leihgeld zu schließen: schon kann er in diesem Binnen-Machtbereich die schönste Inflation vom Stapel lassen. Das *sozialistische Frankreich* ist geradezu ein Musterbeispiel für diesen Ablauf: Niemand darf mehr frei verreisen, ausländische Güter werden ausgesperrt, die Landeswährung ist eingeschränkt konvertibel, also nur Papier. Und in solchen Inflationswährungen lohnt sich der Trans-Crash-Train besonders, wenn man sich mit seinem Sachwert hoch verschulden kann, und Schulden muß man daher machen, skrupellos – je mehr, desto besser. (In Deutschland lief die gleiche Nummer zum Beispiel optimal in der Inflation 1920–23!)
In Staaten aber, die noch »offen« bleiben, die sich also letztlich unter das Diktat der amerikanischen Geldmenge stellen, ist *allerhöchste Vorsicht angeraten.* Denn wenn der Welt-Staat in letzten Zuckungen um sich schlägt, wird er jeden Zins bieten, um zu überleben. Wenn diese Zinsen, die ohne weiteres dreistellig werden können und zwar ohne entsprechend inflationäre Begleit-Musik, auf die Schuldner durchschlagen, die zu extremer Sachwert-Finanzierung gegriffen haben – dann Gute Nacht.
Für die wichtigsten Staaten mit offener Zinsflanke und Sachwert-Bildungs-Möglichkeiten: USA, Bundesrepublik und Schweiz, kann daher nur gelten: Sachwert-Finanzierung maximal 30 bis 40 Prozent. Sollte man einen Sachwert, z. B. eine Immobilie hö-

her beleihen müssen (z. B. ein Bauherren-Modell aus steuerlichen Gründen), dann muß man *entsprechende Mittel in Bereitschaft haben,* um abzudecken bzw. herunterzuschulden.

Bei 30 bis 40 Prozent haben Sie folgende Schuldenlage: Sachwert 1 Million. Schulden: 400000 Mark, Zinsen: 40000 Mark im Jahr. Verdreifacht sich der Zins (der Zins, der bis zum Immobilienmarkt durchschlägt, bewegt sich nicht so hektisch wie die Geldmarkt-Sätze, er ist auch zumeist an längere Fristen gebunden), müssen Sie 120000 Mark aufbringen. Und zwar aus Sachwert-Ertrag (so existent) und sonstigem Einkommen. Rechnen Sie also alles einmal durch.

Die *Revolution* zu vermeiden, ist ein ganz besonderes Kunststück. Nach dem kommenden GROSS-CRASH wird es nicht ohne anschließende Umwälzungen in der Eigentumssphäre abgehen. Zuviel an Forderungen, zuviel Geldwert, zuviel heile Welt gehen diesmal verloren. *Das Volk will Rache haben und – Schadensersatz.* Den kann es nach Lage der Dinge nur durch eine Eigentums-Umverteilung geben. Durch einen *Lastenausgleich großen, wenn nicht größten Stils.* Die Geschichte muß das allein mit sich abmachen, niemand kann das steuern.

Was tun?

Das immer »sichtbare« Eigentum *möglichst unsichtbar machen. Edelmetalle* kann man vergraben. Die Aufbewahrung in einer Bank oder einem Banksafe hat in einem Revolutions-Land überhaupt keinen Sinn, weil diese Orte als erstes durchstöbert und ausgeraubt werden. Wenn Bank, dann muß die Bank in einem *absolut sicheren Lande* liegen, das wird vielleicht weltweit letztlich nur die Schweiz sein. Ob der Zugang zur Schweiz in einer revolutionären Phase offen bleiben wird, ist fraglich.

Immobilien muß man *verteilen,* also auf keinen Fall einen ganzen Wohnblock irgendwo stehen haben. Der ist sicher weg. Die Immobilie muß in Gegenden liegen, wo Eigentum nicht »auffällt« oder wo es hohen gesellschaftlichen Rang besitzt. Auch dort kommt neben der Schweiz vor allem Nordamerika in Frage, zumal dort, in den USA, zwar Gold schon einmal verstaatlicht wurde, wo aber ans Grundeigentum sich auch eine US-Militär-Diktatur nicht wagen wird. Land ist in den USA letztlich nicht so »knapp«, daß man nach dem CRASH als erstes zur Enteignung schreiten würde.

Eine Unterform der Nach-Crash-Revolution sind hohe *Steuern.* Beim Grundbesitz ist es ohnehin schwer zu entscheiden, was noch Steuern und was schon Enteignung ist. Auf jeden Fall werden die »Besitzenden« gezwungen, nun »ihren Beitrag« zur »Lösung der vor uns liegenden gemeinsamen Aufgaben zu leisten.«

Da die Steuer auf Grundbesitz aber letztlich einen Netto-Wert im Auge haben wird, ist derjenige Eigentümer wieder fein heraus, *der Schulden hat.* Diesmal nicht »Alt-Schulden«, also von vor der Währungsreform, sondern »Neu-Schulden«, die er gleichzeitig mit dem Crash aufnehmen sollte. Damit sind wir aber im Grunde schon bei der zweiten Folgerung:

2. **Der Sachwert** sollte nach dem Crash möglichst schnell **veräußert** werden. Er hat dann wirklich seine Schuldigkeit getan: **Startkapital** für die Nach-Crash-Zeit darzustellen, sozusagen als Eintrittsgeld für eine **bessere Zukunft.**
Aus dem Trans-Crash-Train steigen sie also bitte auch rechtzeitig wieder aus, nicht nur, um Steuern und Enteignungen zu vermeiden, sondern weil sich nach dem Crash die großartigsten wirtschaftlichen Chancen bieten. Es wird genauso werden, wie 1948, als diejenigen, die sich als erste ein Herz gefaßt und gestartet, produziert, investiert, auch nur Kapital (gegen Eigentum als Sicherheit oder aus verkauftem Eigentum!) zur Verfügung gestellt haben, mit großem Tempo und dann bald großen Vorsprung davongeeilt sind.
Machen Sie es ganz genauso!

3. **Den Sachwert-Preis** sehen Sie in der Zeit, da Sie auf dem Trans-Crash-Train sitzen, **als völlig nebensächlich an!**
Alles, worauf es ankommt, ist nicht, wie sich der »Wert« Ihres Sachwertes – ausgedrückt in Einheiten eines zum Untergang verurteilten Geld-Systems – **absolut** entwickelt, sondern **relativ.** Und Sie werden alsbald merken, daß sich zwar der Preis für Ihren Sachwert durchaus ganz überraschend nach unten entwickeln kann (kann, nicht muß!). Daß aber der *Verfall der Forderungen,* ausgedrückt als das, was Sie für eine hypothetisch mitlaufenden einst gleich hohen Geldwert bekommen könnten, viel, viel schneller läuft.

Die Geldwert-Welt wird schwinden. Seien Sie da ganz sicher! *Die Sachwert-Welt wird bleiben*. Daher wird sich – egal, wohin die absoluten Preise oder »Kurse« gehen – die Preisentwicklung für den Sachwert *relativ* auf Dauer immer besser stellt als die für den Geldwert.

Verliert der Goldpreis z. B. nochmal zehn Prozent, werden die festverzinslichen Staatspapiere vielleicht in einer der letzten »Zinssenkungs-Runden« möglicherweise sogar noch einmal um zehn Prozent anziehen.

Aber was verlieren Sie wirklich? Schlimmstenfalls haben Sie den alleroptimalsten Einstiegspunkt in Ihren Trans-Crash-Train nicht voll erwischt. Na und?

Und wenn der Goldpreis sogar noch einmal nach unten geht: Vielleicht um 20 Prozent, dann aber geben die Staatspapiere dann doch nach, erst um zehn, um 20, dann um 40 Prozent. Wenn die Staatspapiere bei 10 Prozent stehen, kann sich Ihr Gold sogar vom Ausgangspunkt her gesehen im Wert halbiert haben. Aber in Wirklichkeit haben Sie gegenüber dem Wert, den die Forderung jetzt noch darstellt, einen fünffachen Wert in Form von Sachwert.

In und nach dem CRASH wird alles neu bewertet. Da können Sie und dürfen Sie gar nicht mehr auf »Preise“ gucken. Dann sind das letztlich nur noch Relationen für den Tausch. Was kriege ich wofür?

Für einen Viertel Krügerrand ganz sicher einen Monat lang zu essen. Für Wohnraum, den ich zur Verfügung stelle, wird die alte Dame, die darinnen lebt, ganz sicher für mich kochen. Lassen Sie Ihrer Phantasie den Lauf. Und denken Sie immer daran, egal, was kommt: Nur der Sachwert, und das heißt: der verfüg-, einsetz- und/oder tauschbare Sachwert wird Sie retten.

Und was ist mit den Aktien?

Zur Vorsicht erstmal **alles weg!** Sobald die Staaten ihre Infla-Nummer schieben, gibt es am Aktien-Markt handfeste Katastrophen. Aber die Aktie ist nicht tot, die freie Wirtschaft wird nämlich niemals sterben. Firmen wie Daimler-Benz und IBM, wie Sony oder Standard Oil: die werden jeden Staat der Erde locker überleben. Wenn Sie mit Bundesanleihen Ihren Party-Keller tapezieren, werden Sie mit Aktien großes Geld verdienen. *Wann* aber Rückkauf?

Kurz vor, im oder nach dem CRASH!

Dann werden wir Kaufkurse sehen, wie noch nie. Es wird genauso kommen, wie vor, in und nach dem deutschen Staatsbankrott von 1948. So wird es diesmal weltweit sein: Es winken Wunder-Gewinne. Und zwar in allen Teilen dieser Welt, die sich dann – staatsfrei! – zu den Grundprinzipien der freien Marktwirtschaft bekennen, zu freiem Eigentum und freiem Zins. Zu freien Märkten und zu freien Menschen.

Zu guter Letzt: PCM's Muster-Depot

Was Sie haben müssen, ist also klar: Sachwerte. Weg mit allen Forderungen, her mit dem Eigentum! Mischen Sie also zunächst Gold und Grundbesitz, die Rezeptur stand oben:
Variieren Sie beides, je nach Kauf- und Verkaufs-Chancen, nach Vermögenslage und Verfügbarkeit:

1. Mindestens **10 Prozent,** eventuell aufstockend, je nachdem, wie lange die Politiker die Katastrophe hinziehen, **kleine Goldmünzen** als Ultima Ratio des **Tauschmittels.** Damit sie auch in schlimmster Zeit etwas zum Tauschen und zum Beißen haben.
2. **20 Prozent Goldbarren,** im sicheren Hort.
3. Auch **Goldminen-Aktien** sollten Sie nicht vergessen, denn die steigen immer etwas kräftiger als Gold allein: zunächst **15 Prozent.** Sollte sich die Stunde der Wahrheit immer wieder hinausgezögert, tauschen Sie die **Aktien** lieber auch in **Barren.** Je länger die Agonie des Staatskredits dauert, um so schlimmer die Zustände (soziale Unruhen!) und einfallsreicher die Politiker auf ihren »Weltschuldenkonferenzen«. Sollten die Börsen geschlossen werden, müssen Sie Ihre Minen-Papiere erstmal auf Eis legen.
4. **Der Rest ist Grundbesitz.** Und zwar möglichst zu einem Drittel **(je 15 Prozent)** in den drei dafür infrage kommenden Ländern: *Bundesrepublik,* weil Sie dort sehr nah dran sind (Miete notfalls in Leistung fordern), auf jeden Fall verteilter Grundbesitz! *Schweiz,* weil dieses freie Volk mit seiner freien Wirtschaft niemals untergeht. *Ame-*

rika, weil dort das Grund-Eigentum als sakrosankt betrachtet werden kann. Notfalls können Sie auch über die »kubanische Conncection« in die USA entkommen, falls hierzulande alles unerträglich wird: Amerikas Grenzen sind niemals völlig dicht und einen *Eigentümer* wird auch die strengste Paß-Behörde nie von der Schwelle weisen.

Im Laufe des Crashs schichten Sie um und bauen, notfalls erst einmal durch Beleihung, ihr **Aktien-Portefeuille** auf. Unmittelbar nach dem Crash **alles Gold verkaufen** – es sei denn, es zeichnet sich eine sofortige Wiederholung der Katastrophe ab, wenn der Staat zum Beispiel wieder aufersteht und die alten Reden (»soziales Netz« und so) geschwungen werden. Das ist aber nach diesem Durchlauf, den der Wohlfahrtsstaat gerade macht und mitten im Frieden alle Gläubiger enteignet, äußerst unwahrscheinlich.

Beim **Grundbesitz** entscheiden Sie post festum, wie Sie wollen: Bringt er Renditen, die sich mit denen aus Ihrem Aktien-Portefeuille messen können (die auch nach diesem Crash einsetzende langsame Wertsteigerung aller Immoblien bei der Renditeberechnung nicht vergessen!), dann behalten. Sonst weg damit. Vielleicht sogar zum Teil verschenken. Denn als Trans-Crash-Express war die Immobilie, so unbeweglich sie auch scheint, nicht schlecht. Nicht wahr?

Vorsicht in jedem Fall beim **Schuldenmachen.** Das haben Sie jedoch verstanden.

Und schleunigst **handeln.** Es ist viel später als wir

denken. Und sollte Ihnen der Fall nicht schnell genug erscheinen: Vertreiben Sie sich die Zeit ohne Hast, mit Anstand, einem guten Wein und guten Freunden. Bleiben Sie immer heiter und gelassen und seien Sie verständnisvoll bei allem, was geschieht.
Es sind nur Menschen, die jetzt handeln. Menschen, die so sind und die anders nie sein können, seit sie Menschen sind.
Menschen in Raum und Zeit.

Was Sie noch lesen können, wenn Sie's lesen wollen:

Ich finde Fußnoten mit »Literatur-Hinweisen« langweilig und »Literatur-Verzeichnisse« erst recht. Die Texte aus der **Bibel,** von Adam bis zum Falle Babylons finden Sie bei sich zu Hause. Die schrecklichen Irrlehren von **Aristoteles** über **Luther** und von **Marx** bis zum **NSDAP-Programm** müssen Sie wirklich nicht checken. Es lohnt nicht, daran einen Blick zu verschwenden.

Grundlegend und der erste Anstoß für meine Überlegungen waren die Schriften von **Gunnar Heinsohn** von der Uni Bremen (mit seinen Ko-Autoren **Otto Steiger, Rolf Knieper, Christoph Marx** und anderen). Gunnar Heinsohn hat mir die Ergebnisse seiner Arbeit regelmäßig zugängig gemacht, wofür ich an dieser Stelle herzlichst danke. Neben seiner (zweiten) Dissertation über die Entstehung des Privateigentums war dies vor allem der Aufsatz »Geld, Produktivität und Unsicherheit in Kapitalismus und Sozialismus« (in der Zeitschrift »Leviathan«, 9. Jahrgang, 1981) von ihm und Otto Steiger, eine Landmarke in der Geschichte der Ökonomie.

Über das Zins-Phänomen erfuhr ich zuerst in den Schriften des großen Liberalen **Ludwig von Mises,** vor allem seinem großartigen, wenn auch ein wenig langatmig geschriebenen Hauptwerk »Nationalökonomie – Theorie des Handelns und Wirtschaftens« (Nachdruck 1980). Wer eine Widerlegung des »realexistierenden Sozialismus« sucht, sei auf ein anderes Werk von ihm verwiesen: »Die Gemeinwirtschaft –

Untersuchungen über den Sozialismus«. In die Gedankenwelt der freien Eigentümer-Gesellschaft führt im übrigen bestens ein: « **Ludwig von Mises,** »Vom Wert der besseren Idee«, eine Vorlesungs-Mitschrift (1983 im Verlag Bonn aktuell). Solche grundlegenden Texte werden wir in den Schulbüchern unserer Kinder vergebens suchen, dafür erfahren kommende Generationen sehr schnell Einzelheiten zur Gleichung: Unternehmer = Kapitalist = Ausbeuter = Schwein.

Daß Sie sich die wichtigsten **Wirtschaftszeitungen** halten, versteht sich von selbst. Zu den etablierten Gazetten ist seit diesem Frühjahr die europäische Ausgabe des **Wall Street Journal** gekommen, das seinen Finanzteil fast täglich mit neuen Meldungen über den nahenden Staatsschulden-Crash aufmacht. Die Berichte sollten Sie nicht versäumen. Sie können den unausweichlichen Ablauf der Ereignisse dann mit mehr Genuß verfolgen.

3000 Jahre Geschichte – 3000 Jahre REVOLUTION und **CRASH**

ZEITRAUM JAHRES-ZAHL	EREIGNIS/ HAUPT-PERSONEN	REVOLUTION M = Auf Menschen eigentum bezogen S= Sacheigentum	CRASH	ZAHL DER GESCHÄDIG-TEN	VERLORENE SUMMEN (in DM) (Schätzungen)
Um 1200 vor Christus	Moses in der Bibel 5. Buch, 15	M: »Wenn sich dein Bruder dir verkauft … im **siebten** Jahr sollst du ihn frei losgeben« S: »Und wenn du ihn frei losgibst … sollst ihm auflegen von deinen Schafen, deiner Tenne, von deiner Kelter …«	»Alle **sieben** Jahre sollst du ein Erlaßjahr halten; wenn einer seinem Nächsten etwas borgte, der soll's ihm erlassen«	Daß sich die Juden an die permanente Revolution des Moses gehalten haben und sich als Gläubiger laufend crashen (enteignen) ließen (ohne sich für das Verlorene über Zins bzw./und Ausbeutung der geknechteten Pleitiers – »Selbstverkauf« – schadlos zu halten), ist unsicher: Je nach Erlaß- oder oder Jubeljahr sind zwischen	
Nach 1000 v.C. bis zum Fall Jerusalems im Jahre 70 n.C.	Diverse jüdische Könige und Heerführer	Es bildet sich ein »Jubel-« oder »Halljahr« heraus. In jedem **50. Jahr** kommt jede jüdische Familie wieder zu ihrem Grundstück (= S-Revolution) und alle israelitischen leibeigenen Knechte werden frei. Das Jubeljahr wird durch den »Hall« der Posaunen eingeleitet.		50–500 Eigentümer betroffen	1–20 Mio (Kaufkraft) verloren
594 v.C.	Solon in Athen	Der große »Versöhner« (die Quellenlage ist nicht so eindeutig, wie bei Moses) hebt die Schuldknechtschaft auf (= M-Revolution) und schafft mit den Theten freie		300–100	20–50 Mio

		Lohnarbeiter, wie Wat Tyler 1381 in England. In Solons »Seisachtheia« kommt es auch zu einem mosaischen Schulden-Crash.			
451–450 v.C.	Zwölf-Tafel-Gesetze in Rom		Aufgrund der spürbaren allgemeinen Überschuldung wird der Zinseszins-Effekt durch ZINS-BEGRENZUNG gestoppt: 8 1/3 % für das Mondjahr. Die Gläubiger weichen aus durch Kreditvergabe von außerhalb Roms (»Lateinische Anleihen«).	1000–2000	20–50 Mio
430 v.C.	Nehemia	Nehemia, einer der Miterbauer Jerusalems (»... baute N., der Sohn Asbuks ... bis an das Haus der Helden«), verhindert mit seinem CRASH einen allgemeinen Volksaufstand der Schuldner (»wir müssen unsere Söhne und Töchter unterwerfen dem Dienst«). Nehemia's Crash ist eine klassische WÄHRUNGS-REFORM mit anschließendem LASTENAUS-GLEICH, wie zuletzt in Deutschland 1948: »So gebt		200–500 (»... dazu waren der Juden und Obersten 150 an meinem Tisch«)	20–40 Mio

		ihnen nun **heutigestages** (der **Stichtag** ist essentiell für Währungsreformen, in Deutschland war es der 21. Juni 1948!) wieder ihre Äcker, Weinberge, Ölgärten und Häuser und den **Hundertsten** (!) am Gelde, am Getreide, am Most und am Öl, den ihr von ihnen zu fordern habt« (Nehemia 5. 11).			
347–342 v.C.	Zinsstopp in Rom		Der Zins wird kurzfristig 5 % begrenzt	1000–2000	2–5 Mio
121 v.C.	Gajus Sempronius Gracchus	S: Gescheiterter Versuch einer Umverteilung des Grund-Eigentums. Gracchus versäumt, eine M-Revolution mit zu inszenieren, so daß seine S-Revolution mit Hilfe (!) von Sklaven niedergeschlagen wird.		keine	Nur Bürgerkriegskosten
89 v.C.	Sulla, Rufus		Großer CRASH nach einer allgemeinen Wirtschaftskrise. Gläubiger-Verfolgungen aufgrund (risikobedingter) Super-Zinsen. 88 v.C. erneuter Zinsplafond: 12 %.	5000–15000	50–100 Mio

71 v.C.	Spartakus	M-Revolution. Die Sklaven, darunter nicht nur Beute-, sondern auch viele Schuld-Sklaven versuchen ihre Herren zu enteignen. Gescheitert.	Wie bei der gescheiterten S-Revolution des Gracchus	
50–44 v.C.	Julius Caesar	M: In der **Lex Julia** wird die Schuld-Sklaverei beseitigt. Die **Lex Poetelia** von 325 v.C. hatte die Schuldknechtschaft bereits entscheidend geschwächt, weil sie den **Erst**zugriff des Gläubigers in das **Sach**-Eigentum des Schuldners vorschrieb. Caesar wird von Gläubigern, darunter dem Groß-Bankier Brutus im Senat erstochen. Seit Caesar, dessen BANKROTT-GESETZ nur durch gelegentliche Versuche, persönlichen Schuldner-Zwang durch SCHULDTÜRME auszuüben (in Hongkong bis **heute**!) durchbrochen werden, besteht eine **Vorab**-Ent-	10000–25000	200–500 Mio

		eignung der Gläubiger durchgehend bis **heute**: Kreditgeber müssen den sicheren Verlust der möglichen **persönlichen** Nacharbeit des zahlungsunfähigen Schuldners durch entsprechende **Zins**-Gestaltung kompensieren, wodurch sich eine säkulare Zinstreiberei ergibt.			
30–33 n.C.	Jesus Christus	M: Das Christentum lehnt – nach zunächst indifferenter Haltung – die Sklaverei ab. S: Allgemeine Geringschätzung »irdischer« Güter, aber Enteignung nur freiwillig (»Almosen«)	Wie das Beispiel mit den »Wucherpfunden« und der Vertreibung der Bankiers/Gläubiger aus dem Tempel zeigt, keine klare CRASH-Vorstellung (u.a. Lukas 19, 23 u. 45)	Die antikapitalistischen Effekte des Christentums lassen sich nicht bewerten. Die Verluste an Menschen und (nicht erstelltem oder verlorenem) Sozialprodukt gehen in die Billiarden	
150–475 n.C.	Diverse Kaiser, speziell Diokletian, der um 300 verschärfte Preis- und Nominalwert-Gesetze erließ		Durch die permanente Staats-Inflation per Münzverschlechterung und gleichzeitigem Zwang, Rückzahlungen zum **Nominal**-Wert entgegenzunehmen, laufender CRASH und endli-	500000–2 Mio Der Preis des römischen Kaiser-CRASHS war letztlich der Untergang des Reiches	10–100 Milliarden

			che **Einstellung** von Kapitalbildung und Sozialproduktserstellung in toto.		
533 n.C.	Justinian		Gestaffelte Höchstzinsen: 4 % für die »Illustren« und die Bauern, 6 % für Nicht-Geschäftsleute, 8 %: Kaufleute; 12 %: Übersee-Kredite (»foenus nauticum«). Verbot des Zinseszinses und Begrenzung der aufgelaufenen Zinsen Kredite auf die ursprünglich geschuldete Kredit-Summe	200 000–500 000 Preis dieser »Politik«: Der Untergang von Byzanz	5–50 Milliarden
3. Jahrhundert bis 1850/70	Kanonisches Zins- und Wucherrecht	Mit dem kirchlichen **Verbot des Zinsnehmens,** das von zahllosen Synoden (z.B. England 787) eingeführt, von bedeutenden Gelehrten (Thomas von Aquin, Albertus Magnus, Alexander von Hales) differenziert und in tausenden von Traktaten diskutiert wird (erste schriftliche		Millionen Der »Preis für den Dauer-CRASH war die Verlangsamung, wenn nicht **Verhinderung des Wirtschafts-**	Millionen

		Fixierung durch Gratian von Bologna im 12. Jahrhundert) beginnt* ein jahrhundertelanger DAUER-CRASH: potentielle Gläubiger kommen entweder garnicht erst in eine Gläubiger-Position oder werden anschließend mit Hinweis auf das »Recht« **enteignet.** Vor allem im Zeitraum 1300 bis 1600 werden laufend staatlich sanktionierte CRASHS inszeniert, wobei die Schuldner, sofern im Besitz politischer Macht die Gläubiger-Enteignungen immer wieder mit sonstigen überraschenden »Argumenten« begründen, vor allem gegenüber den Juden und den Templern: Kindermord, Brunnen-Vergiftung, »Ketzerei«. Die ZINS-FREIGABE kommt offiziell in Europa erst ab 1854 (England; Preußen: 1867).	**Wachtums** in Europa, das erst im 19. Jahrhundert einen nachhaltigen Aufschwung erlebt.	
1106	Florenz	M: Die persönlichen Schuldner Ober-Italiens, die Hörigen (siehe FEUDALISMUS-Kapitel) werden aufgefordert, sich unter den Schutz der Republik zu stellen, also ihre »Berechtigten« (Feudalherren) zu enteignen. Der Florentiner Lohnarbeiter-Kapitalismus beginnt.	38–80 Damit Kauf von Wachstum: Der Aufstieg von Florenz beginnt.	20–50 Mio

1180/1215	Beginn der Juden-Verfolgungen in England und Frankreich; Lateran-Konzil (»Gegen die Juden und ihren Wucher«)	Die Juden-Verfolgungen waren zunächst vorübergehende, dann endgültige Enteignungen (»Vertreibungen«: 1253 aus Frankreich, 1290 aus England, usw.) Bis zum 16. Jahrhundert hatten die Juden nur noch in einigen Ländern (z.B. Deutschland) das kleine **Pfandleih-**Geschäft behalten.		20000–80000	20–100 Mio
1240	Heinrich III. von England bannt die Oberitaliener		In diesem ersten »nicht-jüdischen« CRASH wurden die Caorsinen (Gläubiger aus Südfrankreich, Stadt Cahors) und der Lombardei enteignet, vor allem die Sienesen.	50–100	5–15 Mio
1293	Florentiner »Ordinamenti die Giustizia«	M: Dem Adel werden die Leibeigenen genommen. Diese Revolution gegen das aus dem Feudalismus (keine		20–200	50 Mio

* Die Spitzfindigkeiten der Kanoniker (»Damnum emergens«, »Lucrum cessans« usw.) sind nichts als der gescheiterte Versuch, aus der Zeitlichkeit des Menschen auszusteigen; der Ursprung des Zinsverbots liegt in der zwar augenscheinlich richtigen, aber ökonomisch falschen Beobachtung des Aristoteles, das »Geld keine Kinder kriegen« könne. Siehe oben.

		Schuldknechtschaft!) stammende Menschen-Eigentum wird als Beginn der »Menschenrechte« von Historikern gefeiert. Florenz besorgte sich Massen **freier Lohnarbeiter** zum Aufbau seiner Tuch-Industrie. Adels-Enteignung!			
1312	Aufhebung des Templer-Ordens	S: Verstaatlichung aller Ländereien des Ordens **Achtung:** Bei der Templer-Enteignung fielen zum ersten Mal REVOLUTION und CRASH zeitlich zusammen!	Größter CRASH (Gläubiger-Enteignung) des Mittelalters. Die Templer hatten in den Kreuzzügen den **ersten Bank-Multi** der Geschichte aufgebaut, als Clearing- (Giro) und Merchants- (Leih) Bank. Philipp der Schöne, hochverschuldet, der schon 1306 die restlichen Juden enteignet (»vertrieben«) hatte, ließ 1307 die	10000–20000 (Die Zahlen sind durch die Quellen ziemlich gesichert: »15000 Lanzen«; Jahreseinkünfte: 50–112 Millionen Gold-Francs)	10–15 Milliarden

			Bank-Zentrale in Paris stürmen und alle verhaften. Haftgrund: »Ketzerei und lose Sitten« (!)		
1339	Staatsbankrott Eduards III. von England		Zahlungseinstellung der Florentiner Großbanken (Bardi, Peruzzi). Auszahlung der Sparer mit der Quote 10:1.	20000–50000	5 Milliarden (Bardi und Peruzzi allein krachten mit 1,5 Mio Goldgulden = 5,5 Ton-Gold-»Schulden«)
1343	Umsturz in Florenz	S: Dem CRASH folgt der Aufstand der Enteigneten: Die Zünfte (kaputte Handwerker) stürzen die »reichen« Patrizier-Geschlechter. **Achtung:** Der englische Staatsbankrott von 1339 hat absolut **Modell**-Charakter für die unmittelbar vor uns liegende Zeit: 1. Einstellung der **öffentlichen** Zahlungen; 2. Schwere weltweite Banken-Krise: CRASH; 3. Enteignung der »noch« Eigentum zeigenden Schichten: REVOLUTION. Das ist der DOPPEL-SCHLAG!	Gleichzeitig Folge-CRASHS in England und Frankreich. Allseitige Gläubiger-Vertreibung	200–500	500–800 Mio

1358	Jacquerie in Frankreich	M: Versuch, den Feudalherren ihr (indirektes) Eigentum am Hörigen zu nehmen, ähnlich wie schon Florenz 1293, aber ohne Erfolg, da sich die Leibeigenen nicht in feste Städte flüchten können. Der Enteignungs- (zugleich Selbstbefreiungs-) Versuch wird mit größter Grausamkeit niedergeschlagen.	**Achtung:** Typisch an diesem »Bauernaufstand«, wie auch an den späteren in Deuschland ist die **extreme Mordlust,** die sich in diesen Eigentumsverschiebungen offenbart. Kein gutes Omen für die vor uns liegende Nach-Crash-REVOLUTION!	100 Eigner, 20000 Nicht-Eigentümer getötet	0,5–2 Milliarden
1381	Lollarden-Aufstand unter Wat Tyler	M: Die Bauernbefreiung gelingt in England! Aus den Hörigen werden **freie** Lohnarbeiter, allerdings ohne S-Revolution: Das Land bleibt vom Adel monopolisiert, der es zur intensiveren Nutzung durch Schafszucht einzäunt und weiter	**Achtung:** Mit den **freien Lohnarbeitern** beginnt in einem Flächenstaat der moderne Kapitalismus, die Gleichung »Grundeigentum = Menscheneigentum« gilt nicht mehr. Diese Schaffung von neuen	Einige hundert Lords verlieren diverse Millionen in Form von nicht mehr umsonst geleisteten Diensten. Dieser Revolutions-Effekt wird aber um ein Vielfaches durch die Mehr-Produkts-Ergebnisse der neuen Eigentümer-Gesellschaft überkompensiert: **England wird Weltmacht!**	

		verknappt. Diese »Enclosures« werden zum Dauer-Thema, dem sich Anfang des 16. Jahrhunderts vor allem Thomas Morus annimmt, der auch die erste Anti-Eigentums-Ideologie der Neuzeit entwirft (»Utopia«), womit die Geschichte des theoretischen **praktischen Sozialismus** der Neuzeit beginnt. Vgl. Lauftext!	Eigentümern (jetzt an der eigenen Arbeitskraft) setzt die volle kapitalistische Dynamik in Kraft, die sich mit der folgenden De-facto-Zinsfreigabe zu großem Wirtschafts-Wachstum entfaltet.		
1473/1522	System der Zwangsanleihen beginnt		Die französischen Könige, voran Ludwig XI. in Lyon, versuchen die Gläubiger zur Geld-Weggabe zu zwingen, ab 1522 gegen Zins, woraus sich das Institut der **»ewigen Rente«** entwikkelt (= nicht rückzahlbare Staatschulden, die	Millionen	Milliarden

			in Frankreich 1789 ff. vollständig entwertet werden).		
1480	Staatsbankrott Isabellas von Kastilien	**Achtung:** Die Gläubiger-Enteignung Isabellas hatte Modell-Charakter z.B. für die bolschewistische Revolution, als Lenin 1917 die Staatsschulden für wertlos erklärte, da sie vom »alten«, zaristischen Regime aufgenommen wurden!	CRASH durch Widerruf von Schulden der Vorgänger-Regierung. Isabella bestimmt im Testament, neue Staatseinkünfte (hier: aus dem Königreich Granada) erst zur **Tilgung** alter Anleihen zu verwenden, was nicht befolgt wird und zu den spanischen CRASHS des 16. Jahrhundert führt	500–1000	10 Mio
Nach 1500	Endeckung Amerikas und starke Edelmetall-Inflation	**Achtung:** Der positive Effekt aus der Entstehung von zusätzlichen Eigentümern durch den freien	Typischer inflationärer Dauer-CRASH. Die stark gesunkenen Edelmetall-Produktions-Kosten durch Aufspüren kostengünstigerer Vorkommen führen auf der ganzen Welt zu einer in	Millionen	Milliarden

		Lohnarbeiter wird durch den Dauer-CRASH entscheidend gemindert. Erst mit der weltweiten **Stabilität** durch Einführung der Goldwährung im 19. Jahrhundert entfaltet sich der Zins-Eigentums-Effekt des Kapitalismus voll!	Spanien beginnenden und sich über europäische Bergwerks-Eröffnungen (Fugger!) und Münzverschlechterung von nicht über Bergwerke verfügenden Fürsten permanenten Enteignung von Gläubigern, die Nominal-Forderungen besitzen. Wie in jeder Dauer-Inflation (siehe Rom, **siehe Gegenwart!) sinkende Kapitalbildung.**		
1525	Bauernkrieg in Deutschland	Gescheiterte M-Revolution gegen den Feudalismus. Wie bei der Jacquerie extreme Grausamkeiten.		250000	10 Milliarden (auf beiden Seiten)
1534/35	Wiedertäufer in Münster	S: Klassische Enteignung der »reichen« **Sachwert**-Besitzer (Menschen-Eigentum gab es in den Städten nicht).	Im DOPPELSCHLAG auch gleich noch die **Geldwert**-Enteignung: alle Schuldbücher werden verbrannt.	2000	500 Mio

1557 ff.	Welle der französischen und spanischen Staatsbankrotte		Typischer Ad-hoc-CRASH! Beim ersten Staatsbankrott, dem spanischen vom Juni 1557 werden die »Anweisungen« auf Kroneinkünfte kurzerhand in Staatspapiere (»Juros« = lateinisch »Recht«!) »getauscht«, die schnell wertlos wurden. Weiteres in meinem Buch »Staatsbankrott«	50000–100000	20–30 Milliarden
1600 ff.	Fortgesetzte, per »Dekret« verfügte Staatsbankrotte, z.B. Spanien 1607			Selbst die wenigen Gläubiger, die sich mit Mühe retten konnten, wie die Fugger, verloren alles Geldwert-Vermögen und zogen sich auf den **Sachwert** LAND zurück.	
1618–1648	Dreißigjähriger Krieg	Außerhalb der kriegsbedingten Enteignungen von Gläubigern und Sachwert-Besitzern kommt es zu einem Dauer-CRASH durch die rapide INFLATION in Form von Münzverschlechterungen (Zeit der »Kipper« und »Wipper«). Diese INFLATION betraf auch Gläubiger in Nicht-Kriegsgebieten. Bis zum Ende des Jahrhunderts bleibt vor allem Deutschland verwüstet. Durch die Permanenz-Inflation erledigt sich die **Kapitalbildung,** was sich im dauernden Jammern »Kein Geld ist im Land«		Millionen	Billionen

		äußert. Der Staat versucht, das »Geld« durch die Wirtschaftspolitik des »Merkantilismus« im Lande zu »halten«. Dabei wird der **Sachwert** Edelmetall sowohl mit **Kapital** als auch mit **Geld** verwechselt. Die **Kapitalbildung** kommt nicht voran, da der Staat im Merkantilismus durch tausende von Vorschriften die Eigentums-Nutzung hemmt. **Geld** kommt nicht in Umlauf, weil die verbliebenen Haupt-Eigentümer (Adel) nicht unter Verschuldungsdruck zu setzen sind: Selbst bei Überschuldung kann in die Güter kaum vollstreckt werden (Fideikommis-Recht, u.ä.). Außer in Großbritannien und einigen, zumeist städtischen Zentren auf dem Kontinent herrscht totale Rezession.		
1720/21	Südsee- und Mississippi-Krach	Diese beiden **zeitgleichen Groß-CRASHS** (die sich bis Holland und Hamburg fortpflanzen) sind »gestreckte« STAATSBANKROTTE. **England** war Ende des 17. Jahrhunderts pleite und entschädigte seine Gläubiger mit der Bank of England und Einkünften aus der South Sea Company, die seit der Abtretung dieses »Monopols« durch den bankrotten spanischen Staat 1713 erst an Frankreich, dann an England, den Sklaven-Handel mit Amerika betreiben durfte. In den South Sea Aktien wurde spekuliert, bis sie im Börsen-Crash zusammenbrachen. **Frankreich** hatte – nach dem Tode Lud-	0,5–1,5 Millionen	10–25 Milliarden

		wigs XIV. ebenfalls bankrott – seine Einkünfte aus den Kolonien in »Indien« (gemeint war vor allem Louisiana in den heutigen USA) an die »Compagnie des Indes« abgetreten, sich mit Aktien und Banknoten der gleichzeitig von John Law gegründeten Notenbank bezahlen lassen (und damit weitgehend entschuldet). Dieser »Mississippi«-Trust (Bank und Compagnie) ging pleite.			
18. Jahrhundert	»Kleinere« Kräche: 1768/1772 London und Amsterdam u.ä.	Das Jahrhundert dient eigentlich nur der Vorbereitung auf das große Finale: die FRANZÖSISCHE REVOLUTION. Darin kommt es zum **ersten DOPPELSCHLAG in der Reihenfolge: REVOLUTION, dann CRASH:**		Die üblichen Geschäftsverluste, immer abgesehen von Kriegsverlusten	
1789/97	Französische Revolution	M: Aufhebung der Reste der Leibeigenschaft S: Sachwert-Enteignungen in größtem Stil (»Nationalgüter« aus Adels- und Kirchen-Besitz)	Assignaten-Inflation! Verlust aller Geldwert-Forderungen zu 99 %. Zahlreiche Folge-CRASHS in ganz Europa.	20–30 Mio	200–400 Milliarden
1806 ff.	Säkularisation	S: Der größte Sachwert-Einzel-Posten, das Kirchengut, wird enteignet. Das neu gewonnene Eigentum steht für den Verschuldungs-Prozeß zur Verfügung.	Enteignung kirchlicher Guthaben (zum Teil gegen Entschädigungen, daher bis heute: Kirchensteuer!)	Klerus	250–500 Milliarden

1810/15	Staatsbankrotte in ganz Europa	Teils Voll-CRASH, wie beim Königreich Westfalen, sonst Teil-CRASH, wie der 5:1-Abwertung Österreichs 1811.	5 Mio	10–20 Mrd
1820 ff.	Südamerikanische Staatsbankrotts- und Revolutions-Katarakte	Eine bis heute nicht endende Kette von STAATS-BANKROTTEN beginnt. Seit den ersten Zahlungseinstellungen Kolumbiens zu Beginn der 1820er Jahre habe ich bis heute, Mitte 1983, über **300 südamerikanische Staatsbankrotte gezählt,** die in allen nur denkbaren **Varianten** auftreten, vom offen erklärten Bankrott über diverse Moratorien bis zu Abwertungs-Kaskaden in rascher Folge.	Bis zum ersten Weltkrieg: 5–10 Mio	Über 100 Mia
		Die Vorliebe der Gläubiger, ihr Geld in Südamerika zu verlieren ist geradezu manisch. Die Sparer in Europa und Nordamerika, inzwischen auch die aus Japan gebärden sich wie die Lemminge, wenn das Zauberwort »Südamerika« fällt. Die Südamerika-Manie hat nicht nur die zahllosen CRASHS, sondern auch die SACHWERT-Enteignungs-Wellen überlebt.	Zwischen den Kriegen: 1–3 Mio	Über 20 Mia
			Seit 1945 inklusive der jetzt rollenden Welle: 20–200 Mio	0,5–1,5 Bio
		Die letzten ernsthaften Versuche, Geldwertforderungen		

		in Südamerika zu sichern, waren das französische Abenteuer 1861 (Inthronisierung von Kaiser Maximilian) und Androhung der Beschießung von Caracas zu Beginn des 20. Jahrhunderts. **Revolutioniert** wurde ernsthaft jedoch immer nur der in der anderen Richtung, von der Sozialisierung der Bodenschätze in Mexiko unter Pancho Villa über die REVOLUTION des Dr. Fidel Castro und die Vertreibung des Dr. h.c. Anastasio Somoza aus Nikaragua bis hin zu den Vorgängen im El Salvador (= spanisch der »Erlöser«, sicher auch von der Knechtschaft nicht nur des US-Imperialismus, sondern des EIGENTUMS überhaupt).			
19. Jahrhundert	Bauernbefreiung im restlichen Europa	M: Das **optimale Eigentümer-Setting** war damit erreicht: die Maximierung der verschuldungsfähigen Menschen		Abfindungen der Feudalherren **Große Folgegewinne durch weltweiten Aufschwung**	
1873	Börsenkräche in Europa		Vor allem in Wien und Berlin geht die »Gründer-Welle« zu Ende. Auslöser der Überspekulation waren die französischen **»Kriegsent-**	20000–50000	15–20 Mrd.

			schädigungen« an Deutschland. Wirkung wie eine »Konjunktur-Spritze« (kein »verdientes«, sondern »geschaffenes« Geld kam in Umlauf mit folgendem Forderungs-Schnitt).		
1917	Oktober-Revolution	S. **Größte Sozialisierung der bisherigen Geschichte.** Der »Sozialismus« funktioniert aber nicht, daher schon 1922 Rückkehr zu Eigentümer-Wirtschafts-Elementen (Lenins »Neue Ökonomische Politik«)	Gewaltige Forderungs-Vernichtung: Die Bolschewiken weisen die Alt-Schulden als »zaristisch« zurück	15–25 Mio	400–800 Mrd.
1923	Hyper-Inflation in Deutschland, Ungarn usw.		**Zum ersten Mal laufen »Währungen« in der Geschichte vollständig aus.** In der Schlußphase verliert das staatlich produzierte »Geld« jeden	90–100 Mio	500–800 Mrd.

		Sinn: keiner nimmt es mehr an. Die Entwertung ist schneller als der schnellste Läufer, der sich mit gerade erhaltenem Bargeld noch etwas »kaufen« möchte.		
1931 ff.	Banken-Krach Staatsbankrotte in Europa	Nach der Nordwolle-Pleite fallen alle deutschen und österreichischen Banken. Reihenweise Schwarze Freitage, Staatsbankrotte, Abwertungen, Banken-Schließungen. **Alle internationalen Zahlungen werden für ein Jahr suspendiert** (»Hoover-Moratorium«). Ende des Gold-Standards, Massenarbeitslosigkeit, Kriegsvorbereitungen	250–350 Mio	750 Mrd. – 1,5 Bio

1948 Deutschland	Staatsbankrott in Deutschland (»Währungsreform«)	S: »Lastenausgleich«: Die Eigentümer von Grund und Boden und Betriebsstätten, u.ä. müssen eine Sondersteuer bezahlen.	Gläubiger-Enteignung um mindestens 90 Prozent.	70–80 Mio	500–800 Mrd.
1950/ 1960/ 1970/ 1980	Aufbau der **größten Staatsverschuldung aller Zeiten.** Gleichzeitig **Minimierung der Eigentümer-Gesellschaften** durch »Übergang zum Sozialismus« (Ostblock, Dritt-Welt-Revolutionen) und ausufernde Staatsquote in den Industrie-Nationen.	Weltweiter CRASH mit sehr weitreichender REVOLUTION unausweichlich		800 Mio–1,2 Mrd.	15–25 Bio.

© Dr. Paul C. Martin

Paul C. Martin

Wann kommt der Staatsbankrott

Wirtschaftsverlag Langen-Müller/Herbig

Günter Schmölders

Der Wohlfahrtsstaat am Ende

Adam Riese schlägt zurück

Wirtschaftsverlag Langen-Müller/Herbig